SINODALIDADE

Dados Internacionais de Catalogação na Publicação (CIP)
(Câmara Brasileira do Livro, SP, Brasil)

Brighenti, Agenor
  Sinodalidade : o jeito de ser Igreja comunhão e participação / Agenor Brighenti. – Petrópolis, RJ : Vozes, 2024.

  ISBN 978-85-326-6996-4

  1. Comunhão – Aspectos religiosos – Cristianismo 2. Cristianismo 3. Igreja Católica 4. Teologia I. Título.

24-214762   CDD-261.8

Índices para catálogo sistemático:

1. Igreja Católica : Comunhão : Teologia social   261.8

Eliane de Freitas Leite – Bibliotecária – CRB-8/8415

Agenor Brighenti

SINODALIDADE
O jeito de ser Igreja comunhão e participação

Petrópolis

© 2024, Editora Vozes Ltda.
Rua Frei Luís, 100
25689-900 Petrópolis, RJ
www.vozes.com.br
Brasil

Todos os direitos reservados. Nenhuma parte desta obra poderá ser reproduzida ou transmitida por qualquer forma e/ou quaisquer meios (eletrônico ou mecânico, incluindo fotocópia e gravação) ou arquivada em qualquer sistema ou banco de dados sem permissão escrita da editora.

CONSELHO EDITORIAL

Diretor
Volney J. Berkenbrock

Editores
Aline dos Santos Carneiro
Edrian Josué Pasini
Marilac Loraine Oleniki
Welder Lancieri Marchini

Conselheiros
Elói Dionísio Piva
Francisco Morás
Gilberto Gonçalves Garcia
Ludovico Garmus
Teobaldo Heidemann

Secretário executivo
Leonardo A.R.T. dos Santos

PRODUÇÃO EDITORIAL

Aline L.R. de Barros
Marcelo Telles
Mirela de Oliveira
Natália França
Otaviano M. Cunha
Priscilla A.F. Alves
Rafael de Oliveira
Samuel Rezende
Vanessa Luz
Verônica M. Guedes

Editoração: Débora Spanamberg Wink
Diagramação: Editora Vozes
Revisão gráfica: Michele Guedes Schmid
Capa: Anna Ferreira

ISBN 978-85-326-6996-4

Este livro foi composto e impresso pela Editora Vozes Ltda.

SUMÁRIO

Introdução, 11

1
A SINODALIDADE NO ATUAL CONTEXTO ECLESIAL, 17

1.1 A sinodalidade em um processo de involução eclesial ainda não estancado . 20

    1.1.1 Uma involução que continua, apesar do novo momento eclesial 21

    1.1.2 O refúgio em uma "subcultura eclesiástica" 24

1.2 O resgate da sinodalidade com a retomada do Vaticano II 25

    1.2.1 Faltou coragem e persistência na implementação do concílio, disse *Aparecida*. 26

    1.2.2 Em busca de uma salutar descentralização – propôs o Papa Francisco . 28

    1.2.3 A reforma da Cúria Romana, sem reformar o primado. 31

1.3 O largo caminho sinodal percorrido pela Igreja na América Latina . . . 32

    1.3.1 A sinodalidade nas cinco conferências gerais 32

    1.3.2 *Episcopalis communio*, Sínodo da Amazônia e primeira assembleia eclesial 36

2
SINODALIDADE, REFORMA DA IGREJA E CONVERSÃO PASTORAL, 39

2.1 Dois fatores principais de estrangulamento da sinodalidade na Igreja hoje . . .41

    2.1.1 Uma Igreja hierárquica e piramidal 41

    2.1.2 O poder monopolizado pelos ministros ordenados. 43

2.2 O imperativo de uma Igreja em contínua reforma. 45

    2.2.1 Reforma da Igreja ou renovação eclesial? 45

    2.2.2 Reforma e superação de uma Igreja piramidal 46

    2.2.3 A eternidade do Reino na precariedade do instituído 47

2.3 Uma dificuldade particular: a reforma das estruturas 48

    2.3.1 Dois extremos a evitar: a iconoclastia e a idolatria 49

    2.3.2 A equiparação entre o que é de direito divino e o que é uma disciplina da Igreja 50

2.4 A conversão pastoral da Igreja como caminho privilegiado para
uma Igreja sinodal 51
   2.4.1 O conceito e o objeto da conversão pastoral 52
   2.4.2 A razão e a finalidade da conversão pastoral 54
   2.4.3 A perspectiva da conversão pastoral. 56
   2.4.4 Os quatro âmbitos da conversão pastoral da Igreja 58

3

A SINODALIDADE NO CAMINHAR DA IGREJA NA AMÉRICA LATINA, 61

3.1 A sinodalidade reduzida ao caminhar juntos com o papa 65
   3.1.1 O caminhar juntos na fase de uma "Igreja reflexo" 65
   3.1.2 A sinodalidade no Concílio Plenário da América Latina e na
   Conferência do Rio de Janeiro 67

3.2 A sinodalidade ampliada ao caminhar juntos entre os bispos e o papa. 69
   3.2.1 O caminhar juntos como "Igreja fonte" 69
   3.2.2 O exercício da sinodalidade de *Medellín a Aparecida* 70

3.3 A sinodalidade como o caminhar juntos de todo o povo de Deus 72
   3.3.1 O caminhar juntos na fase de uma "Igreja sinodal" 72
   3.3.2 Do Sínodo dos Bispos ao Sínodo da Igreja 73
   3.3.3 A aplicação da *Episcopalis communio* no Sínodo da Amazônia . 74
   3.3.4 A influência do Sínodo da Amazônia sobre a primeira assembleia . . 76

3.4 O significado e o alcance da primeira assembleia eclesial 77
   3.4.1 O significado da I Assembleia Eclesial da América Latina e do Caribe . . 78
   3.4.2 O alcance da primeira assembleia eclesial em relação à sinodalidade . . . 80

4

O IMPERATIVO DA SUPERAÇÃO DE UM CRISTIANISMO SACERDOTIZADO, 85

4.1 Os ministros ordenados no cristianismo sacerdotizado. 87
   4.1.1 A sacerdotização do cristianismo e dos ministérios ordenados . . 88
   4.1.2 O binômio clero-leigos: a configuração da Igreja no
   cristianismo sacerdotizado 90

4.2 A reforma do Vaticano II e a dessacerdotização do cristianismo 93
   4.2.1 A dessacerdotização do cristianismo e dos ministros ordenados. 94
   4.2.2 O binômio comunidade-ministérios: a configuração da
   Igreja no cristianismo dessacerdotizado 95

4.3 A corresponsabilidade de todos em uma missão *ad intra* e *ad extra* . . 97
   4.3.1 Reino-Igreja-mundo: o tripé da eclesiologia do Vaticano II 98
   4.3.2 Inserção profética no mundo, por contraste. 101

5

**A SINODALIDADE COMO UMA CULTURA ECLESIAL
MARCADAMENTE LAICAL, 105**

5.1 Da distinção à separação entre clero e leigos 107
   5.1.1 A origem e o significado do termo "leigo" na Igreja 107
   5.1.2 Nos primórdios havia um único gênero de cristãos: os batizados . . 110

5.2 A configuração do binômio clero-leigos e o estrangulamento
da sinodalidade. 111
   5.2.1 A consolidação de duas classes de cristãos 112
   5.2.2 Quando o magistério é reflexo de uma teologia esclerosada . . . 113

5.3 O laicato no resgate de uma Igreja sinodal às vésperas do Vaticano II . 114
   5.3.1 O laicato em busca de sua emancipação. 115
   5.3.2 Da participação à cooperação com o ministério hierárquico . . 116
   5.3.3 A substituição do binômio clero-leigos pelo binômio
comunidade-ministérios 117

5.4 A teologia do laicato no concílio e no pós-concílio 118
   5.4.1 Incorporados em Cristo pelo batismo: a base da sinodalidade . 119
   5.4.2 Membros da Igreja pela participação em seu tríplice múnus. . . 120
   5.4.3 Inseridos no mundo porque a Igreja existe para o mundo 121
   5.4.4 Os leigos têm missão no mundo, mas também na Igreja 122

6

A SINODALIDADE EM UMA IGREJA DE IGREJAS, 125

6.1 A sinodalidade eclesial em torno à Igreja local 126
   6.1.1 Duas concepções antagônicas de Igreja 127
   6.1.2 O modelo de Igreja do segundo milênio. 129
   6.1.3 Consequências da reforma do Vaticano II para a eclesiologia. . 130

6.2 A questão de fundo: a teologia do ministério episcopal 131
   6.2.1 A cisão entre sinodalidade e colegialidade 132
   6.2.2 O primado da sinodalidade eclesial sobre a colegialidade episcopal . 133

6.3 Autonomia das Igrejas locais e desconcentração do poder na Igreja . 135
   6.3.1 Igreja de Igrejas e sinodalidade eclesial 135
   6.3.2 Igreja de Igrejas e Igrejas autóctones 138

6.4 Em uma Igreja de Igrejas, para uma Igreja sinodal, redes de
pequenas comunidades. 141
   6.4.1 Da Igreja da casas (*domus ecclesiae*) às paróquias massivas . . 142
   6.4.2 Da paróquia massiva a uma Igreja rede de pequenas comunidades . 143
   6.4.3 Renovar ou reconfigurar a paróquia? 144

7

A ASCENSÃO E O OCASO DA CONFERÊNCIA EPISCOPAL
COMO ORGANISMO SINODAL, 145

7.1 Sinodalidade e colegialidade no itinerário da Igreja 147

    7.1.1 O ser sinodal da Igreja. 148

    7.1.2 Colegialidade e sinodalidade 148

7.2 A analogia entre concílios provinciais e conferências episcopais 149

    7.2.1 O surgimento dos concílios provinciais e regionais 150

    7.2.2 O ocaso dos concílios provinciais e regionais na Idade Média . 151

7.3 O surgimento das conferências episcopais 151

    7.3.1 A crise do conciliarismo e o centralismo romano 152

    7.3.2 O surgimento de um novo organismo da colegialidade episcopal . .153

    7.3.3 Do surgimento ao funcionamento e à oficialização das
conferências episcopais. 154

7.4 As conferências episcopais questionadas em seu estatuto teológico. . 156

    7.4.1 A negação do estatuto teológico das conferências episcopais . . 156

    7.4.2 A colegialidade episcopal inserida no seio da sinodalidade
eclesial 157

    7.4.3 As conferências episcopais são de direito eclesiástico, mas
fundadas no direito divino 159

7.5 O imperativo de uma sinodalização das conferências episcopais. . . . 160

    7.5.1 Tirar consequências da reforma do Sínodo dos Bispos 160

    7.5.2 O caminho aberto pela primeira assembleia eclesial da
Igreja na América Latina. 161

8

O DISCERNIMENTO COMUNITÁRIO EM UM PROCESSO SINODAL, 163

8.1 Discernimento individual, discernimento comunitário e sinodalidade . 165

    8.1.1 Discernir é mais do que ouvir 165

    8.1.2 Discernimento individual e discernimento comunitário 167

    8.1.3 Discernimento comunitário e discernimento sinodal 167

    8.1.4 Dois extremos a evitar: o discernimento espiritualista e o
discernimento racionalista 168

8.2 A comunidade eclesial como o sujeito do discernimento
comunitário 169

    8.2.1 Comunidade e comunitarismo. 170

    8.2.2 O Espírito Santo como constitutivo da Igreja. 171

    8.2.3 Âmbitos eclesiais em inter-relação de baixo para cima 171

8.3 A vida da Igreja no mundo como o objeto do discernimento comunitário . 172

    8.3.1 A vida da Igreja 173

    8.3.2 A Igreja como instituição 173

    8.3.3 Os sinais dos tempos 174

8.4 As mediações do discernimento comunitário em um processo sinodal. . .175

    8.4.1 Um ambiente comunitário de fé. 175

    8.4.2 A hermenêutica da Palavra como hermenêutica da dialética. . . 176

    8.4.3 O saber popular 176

    8.4.4 O saber acadêmico 177

    8.4.5 O Magistério da Igreja. 177

    8.4.6 A teologia e o ministério do teólogo 178

8.5 Princípios pedagógicos para o discernimento comunitário em um
processo sinodal. 179

    8.5.1 A intervenção de todos os interessados 179

    8.5.2 Um verdadeiro diálogo entre todos 180

    8.5.3 A disposição para conviver com o conflito 180

    8.5.4 A fidelidade à realidade enquanto fidelidade ao Evangelho. . . . 181

    8.5.5 Consolação e desolação como indicadores no discernimento. . 181

8.6 Passos metodológicos do discernimento comunitário em um
processo sinodal. 182

    8.6.1 Possível itinerário metodológico de um discernimento
    comunitário sinodal 183

    8.6.2 A dinâmica do discernimento comunitário. 185

9

**O MINISTÉRIO DO TEÓLOGO E A TEOLOGIA EM UMA
IGREJA SINODAL, 189**

9.1 Teologia e sinodalidade. 190

    9.1.1 Do símbolo à *lectio* 191

    9.1.2 Da *lectio* à *quaestio* e, desta, aos manuais 192

    9.1.3 Dos manuais ao reencontro com a ação eclesial. 193

9.2 Igreja sinodal, teologia e ministério dos teólogos 195

    9.2.1 Teologia e dimensão cognoscitiva da fé 195

    9.2.2 Teologia e fé como experiência humana. 196

    9.2.3 A dimensão sinodal da teologia 198

9.3 Modos de relação entre teologia, Igreja e magistério. 199

    9.3.1 O modo tributário de relação da eclesiologia pré-conciliar. . . . 199

    9.3.2 O modo de relação no seio da eclesiologia do Vaticano II 201

    9.3.3 Três questões de fundo de conflitos entre teologia e magistério 202

9.4 O primado do povo de Deus sobre os teólogos e o magistério 204

9.4.1 Igreja povo de Deus e magistério 204

9.4.2 Um magistério uno, mas em diferentes níveis 205

9.4.3 Igreja de Igrejas e magistério eclesial 206

10

A SINODALIDADE NA PROJEÇÃO E NA GESTÃO DA PASTORAL, 209

10.1 O sujeito do agir eclesial na sinodalidade 211

10.1.1 A comunidade eclesial como o sujeito da ação pastoral 211

10.1.2 Comunidades eclesiais no seio da Igreja local 212

10.1.3 Comunidades eclesiais que resgatem a *domus ecclesiae* 213

10.2 A projeção da ação pastoral de modo sinodal 214

10.2.1 A projeção da ação pela participação de todos 215

10.2.2 Discernimento comunitário e decisão partilhada 216

10.2.3 Sinodalidade implica projeção da ação *ad intra* e *ad extra* . . . 217

10.3 Requisitos básicos e princípios pedagógicos para uma ação sinodal 218

10.3.1 Requisitos básicos 218

10.3.2 Princípios pedagógicos 219

10.4 Da descentralização à desconcentração do poder na Igreja. 223

10.4.1 Os sujeitos do exercício do poder na Igreja 224

10.4.2 As mediações estruturais para uma Igreja sinodal 226

10.4.3 Entre os diferentes âmbitos eclesiais, uma relação de
subsidiariedade 227

INTRODUÇÃO

Ventos novos sopram na Igreja hoje, depois de três décadas de involução eclesial. E eles vêm da América Latina e do Caribe, seja da parte do Papa Francisco, o primeiro papa latino-americano, seja de iniciativas arrojadas como foram o Sínodo da Amazônia, com a criação da Conferência Eclesial da Amazônia (Ceama), e a realização da primeira assembleia eclesial, em lugar de uma VI Conferência Geral dos Bispos.

Na esteira de *Aparecida*, o pontificado de Francisco está fazendo a retomada da renovação do Vaticano II e desencadeando um processo sinodal, sem data para acabar e sem que saibamos onde tudo isso vai dar. O Sínodo da Sinodalidade está fazendo a passagem do Sínodo dos Bispos para uma Igreja sinodal. Espelhado no Sínodo da Amazônia, é o primeiro sínodo a realizar-se de forma descentralizada, de baixo para cima, a partir de um amplo processo de escuta do povo de Deus nas Igrejas locais. Daí, ascendeu-se para a etapa continental, que desembocou na etapa universal. Foram etapas de um sínodo acontecendo em partes, em forma processual. E da etapa universal se fará o caminho da volta às dioceses, realimentando o processo desencadeado, como se a Igreja estivesse em sínodo permanente.

"Sínodo" quer dizer "caminhar juntos" e, como disse São João Crisóstomo, é o próprio nome da Igreja. São Paulo foi buscar a palavra que nomeia a Igreja de Jesus no termo que designava a democracia grega— *assembleia/ekklesía* –, mas com a grande diferença que daquela assembleia não participavam as mulheres e os escravizados. Já na *assembleia/ecclesia* dos cristãos, Paulo deixa claro, não pode haver acepção de pessoas, tanto que no primeiro milênio reinou na Igreja o seguinte princípio: "O que diz respeito a todos deve ser discernido e decidido por todos".

Infelizmente, não foi esse o testemunho que a Igreja deu ao mundo, sobretudo no segundo milênio. E, nos últimos tempos, apesar da renovação do Vaticano II, que resgatou a Igreja sinodal do primeiro milênio, a imagem da Igreja é ainda a de uma instituição centralizadora e autoritária, com pouca voz e vez aos leigos, em particular às mulheres, ou seja, uma instituição clericalista e piramidal. Tendo passado mais de meio século da renovação do concílio, continua a meio caminho a difícil tarefa de implementação de uma Igreja "comunhão e participação" (Puebla).

Esse sínodo veio em boa hora, pois mudanças profundas precisam ser feitas no modo de ser e de agir da Igreja. Desde *Santo Domingo*, passando por *Aparecida* e o magistério do Papa Francisco, fala-se na urgência de uma "conversão pastoral da Igreja", no âmbito da consciência eclesial, das relações de igualdade e autoridade, das ações e das estruturas da Igreja em todos os níveis, sem que se tenha avançado muito nessa perspectiva. Na verdade, em muitos lugares se caminhou para trás, particularmente nas três décadas de "involução eclesial" em relação à renovação do Vaticano II, que precederam o atual pontificado – tanto que, especialmente no campo da sinodalidade, houve o refluxo de eclesiologias na contramão de uma Igreja povo de Deus, ainda mais do clericalismo.

Um grande desafio para uma Igreja sinodal é a passagem de uma Igreja configurada no binômio *clero-leigos* para uma baseada em *comunidade-ministérios*. Na concepção de Igreja do Vaticano II, há um único gênero de cristãos – os batizados. É do batismo que derivam todos os ministérios, incluídos os ministérios ordenados. Afirma o concílio que há uma "radical igualdade em dignidade de todos os ministérios", pois todos se inserem no seio de uma Igreja toda ela ministerial. Como tem dito o Papa Francisco na *Querida Amazônia* e na *Praedicate Evangelium*, os ministros ordenados não têm o monopólio do poder na Igreja. O poder na Igreja, que é serviço, não deriva do sacramento da Ordem, mas sim emana do sacramento do batismo. Daí a exigência, afirmada pela *Querida Amazônia*, da implementação de "uma cultura eclesial marcadamente laical" (*QAm* 94). É a condição para o exercício do *sensus fidelium* uma Igreja pautada pelo consenso na fé de todo o povo de Deus.

Um segundo grande desafio, intrinsecamente ligado ao primeiro, é uma Igreja *comunhão* na *participação* para a *missão*, lema do Sínodo da Sinodalidade. Igreja *comunhão* só existe quando as relações se dão de forma horizontal, em pé da "igualdade em dignidade" de todos os ministérios, que brotam do batismo. O modelo de comunhão é a Trindade, o melhor modelo de comunidade. E como na Trindade não há hierarquia, também na Igreja não pode haver relações verticais, de poder-dominação, centralismo, autoritarismo. Na Igreja, quem preside não decide ou comanda, antes exerce o "ministério da coordenação" – *co-ordena* – a todos para o serviço de todos, em tudo e a todos. E, mais do que isso, como a Igreja existe para "tornar presente o Reino de Deus no mundo" (*EG* 176), a comunhão precisa estender-se para além de suas fronteiras. Uma Igreja sinodal é uma Igreja promotora da comunhão de toda a humanidade, em uma fraternidade universal – *Fratelli tutti*.

Por sua vez, a comunhão só acontece na *participação* efetiva de cada batizado na comunidade eclesial e no mundo. De modo especial, a participação acontece pela presença nos processos de discernimento comunitário e tomada de decisões. É um princípio do planejamento participativo: "Quem não teve a oportunidade de participar no processo de tomada de decisão, não tem nenhuma obrigação de participar da execução". Mediações imprescindíveis para fazer acontecer a participação, expressão da corresponsabilidade de todos os batizados, são a *assembleia* e o *conselho* de pastoral, que deveriam estar operando em todos os âmbitos eclesiais. Para uma Igreja sinodal, não pode haver nenhuma comunidade eclesial sem assembleia e conselho de pastoral, nem sem equipes de coordenação, com a eleição dos que presidem esses organismos, para períodos de tempo determinados. O rodízio dos cargos de coordenação e presidência contribui para a despersonalização dos processos pastorais e a consolidação gradativa de comunidades eclesiais sujeito da Igreja.

Finalmente, em uma Igreja sinodal, a comunhão e a participação servem para a *missão*. A Igreja existe para evangelizar. Ao contrário de uma Igreja autorreferencial, fechada sobre si mesma, restrita a uma "pastoral de conservação" dos supostamente evangelizados, pela administração dos sacramentos e práticas devocionais a Igreja é missionária em essência. Como promotora do Reino de Deus no mundo, precisa ser uma Igreja comunidade de pequenas comunidades missionárias inseridas na sociedade, como fermento na massa. E para ser a diferença que faz diferença, implica inserir-se na sociedade em perspectiva profética e transformadora, fazendo das periferias o seu centro, sem a tentação de "domesticar as fronteiras". Na evangelização, a Igreja não tem destinatários, mas interlocutores, pois se trata de propor a Boa Nova do Evangelho respeitando os diferentes e estando abertos a enriquecer-nos com as diferenças.

Esta obra faz uma abordagem da sinodalidade em seus diversos aspectos e componentes, em dez capítulos. Começa situando a sinodalidade no contexto atual da Igreja. Com o revés de um processo de involução eclesial ainda não estancado, a sinodalidade, embora tenha sido resgatada pela renovação conciliar e seja o centro do pontificado reformador de Francisco, e apesar das transcendentes experiências do Sínodo da Amazônia e da realização da I Assembleia Eclesial da América Latina e do Caribe, continua sendo uma tarefa pendente. No segundo capítulo, acena-se para as grandes mudanças e reformas que implicam uma Igreja sinodal, em especial diante do imperativo de uma conversão pastoral da Igreja, um ideário da Igreja da América Latina em *Santo Domingo*, resgatado por *Aparecida* e que se tornou o principal referencial do magistério do Papa Francisco, desde a primeira hora de seu pontificado. De fato, como se mostra no terceiro capítulo, a Igreja na América Latina tem um largo caminhar sinodal que vem do Concílio Plenário da América Latina convocado por Leão XIII em 1899, passando pelas Assembleias Gerais de Rio de Janeiro, Medellín, Puebla, Santo Domingo e Aparecida, para desembocar na realização da I Assembleia Eclesial na América Latina e do Caribe, em 2021.

Para uma Igreja sinodal, no quarto capítulo, tocamos num grande fator de estrangulamento da sinodalidade, que é a sacerdotização do cristianismo, com a consequente separação dos fiéis em duas classes de cristãos, *clero* e *leigos*, e a redução do *tria munera ecclesiae* – o múnus profético, régio e sacerdotal – à dimensão cultual da fé, fazendo do presbítero um "sacerdote" do altar. Para superar o que muitos classificam como uma "patologia do cristianismo", no quinto capítulo abordamos e desenvolvemos o que o Papa Francisco contrapõe com a implementação de "uma cultura eclesial marcadamente laical" (*QAm*

94), trazendo uma panorâmica, em grandes pinceladas, da teologia do laicato desde a renovação do Vaticano II aos dias atuais. Sem o protagonismo dos leigos e leigas, não há Igreja sinodal.

O sexto capítulo aborda um dos pilares da sinodalidade, que é a Igreja concebida como uma "Igreja de Igrejas" locais, que é uma das principais mudanças do Vaticano II. Situa a catolicidade da Igreja em cada Igreja local, em comunhão com as demais Igrejas, presididas na unidade pelo primado do papa na Igreja de Roma. Uma "Igreja de Igrejas" implica agrupações de igrejas ou dioceses, com o desafio de organismos de comunhão entre elas, que não se reduzam a organismos de bispos, como são as conferências episcopais, fortemente desafiadas a se sinodalizar. Nessa perspectiva, o sétimo capítulo busca situar a colegialidade episcopal no seio da sinodalidade eclesial, que se constitui em um dos maiores desafios para uma Igreja sinodal, pois está muito presente ainda, tanto na memória como na prática, a configuração da Igreja como uma hierarquia, à margem ou se sobrepondo ao povo de Deus, aqui compreendido como o laicato.

Os três últimos capítulos são dedicados à operacionalidade da sinodalidade ou ao seu acontecer na prática, enquanto processo. O capítulo 8 volta-se para uma questão bastante debatida, que é a metodologia do "discernimento no Espírito", emitindo uma luz sobre o discernimento enquanto ato eclesial, bem como seu objeto e seu método, descendo inclusive ao nível operacional. O desafio é introduzir no método a contribuição das ciências, o debate e a argumentação crítica, para não cair em subjetivismos e espiritualismos. O capítulo 9 aborda um sujeito incômodo no processo sinodal, que é o ministério do teólogo e a contribuição da teologia, nem sempre integrados como sujeitos plenos de uma Igreja sinodal, com a tendência a reduzir seu papel a uma tarefa técnica, de sistematização das contribuições dos participantes e, assim, colocando-o à margem da criatividade da assembleia. Terminamos a obra situando a sinodalidade em relação à projeção e à gestão da ação da Igreja – a ação evangelizadora, que também precisa dar-se de modo sinodal. Aqui tentamos descer ao nível performativo, com a apresentação de alguns requisitos básicos e princípios pedagógicos a serem levados em conta no momento da execução de uma ação projetada sinodalmente.

1
A SINODALIDADE NO ATUAL
CONTEXTO ECLESIAL

A Igreja é essencialmente comunhão (*Lumen Gentium*) e participação (*Puebla*). E, assentada sobre o batismo, pauta-se pelo *sensus fidelium*, na corresponsabilidade de todos os que a integram. São Paulo foi buscar o termo *igreja/ecclesia* no modo como se designava a democracia grega – "assembleia" –, com a diferença que da democracia grega não participavam as mulheres e os escravizados. Já na Igreja, para Paulo, não pode haver acepção de pessoas. Nela, "*não há judeu nem grego*, escravo nem livre, homem nem mulher; pois todos são um em Cristo Jesus" (*Gl* 3,28). Também em outra passagem das Escrituras afirma que, "nessa nova ordem de vida, não há mais diferença entre grego e judeu, circunciso e incircunciso, bárbaro, cita, escravo, livre, mas Cristo é tudo em todos" (*Cl* 3,11)[1].

Mas, infelizmente, não é este o testemunho que a Igreja dá ao mundo pelo modo de ela ser, sobretudo no segundo milênio. A imagem corrente é de uma instituição piramidal, com uma hierarquia rígida e verticalizante, uma instituição autoritária, muitas vezes sem voz e vez aos leigos e leigas, excludente das mulheres na tomada de decisões – em resumo, uma Igreja clericalista. Escuta-se, aqui e acolá, que a Igreja é o último reduto autoritário do Ocidente. E pior, ela passa a impressão de que o cristianismo é isso, tornando-se um grande obstáculo para as pessoas se conectarem com o ideal evangélico da comunhão fraterna, anunciado e vivido por Jesus e seus discípulos e

---

1. COMBLIN, J. A Igreja e os carismas segundo Paulo. *Teologia do Nordeste*, 12 jul. 2017. Disponível em: https://teologianordeste.net/publicacoes/jose-comblin/183-a-igreja-e-os-carismas-segundo-s-paulo.html. Acesso em: 8 jun. 2022.

discípulas. É como se essa Igreja piramidal, que predominou praticamente durante todo o segundo milênio, fosse a Igreja que nasceu da comunidade dos discípulos de Jesus e constituída no Espírito de Pentecostes. Tanto é verdade que há muita gente incomodada com o atual processo de implementação de uma Igreja sinodal, alegando que o papa está mudando "a Igreja de sempre" e rompendo com a tradição; de fato, com a tradição nada sinodal do segundo milênio.

Entretanto, a sinodalidade não é uma novidade, nem o é o atual processo de sinodalização da Igreja, muito menos um modismo ou uma criação do Papa Francisco e, portanto, uma questão circunstancial e passageira ou mesmo periférica à Igreja. Na realidade, a sinodalidade é antes uma tarefa pendente da renovação do Vaticano II, entre outras mudanças do concílio que também ficaram a meio do caminho. Em sua "volta às fontes" bíblicas e patrísticas, o concílio resgatou a sinodalidade como uma realidade intrínseca ao "ser" e ao "fazer" da Igreja. A sinodalidade é constitutiva à Igreja, seu *modus vivendi et operandi*. Foi o concílio que nos fez redescobrir que uma Igreja sinodal é o que ela foi desde suas origens e, praticamente, durante todo o primeiro milênio.

E como foi bom e belo o caminhar da Igreja no processo de recepção do Vaticano II, em especial na América Latina, na implementação de uma Igreja povo de Deus, toda ela ministerial, uma Igreja comunidade de pequenas comunidades de base, inserida profeticamente no mundo em uma perspectiva de diálogo e serviço. Nas décadas de 1970-1980, mesmo em meio a inúmeras dificuldades e tensões de dentro e de fora, a Igreja no Brasil alcançou um alto nível de exercício da sinodalidade, o que fortalecia a esperança de um crescente e permanente processo de conversão sinodal da Igreja como um todo[2]. Não se esperava e muito menos se imaginava que um contraprocesso de involução eclesial em relação à renovação do Vaticano II seria desencadeado, não só estancando o processo em curso, como também nos fazendo retroceder a modos de Igreja pré-conciliares, com a volta do clericalismo e de uma Igreja piramidal.

---

2. Sobre a recepção do Vaticano II na América Latina, cf. SOBRINO, J. El Vaticano II y la Iglesia latinoamericana. *In*: FLORISTÁN, C.; TAMAYO, J.-J. (ed.). *El Vaticano II, veinte años después*. Madrid: Cristiandad, 1985, p. 105-134; GUTIÉRREZ, G. La recepción del Vaticano II en América Latina. *In*: ALBERIGO, G.; JOSSUA, J.-P. (ed.). *La recepción del Vaticano II*. Madrid: Cristiandad, 1987, p. 213-237.

Apesar de a eclesiologia clericalista do segundo milênio ter sido superada pelo Vaticano II, o fato é que ela voltou com força e chegou a reinar oficialmente nas três décadas que precederam o atual pontificado. Quando tudo parecia indicar que com o Vaticano II a Igreja havia acertado o passo com a história da humanidade e deixado para trás a mentalidade de cristandade, ela voltou novamente a entrar em descompasso com a história, quase em direções opostas: a sociedade avançando e a Igreja, em muitos aspectos, retrocedendo. A sociedade caminhando num ritmo de mudanças diárias e a Igreja seguindo um ritmo secular. Nesse período, tendeu-se a conceber a comunhão em sentido vertical: comunhão restrita ao âmbito intraeclesial e com a autoridade no nível de cima, dado que os de baixo obedecem (comunhão do leigo/leiga com o pároco, deste com seu bispo e do bispo com o papa). Toma-se distância da concepção da Igreja como "povo de Deus", de uma Igreja comprometida com a unidade dos cristãos (ecumenismo), a unidade das religiões (diálogo inter-religioso) e a presença no mundo autônomo em uma atitude de diálogo e serviço.

Não está sendo fácil retomar a renovação do Vaticano II. Primeiro porque o mundo mudou, exigindo uma "segunda recepção" do concílio no novo contexto. Segundo porque também a Igreja mudou nesses 50 anos. Depois de se ter avançado, retrocedeu-se muito em relação à renovação do Vaticano II. A Igreja, particularmente no Brasil, ficou mais conservadora. Há um outro perfil de bispo, mais administrador que pastor, e sobretudo um outro perfil de presbítero, que tende voltar a ser o sacerdote do altar. E os movimentos de Igreja, muitos deles à margem da pastoral de conjunto e da renovação do Vaticano II, foram fortalecidos e considerados "a primavera da Igreja". Felizmente, a Conferência de Aparecida resgatou a renovação do Vaticano II, e o pontificado reformador de Francisco tem retomado o caminho sinodal, na perspectiva da "recepção criativa" do concílio, plasmada na tradição eclesial libertadora da Igreja na América Latina[3]. De batalha perdida, com a retomada da renovação conciliar, a sinodalidade é uma esperança renovada.

---

3. Cf. BRIGHENTI, A. A Igreja na América Latina e a "recepção criativa" do Concílio Vaticano II. *In*: UNIÃO MARISTA DO BRASIL (UMBRASIL). (org.). Utopias do Vaticano II. Que sociedade queremos? Diálogos. São Paulo: Umbrasil, 2013, p. 229-255.

1.1 A sinodalidade em um processo de involução eclesial ainda não estancado

Retrocedemos muito em relação à renovação do Vaticano II nas três décadas que precederam o atual pontificado, sobretudo no Brasil, onde se havia avançado mais, tanto no continente como em relação aos demais. A "nova primavera na Igreja", que supostamente traria os movimentos de apostolado e espiritualidade, na realidade significou um longo "inverno eclesial" e mergulhou a Igreja em uma "noite escura", que teve na renúncia de Bento XVI o esgotamento de um projeto de restauração da neocristandade. Entre os segmentos conservadores e, em alguns casos, tradicionalistas, a apregoada volta da dita "Igreja de sempre" não passa da Igreja do segundo milênio, uma Igreja marcadamente clericalista, hierarquizante, centralizadora, piramidal, pautada por relações verticais e de subserviência às autoridades constituídas no seio de uma Igreja, que se autocompreende como "sociedade perfeita". A Igreja que se diz "de sempre" é a Igreja de um determinado momento da Igreja; em grande medida, uma Igreja excludente do laicato, das mulheres, sem diálogo ecumênico e inter-religioso, em uma postura apologética frente ao mundo[4].

Em outras palavras, quando tudo parecia indicar que com o Vaticano II a Igreja havia acertado o passo com a história da humanidade, deixado para trás a mentalidade de cristandade, na realidade nós nos encontramos novamente em descompasso com ela, quase que em direções opostas: a sociedade avança enquanto a Igreja retrocede; o mundo se torna cada vez mais pluralista e diversificado, enquanto a Igreja é cada vez mais autorreferencial, em uma postura apologética frente a ele.

---

4. Para uma visão da renovação conciliar na Igreja latino-americana, cf. METHOL FERRÉ, A. El camino de la Iglesia latinoamericana. *Nexo*, n. 10, p. 43-73, 1986; KELLER, M. A. El proceso evangelizador de la Iglesia en América Latina: de Río a Santo Domingo. *Medellín*, n. 81, p. 5-43, 1995; JIMÉNEZ CARVAJAL, J. Las cuatro conferencias generales del episcopado: Río, Medellín, Puebla, Santo Domingo. El camino recorrido. *Medellín*, n. 118, p. 177-218, 2004; CADAVID, A. El camino pastoral de la Iglesia en América Latina y el Caribe. *Medellín*, n. 123, p. 331-374, 2005.

1.1.1 Uma involução que continua, apesar do novo momento eclesial

Esse processo de "involução eclesial", apesar do novo pontificado que formalmente o supera, persiste e preocupa[5]. Na Igreja Católica, o clericalismo cresceu nos últimos tempos e não cessa de crescer, particularmente no clero mais jovem[6] e em associações laicais clericalizadas ou como extensões do braço do clericalismo. Por isso, o maior entrave no desencadeamento de um processo sinodal que sinodalize a Igreja como um todo está em segmentos do clero e em organismos eclesiais de corte conservador ou mesmo tradicionalista. A crítica à renovação conciliar, à tradição libertadora da Igreja na América Latina e ao pontificado de Francisco é aberta nesses segmentos, que em suas fileiras têm de leigos a cardeais. Por sua vez, a sensibilidade ecumênica, que tem tudo a ver com a sinodalidade, diminuiu e muito, tanto do lado católico como do lado protestante. A postura eclesial de diálogo e serviço ao mundo tem adquirido um viés apologético e de distanciamento, em nome da preservação do sagrado e de uma missão dita "espiritual" da Igreja. Proclama-se que se deve falar mais de Deus e menos dos pobres; mais em "salvar almas" do que em salvar o planeta. Exemplo disso é a crítica de determinados segmentos da Igreja no Brasil à Campanha da Fraternidade anual, por ocasião da Quaresma. Como ela sempre tem um cunho social, rotula-se ser de "esquerda" e, se é de esquerda, é comunista. São posturas típicas de uma Igreja autorreferencial, a Igreja da neocristandade, superada pelo Vaticano II, mas ainda presente em muitos segmentos eclesiais zelosos da dita "tradição de sempre".

A década de 1980, infelizmente, não apenas coincide com o início do pontificado de João Paulo II, que se prolongaria por outras décadas, como também marca o início de um processo de restauração, apesar da

---

5. Não deixa de ter sua relevância o subtítulo do livro, abordado em estudos de diversos autores: BRIGHENTI, A.; MERLOS, F. (org.). *O Concílio Vaticano II*: batalha perdida ou esperança renovada? São Paulo: Paulinas, 2015, p. 351.

6. O que se constata, na prática, está comprovado por uma pesquisa levada a cabo a nível nacional; Cf. BRIGHENTI, A. *O novo rosto do clero*: perfil dos padres novos no Brasil. Petrópolis: Vozes, 2021; BRIGHENTI, A. Perfil dos padres novos no Brasil. *Seminarios sobre los ministerios en la Iglesia*, v. 67, p. 123-134, 2022; BRIGHENTI, A. (org.). *O novo rosto do catolicismo brasileiro*: clero, leigos, religiosas e perfil dos padres novos. Petrópolis: Vozes, 2023.

resistência e da persistência dos segmentos sintonizados com o concílio e a tradição libertadora da Igreja na América Latina. A Conferência de *Puebla* (1979), convocada por Paulo VI e com a presença do papa recém-eleito, já seria um freio a *Medellín*, e *Santo Domingo* (1992), praticamente seu estancamento[7]. Ao contrário do Vaticano II, que revisitou o passado com "uma volta às fontes", os protagonistas de um projeto de restauração da "Igreja de sempre", na esteira do advento da crise da modernidade, apregoam a "volta ao fundamento", sedimentado na mentalidade de cristandade e no projeto da neocristandade.

Trata-se do surgimento de uma corrente dentro da Igreja, que se poderia denominar de "catolicismo reacionário". Ela se configura em contraposição ao "catolicismo comprometido" com a tradição libertadora da Igreja na América Latina. É tributária do medo da abertura operada pelo Vaticano II e pela *Medellín*: medo do diálogo com o diferente – do diálogo intereclesial, inter-religioso, intercultural; medo de perder a identidade na imersão em um mundo pluralista; medo de uma politização da fé e do pluralismo teológico; enfim, medo de uma nova configuração da instituição eclesial e de seus ministérios, que romperia com a tradição da Igreja.

Na América Latina, essa corrente reacionária teve sua origem em torno à Assembleia do Conselho Episcopal Latino-Americano (Celam) em Sucre (1972), quando se selou o compromisso de combater o que se chamava de uma "Igreja popular", fruto da "infiltração do marxismo na Igreja". Em *Puebla* (1979) seus arautos se fizeram presentes e atuantes, assim como, ainda mais fortalecidos, em *Santo Domingo*. Em nível continental, viria a intervenção na Conferência Latino-americana dos Religiosos (CLAR); a nomeação de um novo perfil de bispo, mais zeloso pela doutrina do que pastor; o cerceamento da liberdade de trabalho dos teólogos da libertação; a desautorização das Comunidades Eclesiais de Base (CEBs); o enfraquecimento da pastoral social e o fortalecimento de iniciativas assistencialistas; e um rígido controle dos seminários e casas de formação dos futuros

---

7. Cf. BRIGHENTI, A. Conferências gerais e questões disputadas: razões subjacentes a tensões e embates. *In*: BRIGHENTI, A.; PASSOS. J. D. (org.). *Compêndio das Conferências dos Bispos da América Latina e Caribe*. São Paulo: Paulinas/Paulus, 2018, p. 175-190.

presbíteros. Em nível local, gradativamente as práticas libertadoras se verão órfãs da Igreja oficial; a pastoral orgânica e de conjunto dá lugar ao refluxo da "pastoral de conservação" (cristandade) e da "pastoral coletiva" (neocristandade); em lugar do planejamento participativo, passa-se a emanar diretrizes de cima para baixo por parte da autoridade eclesiástica, seja ela o bispo ou o pároco.

Em 1985, em torno ao Sínodo dos Bispos comemorativo dos 20 anos do encerramento do Vaticano II, a renovação proposta pelo concílio era posta em xeque. Propunha-se para seus documentos uma "hermenêutica da continuidade" da tradição, leia-se continuidade da cristandade ou neocristandade, da tradição tridentina, logo estampada na doutrina, na teologia, no rito e nas vistosas alfaias litúrgicas, basicamente visualizada na postura apologética frente ao mundo. Vozes proféticas, já naquele momento, chamaram a atenção de que se estava mergulhando num processo gradativo de "involução ou inverno eclesial" (J. I. González Faus), de "noite escura" (J. Comblin)[8] ou de "volta à grande disciplina" (J. B. Libânio)[9].

Nas três décadas que precederam o atual pontificado, a situação não foi nada fácil para os segmentos eclesiais comprometidos em levar adiante a renovação do Vaticano II, sobretudo na América Latina, onde estão de pé muitas iniciativas nessa perspectiva. Enquanto a sociedade se debatia no discernimento da irrupção de novos valores, em meio à sempre desconcertante ambiguidade da história, nós nos deparávamos com uma Igreja cada vez mais voltada para questões internas. Neste contexto de "pós-modernidade", tal como no advento da modernidade, segmentos influentes da Igreja voltam a olhar o mundo com desconfiança, impermeáveis às novas interpelações do

---

8. Sobre a involução da Igreja frente à renovação do Vaticano II, cf.: MANZANARES, C. V. *Postmodernidad y neoconservadurismo*. Estella: Verbo Divino, 1991; LADRIERE, P.; LUNEAU, R. (dir.). *Le retour des certitudes*. Paris: Centurion, 1987; LADRIERE, P.; LUNEAU, R. (dir.). *Le rêve de Compostelle*. Paris: Centurion, 1990; GONZÁLEZ FAUS, J.-I. El meollo de la involución eclesial. *Razón y Fe*, v. 220, n. 1089/90, p. 67-84, 1989; CARTAXO ROLIM, F. Neoconservadorismo eclesiástico e uma estratégia política. *REB*, n. 49, p. 259-281, 1989; LIBÂNIO, J. B. *A volta à grande disciplina*. São Paulo: Loyola, 1984.

9. Cf. LIBÂNIO, J. B. *A volta à grande disciplina*. Op. cit.

Espírito. Frente aos que procuram avançar na reflexão teológica e nas práticas eclesiais, volta a manifestar-se uma atitude inquisidora e desqualificadora dos ensaios proféticos das "minorias abraâmicas". Desconfia-se até da motivação de fé dos mártires das causas sociais, entre eles leigos e leigas, religiosos e religiosas, padres e bispos. Em meio ao drama de 75% das comunidades eclesiais sem Eucaristia, não se hesitou em satanizar as CEBs e cercear o acesso dos leigos e das mulheres a novos ministérios. Com o pretexto de salvaguardar a unidade da Igreja e a fidelidade à verdade, implementou-se um novo perfil de clero, sobretudo de bispo, mais eclesiástico do que eclesial, mais refugiado no sagrado do que inserido na concretude da história. Enfim, apesar da afirmação da sinodalidade da Igreja e da colegialidade episcopal pelo Concílio Vaticano II, intensificou-se a centralização da gestão da vida eclesial, particularmente na Cúria Romana.

1.1.2 O refúgio em uma "subcultura eclesiástica"

A sinodalidade, além de propiciar a comunhão e a participação de todos os batizados, abre a Igreja ao mundo, ao diálogo e ao serviço em prol de uma sociedade fraterna. O catolicismo reacionário devota um parco apreço pelas "realidades terrestres", professando uma fé com escassa incidência social, em uma espécie de *fuga mundi* e confinamento na esfera do "sagrado". Em certos espaços e grupos, como aqueles de determinadas "comunidades de vida e aliança", institutos de vida consagrada e associações de fiéis de corte tradicionalista, não só há um distanciamento do mundo, como também há a tendência a refugiar-se em uma espécie de "subcultura eclesiástica", criando um mundo dentro do mundo[10].

---

10. Sobre as mudanças em curso no seio da religião, cf. MARDONES, J. M. *Para comprender las nuevas formas de la religión*. Navarra: Verbo Divino, 1994, p. 151-163; TERRIN, A. N. Despertar religioso: nuevas formas de religiosidad. *Selecciones de Teología*, n. 126, p. 127-137, 1993; CAMPICHE, R. *et al*. Individualisation du croire et recomposition de la religion. *Archives de Sciences Sociales des Religions*, n. 81, p. 117-131, 1993; na América Latina, cf. AZEVEDO, M. América Latina: perfil complexo de um universo religioso. *Medellín*, n. 87, p. 5-22, 1996. Sobre as mudanças do cristianismo em relação à modernidade, cf. HERVIEU, D.; CHAMPION, F. Les manisfestations contemporaines du christianisme et la modernité. *In*: CENTRE T. MORO. *Christianisme et modernité*. Paris: Cerf, 1990.

Trata-se de uma postura na contramão da renovação do Concílio Vaticano II, concretamente da *Gaudium et Spes*, que levou os cristãos a tomar consciência de que não é o mundo que está na Igreja, e sim é a Igreja que está inevitavelmente no mundo. A Igreja está no mundo e existe para a salvação do mundo. A relação não é Igreja "e" mundo, como duas realidades paralelas, a postura típica da cristandade, mas Igreja "no" mundo, inserida na história. Como frisou a *Lumen Gentium*, o povo de Deus peregrina na história, no seio de uma humanidade peregrinante, e o destino do povo de Deus não é diferente do destino de toda a humanidade. Por isso "as alegrias e as esperanças, as tristezas e as angústias dos homens de hoje, sobretudo dos pobres e de todos os que sofrem, são também as alegrias e as esperanças, as tristezas e as angústias dos discípulos de Cristo" (*GS* 1). Nada do que é humano é alheio ao divino e, em consequência, ao ser e ao fazer da Igreja. Tirando consequência do mistério da encarnação do Verbo, a Igreja não propõe nada mais à humanidade do que sermos plenamente humanos. Evangelizar é humanizar, como afirma o Papa Francisco. Quanto mais humano, mais divino e vice-versa. No Corpo Cósmico do Ressuscitado, primícia da Nova Criação, tudo no mundo é sagrado, nada é tão profano, perdido ou corrompido, que justifique distanciamento ou separação.

1.2 O resgate da sinodalidade com a retomada do Vaticano II

Como dissemos, *Aparecida* e, em sua esteira, o pontificado de Francisco retomaram o processo de renovação do Vaticano II. Depois de décadas, estamos vivendo um momento único na Igreja. E por iniciativa do Papa Francisco estamos fazendo a passagem do Sínodo dos Bispos a uma Igreja sinodal[11]. Não é algo novo. É antes uma tarefa pendente da recepção do Vaticano II. Por sua vez, a própria renovação do Vaticano II não é mais que uma "volta às fontes" bíblicas e patrísticas de uma Igreja sinodal, pautada pelo *sensus fidelium*, que perdurou durante todo o primeiro milênio.

---

11. Cf. BRIGHENTI, A. El Sínodo de los obispos en reforma? Nuevos caminos abiertos por el Sínodo de la Amazonía. *In*: LUCIANI, R.; NOCETI, S.; SCHIKENDANTZ, C. *Sinodalidad y reforma*: un desafio eclesial. Madrid: PPC, 2022, v. 1, p. 351-374.

1.2.1 Faltou coragem e persistência na implementação do concílio, disse *Aparecida*

Entretanto, passadas quase duas décadas dessa grata surpresa, não só pouco se avançou, como também em grande medida ainda não se conseguiu estancar o processo de involução. No ano de 2020, o Papa Francisco propôs a I Assembleia Eclesial da América Latina e do Caribe, com a finalidade de retomar *Aparecida*. Foi uma assembleia rica em significado, mas pobre em seus resultados, que nem mesmo foram aplicados. A complexa e difícil tarefa de implementação de uma Igreja sinodal se depara com o grande desafio de mudanças no ser e no modo de agir da Igreja em quatro âmbitos: mudanças nas relações de igualdade e autoridade na Igreja; mudanças nas estruturas eclesiais em todos os níveis, como já se fez na Cúria Romana; mudanças no modo como se escuta o povo de Deus; e mudanças em como se faz o discernimento e se tecem os consensos, em vista de uma tomada de decisão por parte de todos.

Passadas seis décadas da realização do Vaticano II, por razões diversas, a renovação idealizada por João XXIII, formalizada nos 16 documentos do concílio e assumida fielmente por Paulo VI, pouco pôde avançar. A bem da verdade, é preciso admitir que, em muitos campos, houve retrocesso. Os bispos da América Latina e do Caribe, no *Documento de Aparecida*, registram: "[...] tem nos faltado coragem, persistência e docilidade à graça para levar adiante a renovação iniciada pelo Concílio Vaticano II e impulsionada pelas anteriores Conferências Gerais, para assegurar o rosto latino-americano e caribenho de nossa Igreja" (*DAp* 100h). Prova disso, diz o documento, são "algumas tentativas de voltar a uma eclesiologia e espiritualidade anteriores à renovação do Vaticano II" (*DAp* 100b). O documento original também citava a volta do clericalismo, mas os censores o suprimiram do documento oficial. Em contrapartida, o Papa Francisco se encarregou de reintroduzi-lo na *Evangelium Gaudium*. E, juntamente com *Santo Domingo*, *Aparecida* propõe uma "conversão pastoral da Igreja", para fazer a passagem de uma "pastoral de conservação", "baseada numa sacramentalização com pouca ênfase na prévia evangelização [...] numa época em que as estruturas sociais coincidiam com as estruturas religiosas" (*Med* 6,1), para uma pastoral de pós-cristandade, evangelizadora, "decididamente missionária" (*DAp* 370).

Sabemos que o Vaticano II é um divisor de águas na Igreja[12]. Foi com o concílio que a Igreja passou da cristandade à modernidade, ainda que 500 anos depois de sua irrupção. Pode-se dizer que, na Igreja, há um "antes" e um "depois" do Vaticano II, tamanhas foram as mudanças por ele operadas na teologia, na pastoral, na espiritualidade, na liturgia, na moral, na eclesiologia, na relação da Igreja com o mundo, inclusive nas estruturas da Igreja, ainda que nesse particular, em grande medida, continue uma tarefa pendente.

Mas houve e continuam havendo dificuldades em sua recepção e sua implementação. Para os segmentos críticos do Vaticano II, o concílio rompeu com a tradição da Igreja. Minimizando a profundidade e a abrangência da renovação conciliar, alega-se a existência de duas hermenêuticas do Vaticano II: uma equivocada, segundo eles – a hermenêutica "da descontinuidade e da ruptura" –, e outra, a supostamente correta – a hermenêutica "da renovação na continuidade"[13]. Na realidade, por "renovação na continuidade" entendem mais continuidade do que renovação. Segundo eles, só a continuidade impediria uma ruptura com a tradição. Entretanto, se tudo é continuidade, então não há mudança, e na realidade o concílio mudou a Igreja. Mudanças implicam também descontinuidade, o que não significa necessariamente ruptura com a tradição[14]. Ainda no pontificado de Paulo VI, atrelados ao Concílio de Trento, o Bispo M. Lefebvre e os integristas católicos acusaram o Vaticano II de ter rompido com a tradição da Igreja. E, coerentes com seu ponto de vista, romperam não só com o Vaticano II como também com a Igreja de Roma. Ao contrário de M. Lefebvre, esse segmento da Igreja que evoca essas duas hermenêuticas continua na Igreja; e não só não rompe com o concílio como também o interpreta na perspectiva tridentina, acusando os que mostram a distância entre Trento e o Vaticano II de estarem fazendo uma hermenêutica equivocada, de ruptura com a tradição[15].

---

12. Cf. THEOBALD, C. H. *La réception du Concile Vatican II*: accéder a la source. Paris: Cerf, 2009, t. I, p. 697-699.

13. HUENERMANN, P. Silêncio frente ao Concílio Vaticano II? *Concilium*, n. 346, p. 283-296, 2012 – aqui, p. 284.

14. Cf. ALBERIGO, G. O Vaticano II e sua história. *Concilium*, n. 312, p. 7-19, 2005.

15. Cf. MELLONI, A. O que foi o Vaticano II? Breve guia para os juízos sobre o Concílio. *Concilium*, n. 312, p. 34-59, 2005.

Para os que acolhem a renovação do concílio, o Vaticano II não rompeu com a tradição da Igreja, mas nem por isso deixou de tomar distância do modelo de cristandade, do eclesiocentrismo, da teocracia medieval, em resumo, da larga e esclerosada era constantiniana presente em Trento[16]. Dizem que os que advogam uma hermenêutica do Vaticano II como "renovação na continuidade", por suas atitudes e práticas, na realidade, embora se reivindiquem do Vaticano II, continuam atrelados à mentalidade e ao modelo de cristandade. Os empenhados na implementação da renovação conciliar argumentam que, com o concílio, fez-se uma "volta às fontes" bíblicas e patrísticas, das quais a tradição tridentina havia se distanciado, e com isso foram superados os limites de uma postura de Igreja que precisava passar por um processo de *aggiornamento*[17].

1.2.2 Em busca de uma salutar descentralização – propôs o Papa Francisco

O Concílio Vaticano II plasmou uma eclesiologia sinodal, a Igreja como povo de Deus (*LG* Cap. II), pautada pelo *sensus fidelium*, mas não a desenvolveu teologicamente, o que significou um *déficit* para sua efetivação. Isso tanto é verdade que, nos documentos do concílio, o termo "sinodalidade" não aparece. Tratou-se, sim, do Colégio Episcopal, mas também com muita cautela para não tocar no perfil do ministério petrino, concebido na ambiguidade entre membro do colégio enquanto bispo de Roma, e ao mesmo tempo acima dele, pelo primado. Inclusive, os documentos do concílio tiveram o cuidado de falar de "colégio", mas evitar o termo "colegialidade".

---

16. Simbólica e hilariamente conta-se que, no encerramento do Concílio Vaticano II, alguns bispos, ao saírem da Basílica de São Pedro, passavam na frente da estátua do imperador que atrelou o cristianismo ao Império Romano e acenavam dizendo: "Adeus, Constantino!" Jon Sobrino expressa bem essa mudança: "a convocatória que rompia inesperada e radicalmente com o passado, uma liberdade desconhecida dentro da aula conciliar e a relevância de muitos de seus textos, prontamente captada por pessoas da Igreja e de fora dela, fizeram do concílio um acontecimento epocal". Cf. SOBRINO, J. "A Igreja dos pobres" não prosperou no Vaticano II. Promovida em Medellín, historicizou elementos essenciais do Concílio. *Concilium*, n. 346, p. 79-89, 2012 – aqui, p. 79.

17. Cf. THEOBALD, C. As opções teológicas do concílio Vaticano II: em busca de um princípio "interno" de interpretação. *Concilium*, n. 312, p. 115-138, 2005.

Como expressão da solicitude dos bispos por todas as Igrejas locais e como mediação da colaboração dos bispos com o primado, o concílio criou o Sínodo dos Bispos. Era um passo importante, mas ao mesmo tempo, em grande medida, era a redução da sinodalidade eclesial à colegialidade episcopal, estendida às conferências episcopais nacionais e, eventualmente, continentais, como no caso da Igreja na América Latina e no Caribe. E ainda com um agravante: o Cardeal Aloísio Lorscheider, exímio teólogo e zeloso pastor, por ocasião de sua última participação no sínodo, declarou que o Sínodo dos Bispos foi pensado no concílio como um organismo deliberativo, instituído como consultivo, mas naquele momento seu funcionamento não passava de decorativo.

Desde a primeira hora de seu pontificado, o Papa Francisco pensou na efetivação de uma Igreja mais sinodal, incluindo uma reforma do Sínodo dos Bispos. Em sua primeira exortação apostólica, a *Evangelii Gaudium*, afirmou: "Sinto a necessidade de proceder a uma salutar descentralização" (*EG* 16). É preciso "pensar também numa conversão do papado"; "uma centralização excessiva, em vez de ajudar, complica a vida da Igreja e sua dinâmica missionária" (*EG* 32).

Na realidade, o gradativo processo de centralização da Cúria Romana, mesmo depois do Vaticano II, remete-se à crise do conciliarismo (sécs. XIV-XV) e à Contrarreforma de Trento frente à Reforma protestante (séc. XVI), na aurora da segunda metade do segundo milênio. Diante do rompimento interno e externo do regime de cristandade, a reação da Igreja de Roma foi reforçar o poder do papado. Dada a ampla autonomia dos episcopados nas províncias, adota-se um maior controle dos concílios provinciais, temendo-se a criação de Igrejas nacionais pelos Estados nascentes[18]. O direito eclesiástico passa a ser formulado pelo papa, promulgado como legislação única e uniforme para toda a Igreja e cobrada pela cúria[19], controle que irá estender-se inclusive sobre os institutos ou ordens religiosas[20].

---

18. Cf. SCHATZ, K. *La primauté du pape*: son histoire des origines à nos jours. Paris: Cerf, 1992, p. 44-51.

19. Cf. DORTEL-CLAUDOT, M. *Églises locales, Églises universelle*. Lion: Châlet, 1973, p. 47-84.

20. ANTÓN, A. *Conferencias episcopales: instancias intermedias?* El estado teológico de la cuestión. Salamanca: Sígueme, 1989, p. 39.

Tal centralização reforçaria o ultramontanismo, que culminaria com o dogma da infalibilidade do papa, aprovado no Concílio Vaticano I (1860)[21], fora do contexto eclesiológico no qual o esquema *De Ecclesia* originariamente havia sido formulado[22]. O desfecho não poderia ser outro. A centralização romana foi progressivamente comprometendo a sinodalidade da Igreja, especialmente entre a Igreja de Roma e as dioceses, entre o bispo de Roma e o Colégio dos Bispos, enfim, entre a Cúria Romana e as Igrejas locais, quer reunidas em sínodos, quer em concílios provinciais, dos quais mais tarde surgiriam as conferências episcopais.

O Concílio Vaticano II foi um passo importante na perspectiva de uma Igreja mais sinodal, mas curiosamente com afeitos quase nulos no perfil do primado e no centralismo da Cúria Romana. É justamente aí por onde o Papa Francisco começou seu programa de "conversão pastoral e missionária da Igreja". Um dos passos dados foi a reconfiguração do perfil do Sínodo dos Bispos. Em setembro de 2018, promulgou a constituição apostólica *Episcopalis communio*[23] fazendo do sínodo, segundo ele, "um canal proporcionado mais à evangelização do mundo atual do que à autopreservação" da Igreja (n. 1), assim como mais intimamente ligado ao *sensus fidei* de todo o povo de Deus, no seio do qual o bispo, além de mestre, torna-se também "discípulo, quando sabendo que o Espírito é concedido a cada batizado, coloca-se à escuta da voz de Cristo, que fala através de todo o Povo de Deus" (n. 5). Em consequência, há a necessidade de o sínodo ser menos de bispos e "tornar-se cada vez mais um instrumento privilegiado de escuta do Povo de Deus", integrado também por "pessoas que não detêm o múnus episcopal" (n. 6). Assim, "aparecerá cada vez mais claro que, na Igreja de Cristo, vigora uma profunda comunhão entre os Pastores e os fiéis" (n. 10).

---

21. Cf. TANNER, N. Reforma da cúria romana ao longo da história. *Concilium*, n. 353, p. 13-23, 2013.

22. AUBERT, R. *Vatican I, L'Orante*. Paris: 1964, p. 247.

23. Cf. PAPA FRANCISCO. *Constituição Apostólica Episcopalis communio*: sobre o sínodo dos bispos. Cidade do Vaticano, 2018.

1.2.3 A reforma da Cúria Romana, sem reformar o primado

Outro passo importante nessa perspectiva foi a reforma da Cúria Romana. O Concílio Vaticano II, ainda que tarde, superando a contrarreforma, fez profundas mudanças na Igreja em todos os campos, ainda que deixando para o papa a tarefa de implementá-las, em especial no âmbito das estruturas. O Papa Paulo VI bem que tentou, embora rápido tenha se visto prisioneiro do segmento conservador vencido no concílio, mas que logo conseguiu o controle da cúria. O Papa João Paulo II também quis repensar o exercício do primado, inclusive pedindo sugestões na Encíclica *Ut Unum sint*, mas sem que desembocasse em alguma iniciativa concreta. O fato é que a Cúria Romana, apesar da renovação do Vaticano II, continuou seu processo de crescente centralização, tornando-se cada vez mais instância mais de poder do que de serviço e, em certa medida, também em relação ao papa. Nas últimas décadas, o centralismo da cúria atingiu seu nível mais crítico. Escândalos ligados a disputas de poder, corrupção financeira e acobertamentos de casos de pedofilia tornaram-se praticamente explícitos no pontificado de Bento XVI, fator não alheio às motivações que o levaram a renunciar.

Com relação à reforma da Cúria Romana propriamente dita, seria preciso esperar a publicação da nova constituição – *Praedicate Evangelium*[24], que substitui a *Pastor Bonus*, de 1988[25]. Foram praticamente dez anos de trabalho de um grupo de cardeais junto ao papa. Com relação à sinodalidade, há a desvinculação do poder na Igreja como exclusividade do clero. Dois critérios estão na base da reforma: primeiro, tudo é concebido em ordem, não à administração, mas à evangelização – as estruturas como suporte da ação da Igreja, que consiste em evangelizar; segundo, a base para o exercício de toda e qualquer responsabilidade na Cúria Romana (e por extensão na Igreja como um todo) é o batismo. Isso significa que qualquer fiel, homem ou mulher, pode dirigir inclusive um dicastério, organismo até então dirigido por cardeais, ou seja, homens ordenados e bispos. Mas é desconcertante

---

24. PAPA FRANCISCO. *Constituição Apostólica Praedicate Evangelium*: sobre a Cúria Romana e seu serviço à Igreja e ao mundo. Cidade do Vaticano, 2022.

25. JOÃO PAULO II. *Constituição Apostólica Pastor Bonus*. Cidade do Vaticano, 1988.

que a reforma da cúria, que é extensão do ministério petrino, não tenha se ocupado do perfil do primado. O fato é que, com a reforma, a Cúria Romana passou a ser um organismo não mais de controle, mas de apoio ao papa, às conferências episcopais e às Igrejas locais. Além disso, fez também uma profunda mudança no grau de importância e na hierarquia dos dicastérios no seio da cúria. Ao contrário do perfil atual, em que a Congregação da Doutrina da Fé tem visível proeminência em relação aos demais dicastérios, agora ganham peso aqueles voltados para a evangelização e a promoção do desenvolvimento e da paz, assim como para o serviço de proteção aos pobres. Mas, ainda que Francisco tenha desmontado o perfil imperial do primado, juridicamente este continuou com o mesmo perfil ou até mais centralizado, pois dois dicastérios passaram a depender diretamente do papa.

1.3 O largo caminho sinodal percorrido pela Igreja na América Latina

Ventos novos sopram na Igreja hoje, depois de três décadas de involução eclesial em relação à renovação do Vaticano II. E eles vêm da América Latina e do Caribe. Começaram a soprar com a Conferência de Aparecida, que resgatou o concílio na perspectiva da "recepção criativa" da tradição eclesial libertadora, tecida em torno da *Medellín* e da *Puebla*[26]. Em seguida, os novos ventos se intensificaram na mesma direção com o pontificado reformador de Francisco, um latino-americano que está universalizando o que aqui se engendrou e se continua desenvolvendo.

1.3.1 A sinodalidade nas cinco conferências gerais

A Igreja na América Latina tem um largo caminho sinodal, de mais de um século. É de uma grande riqueza de criatividade e contribuição à Igreja, para além de suas fronteiras. Desde a *Evangelii Nuntiandi*, o Magistério Pontifício tem acolhido e universalizado muitas

---

26. Cf. BRIGHENTI, A. Do Concílio Plenário Latino-americano à primeira assembleia eclesial. *In*: AQUINO JÚNIOR, F. de; MORI, G. L. de. (org.). *Igreja em Saída Sinodal para as Periferias*. São Paulo: Paulus, 2022, p. 17-28.

de suas criações. Vamos nos restringir ao campo da sinodalidade e citar pelo menos duas criações de cada uma das conferências gerais, começando por Medellín, pois a Conferência do Rio de Janeiro deu-se em um contexto pré-conciliar, ainda no regime de neocristandade[27].

O marco inicial do processo sinodal em nossa região foi a realização do Concílio Plenário da América Latina, convocado por Leão XIII e realizado em Roma, em 1899. Seguiram-se as cinco Conferências Gerais dos Bispos da América Latina e Caribe: *Rio de Janeiro* (1955), *Medellín* (1968), *Puebla* (1979), *Santo Domingo* (1992) e *Aparecida* (2007). É oportuno registrar que, na América Latina, como em outros continentes, as conferências gerais precederam a criação de muitas conferências nacionais de bispos. No Brasil, tendo como referência a prática de reunião de bispos em torno da Ação Católica, criou-se a Conferência Nacional dos Bispos do Brasil (CNBB), em 1952, descentralizada em regionais, propiciando um maior exercício da sinodalidade.

O Concílio Plenário da América Latina (1899) não foi muito sinodal, pois o objetivo de sua convocação foi fortalecer a romanização do catolicismo no continente e coibir as tradições religiosas locais, especialmente o uso dos idiomas vernáculos e os cânticos religiosos populares, tal como faziam os protestantes recém-chegados. Quanto à Conferência Geral dos Bispos da América Latina, realizada no Rio de Janeiro em 1955, seu principal mérito foi ter sido ocasião para a criação do Celam, um conselho para promover a colegialidade episcopal, mas logo sob a vigilância da Comissão para a América Latina (CAL), organismo junto à Congregação dos Bispos.

A Conferência de Medellín (1968) foi o momento mais transcendente e criativo da Igreja na América Latina, momento único, pois nela magistério-teologia e ação pastoral coincidiram[28]. Relativas à si-

---

27. Cf. ALMEIDA, A. J. A 1ª Conferência Geral dos Bispos da América Latina: Rio de Janeiro, 1955. *In*: BRIGHENTI, A.; PASSOS, J. D. *Compêndio das Conferências dos Bispos da América Latina e Caribe*. Op. cit., p. 27-42.

28. Cf. BRIGHENTI, A. Una Iglesia consecuente con los signos de los tiempos. *In*: LEGORRETA, J. J. (org.). *Comentario bíblico-teológico sobre Medellín*: a 50 años de II Conferencia del Episcopado Latinoamericano. México: Dabar, 2018, p. 225-252.

nodalidade, há duas contribuições importantes. Em primeiro lugar, o Vaticano II concebe a Igreja como povo de Deus, comunhão, comunidade; mas a Igreja na América Latina em *Medellín* se perguntará "Como ser Igreja comunidade sem ser pequena comunidade?", e vai conceber as CEBs como "a célula inicial da estruturação eclesial" (*Med* 15,10). Isso reconfigura as paróquias e, reconfigurada a paróquia, fica reconfigurada a diocese. Em segundo lugar, o Vaticano II afirma que a Igreja Católica – povo de Deus – está presente em cada Igreja local, porção, não parte da Igreja universal. Por sua vez, a Igreja em *Medellín* afirma que, para que todos sejam sujeitos da pastoral e para que haja uma corresponsabilidade de todos por tudo na Igreja, é preciso uma Pastoral Orgânica e de Conjunto, projetada a partir de um processo de planejamento participativo[29]. Nasceram então os Planos de Pastoral de Conjunto, uma prática que se estendeu até o fim da década de 1980, quando eles são praticamente substituídos pela simples emanação de "Diretrizes Gerais". *Aparecida* voltaria a recomendar a necessidade de descer ao nível operacional e elaborar planos de pastoral.

A Conferência de *Puebla* (1979), tal como já aludimos, foi um freio a *Medellín*, um contraponto à perspectiva libertadora acordado na Assembleia do Celam em Sucre (1972), com a ascensão ao Celam de Alfonso López Trujillo. Os teólogos da perspectiva de *Medellín* já não participariam da Assembleia de Puebla, bem como das duas conferências seguintes. Relativas à sinodalidade, há duas contribuições importantes. Em primeiro lugar, o Vaticano II concebe a Igreja como "comunhão". *Puebla* frisa que a realização da comunhão se dá na "participação". É a participação que dá efetividade e concretude à comunhão; participação de todos em tudo, cada um segundo seu carisma, seu ministério, sua função, seu estado de vida... Participação, na Igreja e na sociedade, é um direito e um dever eclesial. Em segundo lugar, o Vaticano II concebe a Igreja como uma "comunidade de serviço de Deus no mundo", em favor da vida plena de todos os seres humanos. A

---

29. SCATENA, S. A Conferência de Medellín: contexto, preparação, realização, conclusões, recepção. *In*: BRIGHENTI, A.; PASSOS, J. D. *Compêndio das Conferências dos Bispos da América Latina e Caribe*. Op. cit., p. 71-82.

Igreja na América Latina dirá que na perspectiva de João XIII – de uma Igreja pobre e para os pobres para ser a Igreja de todos – é preciso fazer uma opção preferencial pelos pobres. Trata-se de uma opção contra a pobreza, não contra os ricos: "Com a opção pelos pobres, nenhum rico se considere excluído da Igreja, mas que nenhum rico se considere incluído sem fazer também esta opção". Uma Igreja sinodal precisa ser uma Igreja inclusiva de todos, dos excluídos na Igreja e na sociedade[30].

A Conferência de *Santo Domingo* (1992) foi praticamente o estancamento de Medellín[31]. Foi a última assembleia com a presença de atores de Medellín e Puebla. Relativas à sinodalidade, há duas contribuições importantes. Em primeiro lugar, o Vaticano II fala da exigência de uma "Igreja em contínua reforma" (*UR* 6). A Igreja na América Latina iria aterrissar essa reforma contínua a partir da perspectiva pastoral. Santo Domingo vai propor a conversão pastoral da Igreja (*SD* 30): conversão na consciência eclesial (Igreja povo de Deus/comunhão), nas ações (participação de todos), nas relações de igualdade e autoridade (superação do clericalismo) e nas estruturas. A conversão pastoral da Igreja leva a uma Igreja também mais sinodal. Em segundo lugar, o Vaticano II vai reabilitar o laicato como sujeito eclesial, sujeito de ministérios e corresponsável na Igreja. Santo Domingo irá propor o protagonismo dos leigos na evangelização, para além de todo tipo de subserviência, dependência ou limites impostos por posturas como a do clericalismo.

Uma grata surpresa foi a Conferência de *Aparecida*[32], que resgatou o Vaticano II e a tradição eclesial de Medellín e Puebla, uma conferência que está na base dos postulados do pontificado de Francisco, assim como da I Assembleia Eclesial da América Latina e do Caribe.

---

30. KELLER, M. A. A Conferência de Puebla: contexto, preparação, realização, conclusões, recepção. *In*: BRIGHENTI, A.; PASSOS, J. D. *Compêndio das Conferências dos Bispos da América Latina e Caribe*. Op. cit., p. 83-93.

31. Cf. BRIGHENTI, A. A metodologia de trabalho da Conferência de Santo Domingo. *In*: DE SOUZA, N. (org.) *Santo Domingo*: evangelização entre a integração e a inculturação. Petrópolis: Vozes, 2022, p. 28-62.

32. CALIMAN, C. A Conferência de Aparecida: do contexto à recepção. *In*: BRIGHENTI, A.; PASSOS, J. D. *Compêndio das Conferências dos Bispos da América Latina e Caribe*. Op. cit., p. 105-115.

Relativas à sinodalidade, há duas contribuições importantes[33]. Em primeiro lugar, o Vaticano II concebe todos os batizados como sujeitos da evangelização. A Igreja na América Latina em Aparecida põe em relevo o caráter missionário da evangelização, concebendo a Igreja local como "uma rede de comunidades eclesiais em estado permanente de missão". O sujeito da missão não são pessoas de Igreja, é a Igreja como um todo que é missionária e é ela que envia os missionários. Em segundo lugar, o Vaticano II fez de todos os batizados os sujeitos da evangelização; Santo Domingo propõe o protagonismo dos leigos na evangelização e, por sua vez, Aparecida, de forma ainda mais profética, propõe o protagonismo das mulheres na evangelização, com uma participação efetiva no discernimento e na tomada de decisões.

1.3.2 *Episcopalis communio*, Sínodo da Amazônia e primeira assembleia eclesial

Dois outros acontecimentos deram um passo a mais no caminhar sinodal da Igreja no continente, graças ao Papa Francisco. O Sínodo da Amazônia (2018-2019), original em muitos aspectos, assim como a I Assembleia Eclesial da América Latina e do Caribe (2019-2020), tiveram um novo formato graças à reforma do Sínodo dos Bispos, feita pelo Papa Francisco. Em sintonia com a recepção do Vaticano II na América Latina e a larga caminhada sinodal da Igreja nesta região, o Papa Francisco fez uma reforma do Sínodo dos Bispos. Em 2018, publicou a constituição *Episcopalis communio*, na qual define que o Sínodo dos Bispos precisa estar intimamente ligado ao *sensus fidei* de todo o povo de Deus, no seio do qual o bispo, além de mestre, torna-se "discípulo, quando sabendo que o Espírito é concedido a cada batizado, se coloca à escuta da voz de Cristo, que fala através

---

33. Cf. CONSELHO EPISCOPAL LATINO-AMERICANO (CELAM). *Los desafíos pastorales de la Primera Asamblea Eclesial en América Latina y El Caribe*. Bogotá: Centro de Publicaciones, 2021. O Celam publicou um documento que faz um registro de todas as contribuições do processo, uma espécie de documento final: CONSELHO EPISCOPAL LATINO-AMERICANO (CELAM). *Hacia una Iglesia Sinodal en salida a las periferias*: reflexiones y propuestas pastorales a partir de la Primera Asamblea Eclesial da América Latina y Caribe. Bogotá: Centro de Publicaciones, 2022.

de todo o Povo de Deus" (n. 5). Daí a necessidade de o sínodo, diz o Papa, "tornar-se cada vez mais um instrumento privilegiado de escuta do Povo de Deus", integrado também por "pessoas que não detêm o múnus episcopal" (n. 6).

O novo perfil de sínodo foi colocado em prática no *Sínodo da Amazônia*. Entre outros aspectos, cabe destacar: teve um amplo processo de escuta nas Igrejas locais; metade dos participantes da assembleia sinodal em Roma não eram bispos e, entre os não bispos, quase a metade eram mulheres; o documento final foi votado, sendo o papa um dos membros votantes da assembleia; entre as decisões, estava a criação de um organismo de comunhão das Igrejas locais na região. E o organismo criado, por sugestão do próprio papa, não foi uma conferência episcopal, mas uma "conferência eclesial" da Amazônia – a Ceama[34].

O êxito do Sínodo da Amazônia e a criação da Ceama desembocaram, não em uma VI Conferência Episcopal da Igreja na América Latina, mas sim, por proposição do Papa Francisco, na I Assembleia Eclesial da América Latina e do Caribe (2019-2020)[35]. Seu alcance pastoral está proporcionado à realização do objetivo que a ela foi proposto pelo Papa Francisco – "reavivar Aparecida". Sem dúvida, um grande desafio. Como vimos, a V Conferência resgatou o Vaticano II, na perspectiva da "recepção criativa" da tradição eclesial libertadora, tecida em torno a *Medellín* e *Puebla*, que deu um rosto e uma palavra própria à Igreja na América Latina. A proposta de *Aparecida* continua vigente, pois, 14 anos depois, continua sendo resposta aos desafios dos tempos atuais. Mas há de se reconhecer que, em grande medida, é ainda uma tarefa pendente. Daí a relevância dessa assembleia e também a dificuldade para responder ao seu objetivo. Na realidade, a primeira assembleia eclesial, ao buscar reavivar *Aparecida*, significa

---

34. Cf. BRIGHENTI, A. Il sinodo per l'Amazzonia: la sinodalità come convergenza della diversità. *Concilium*, v. LVII, p. 65-76, 2021.

35. Cf. BRIGHENTI, A. Primera Asamblea Eclesial de la Iglesia en América Latina: desarrollo, resultados y perspectivas. *Spiritus*, v. 251, p. 61-76, 2023; BRIGHENTI, A. El alcance pastoral de la primera Asamblea Eclesial. *Revista CLAR*, v. LX, p. 24-30, 2022.

também a superação de uma "Igreja autorreferencial". A "nova evangelização", uma categoria de *Medellín* para dizer da necessidade de mudanças no agir da Igreja para levar adiante a renovação do Vaticano II, durante as décadas de involução eclesial que se instaurou na Igreja, passou a caracterizar uma missão nos moldes da neocristandade – sair e trazer de volta para dentro da Igreja os que se distanciaram dela.

Por sua vez, o Sínodo da Amazônia e a primeira assembleia eclesial inspiraram o sínodo sobre a sinodalidade, que avançou ainda mais em relação ao Sínodo da Amazônia, pois foi o primeiro sínodo a realizar-se de forma descentralizada, de baixo para cima, a partir das Igrejas locais, passando pelos continentes, até chegar à Assembleia Geral em Roma. A fase diocesana e continental não foi apenas uma escuta preparando a Assembleia Geral, mas já o sínodo em processo, acontecendo, sendo realizado. A Assembleia Diocesana e a Assembleia Continental nesse processo já se constituíram em pré-assembleias sinodais da Assembleia Geral, realizada em Roma em duas sessões – outubro de 2023 e outubro de 2024.

2
SINODALIDADE, REFORMA
DA IGREJA E CONVERSÃO PASTORAL

Nas circunstâncias atuais, como ficou explícito no capítulo anterior relativo à sinodalidade no contexto eclesial atual, uma Igreja sinodal implica uma profunda reforma da Igreja, o que não acontecerá sem uma verdadeira conversão dela. E como tudo deve estar direcionado para a evangelização, que é a razão de ser da Igreja, os bispos em *Santo Domingo* falam da necessidade de uma "conversão pastoral da Igreja" que leve adiante a renovação do Vaticano II e que abarque a Igreja em sua integralidade, o seu ser (natureza) e o seu fazer (ação evangelizadora).

A exigência e a realização de mudanças na Igreja, tanto no seu "ser" como em seu "fazer", fazem parte do seu itinerário histórico, desde os primeiros tempos do cristianismo. Ela se impõe diante do desafio de manter sempre viva e atual a novidade do Evangelho. A mensagem cristã é, por excelência, "boa nova" de plenitude de vida, uma diferença que precisa fazer diferença na vida das pessoas, nas culturas e nas religiões, nas estruturas e na sociedade como um todo – *"eis que faço novas todas as coisas"* (*Ap* 21,6). O tesouro da mensagem não envelhece, mas de barro é a roupagem ou o invólucro que o torna presente na precariedade da história[36].

---

36. Cf. DUQUOC, C. *"Creo en la Iglesia"*: precariedad institucional y Reino de Dios. Santander: Sal Terrae, 2001, p. 134-140.

Os Santos Padres já falavam da necessidade de uma *Ecclesia semper reformanda*, ideário explicitamente assumido pelo Concílio Vaticano II (*UR* 6), embora a formulação nesses termos venha de um livro devocional escrito por Jodocus van Lodenstein, em 1674, da Igreja reformada dos Países Baixos. Dom Helder Camara dizia que "a Igreja precisa de mudar constantemente para ser sempre a mesma Igreja de Jesus". O Concílio Vaticano II, acolhendo o programa de *aggiornamento* eclesial idealizado por João XXIII, chamou a atenção que "a tradição progride". Bruno Forte, com muita propriedade, definiu-a como "a história do Espírito Santo na história do Povo de Deus".

A reforma da Igreja tem na conversão pastoral um caminho privilegiado, que, para serem autenticamente eclesiais, precisam acontecer na perspectiva de uma Igreja sinodal. A busca de uma Igreja mais sinodal veio em boa hora, pois mudanças profundas precisam ser feitas no modo de ser e de agir da Igreja. Desde *Santo Domingo*, passando por *Aparecida* e o magistério do Papa Francisco, fala-se na urgência de uma "conversão pastoral da Igreja" no âmbito da consciência eclesial, das relações de igualdade e autoridade, das ações e das estruturas da Igreja em todos os níveis, sem que se tenha avançado muito.

Estamos vivendo um momento único na Igreja. Depois de tudo que se viveu e se buscou entre tensões e embates no largo caminhar da Igreja na América Latina, graças ao pontificado de Francisco, estamos fazendo a passagem da colegialidade episcopal a uma Igreja toda ela sinodal. Não é algo novo. Por um lado, é o resgate na renovação do Vaticano II, do qual um processo de involução eclesial durante as três décadas que antecederam o atual pontificado havia tomado distância, mas não sem a resistência da Igreja na América Latina em suas últimas quatro conferências gerais[37]. Por outro, está-se tirando as consequências da concepção da Igreja como "povo de Deus" para um "caminhar juntos", pautado pelo *sensus fidelium*, tão presente na Igreja durante todo o primeiro milênio e tão ausente no segundo.

---

37. Cf. LIBÂNIO, J. B. *A volta à grande disciplina*. Op. cit. Essa obra chamou a atenção para o fenômeno, já na primeira hora, cuja expressão se remete ao ideário do Papa João Paulo I, que teve um reinado de apenas 33 dias.

É o que se vem implementando na América Latina desde a "recepção criativa" do Vaticano II em torno a *Medellín* e agora é, em grande medida, experienciado no Sínodo da Amazônia e na primeira assembleia eclesial, graças à abertura e ao espírito renovador do Papa Francisco.

2.1 Dois fatores principais de estrangulamento da sinodalidade na Igreja hoje

Uma Igreja em contínua reforma, em vista de uma Igreja sinodal, não pode estar presa a um passado sem retorno, nem estar nostálgica dele. Há pelo menos dois fatores principais que estrangulam a sinodalidade na Igreja hoje. São fatores complexos, que tornam a reforma da Igreja um grande desafio, e para muitos constituem obstáculos intransponíveis, inviabilizando todo esforço de uma real sinodalização da Igreja. Mas é preciso tentar, pois uma Igreja sinodal foi a marca da tradição da Igreja no primeiro milênio e bem pode ser, e deve ser, a marca dela no terceiro milênio, resgatando o que ela foi no princípio.

2.1.1 Uma Igreja hierárquica e piramidal

Uma das patologias do cristianismo, contraída em seu percurso histórico, é uma Igreja piramidal, reduzida à hierarquia e detentora de um poder sagrado – a mais pura antinomia de uma Igreja sinodal[38]. É o modelo de Igreja que imperou durante o segundo milênio, superado pelo Concílio Vaticano II. Mas como a renovação conciliar é, em grande medida, uma tarefa pendente, na prática o modelo caduco ainda está muito presente; tanto que, no atual processo sinodal, há dificuldade em certos segmentos da Igreja para situar a sinodalidade na natureza ou no ser da Igreja[39]. Já no início dos trabalhos da primeira sessão da assembleia sinodal em Roma, houve quem propusesse substituir o termo "sinodalidade" por "comunhão", pois a categoria "sinodalidade" se

---

38. Cf. COSTADOAT, J. Necesidad de des-sacerdotalizar la Iglesia Católica. Disponível em: https://www.religiondigital.org/cristianismo_en_construccion/des-sacerdotalizar-Crisis-Sacerdocio_7_ 2424727513.html. Acesso em: 15 ago. 2022.

39. Cf. COMISIÓN TEOLÓGICA INTERNACIONAL. *La sinodalidad en la vida y en la misión de la Iglesia*. São Paulo: Paulinas, 2018.

prestaria a mal-entendidos, distanciando-nos da fé apostólica de nossos pais (RS 1f)[40]. Chega-se a alegar que o termo "sinodalidade" não é bíblico nem aparece no Vaticano II, ignorando-se que, para São João Crisóstomo, como a Igreja é a comunhão ou a assembleia/*ecclesia* dos batizados, "sinodalidade é o próprio nome da Igreja"[41].

Essa é a mesma discussão que ocorreu no sínodo de 1985, por ocasião da celebração do 25º aniversário do Concílio Vaticano II, quando se propôs falar de "Igreja comunhão" em vez de "Igreja povo de Deus"[42], que também seria passível de mal-entendidos, por ser uma categoria sociológica, quando na realidade não vem da sociologia, mas da Bíblia. A questão subjacente é o lugar da hierarquia em relação ao povo de Deus. Com uma Igreja sinodal, toda ministerial, haveria o risco de nivelar todos os ministérios e diluir o papel dos ministros ordenados, dizem.

No entanto, o Concílio Vaticano II, com o resgate da eclesiologia do povo de Deus, superou o binômio *clero-leigos*, uma Igreja formada por duas classes de cristãos: o clero, o polo ativo, fonte de toda iniciativa e poder; e o laicato, o polo passivo, que deve obedecer docilmente ao clero e ser seu colaborador. Trata-se de uma Igreja, portanto, piramidal e clericalista. A eclesiologia conciliar se assenta sobre um novo binômio – *comunidade-ministérios* – e há um único gênero de cristão: os batiza-

---

40. Foi uma intervenção do Cardeal Muller, ex-prefeito da Congregação da Doutrina da Fé, membro do grupo de cardeais que vem reiteradamente apresentando seus *dúbia* ao Papa Francisco, também sobre esta questão às vésperas da assembleia.

41. Ele escreve que Igreja é "nome que indica caminhar juntos (σύνοδος)". De fato, a Igreja – explica – é a assembleia convocada para dar graças e louvores a Deus como um coro, uma realidade harmônica onde tudo se mantém unido (σύστημα), pois aqueles que a compõem, mediante as suas recíprocas e ordenadas relações, convergem na ἀγάπη e na ὁμόνοια (o mesmo sentir). Cf. SECRETARIA DO SÍNODO. A sinodalidade na vida e na missão da Igreja. Roma: 2018, n. 3. Disponível em: https://www.synod.va/content/dam/synod/common/phases/universal-stage/il/POR_INSTRUMENTUM-LABORIS.pdf. Acesso em: 25 nov. 2023.

42. II ASSEMBLEIA GERAL EXTRAORDINÁRIA DO SÍNODO DOS BISPOS. *"Relatio Finalis" do Sínodo.* 1985. O Sínodo dos Bispos de 1985 teve como objetivo uma espécie de balanço dos 20 anos pós-conciliares. Interpretou a eclesiologia do Concílio com um conceito básico: a Eclesiologia de Comunhão. Cf. *El Vaticano II, don de Dios*: los documentos del Sínodo Extraordinario de 1985. Madrid: PPC, 1986.

dos, em uma radical igualdade em dignidade de todos os ministérios, na corresponsabilidade de todos em tudo. Os ministros ordenados são membros do povo de Deus, seus servidores, e não estão fora, muito menos acima do povo ou sobre ele. A *Lumen Gentium* é clara, até em sua estrutura, além de em seus argumentos – o Capítulo II é dedicado ao povo de Deus, e a hierarquia é objeto do Capítulo III, precisamente por esta estar inserida nele. Os ministros ordenados exercem seu ministério não sobre o povo de Deus, mas precisamente em seu seio, como servidores, uma vez que deriva de um mesmo batismo, a base laical da Igreja.

O modelo de comunhão para a Igreja é a Trindade, que é, como já dito, o melhor modelo de comunidade. E do mesmo modo que na Trindade não há hierarquia, a Igreja não comporta estruturas piramidais, relações pautadas na verticalidade, em poder-dominação, em centralismo ou autoritarismo. Na Igreja, quem preside exerce o "ministério da coordenação" – *co-ordena* – a todos para o serviço de todos em tudo e para todos, não se trata de comandar. Daí a importância da recomendação do Papa Francisco, na Exortação *Querida Amazônia*, de se implementar na Igreja "uma cultura eclesial marcadamente laical" (*QAm* 94).

2.1.2 O poder monopolizado pelos ministros ordenados

Na Igreja, particularmente no segundo milênio, o poder esteve sob o monopólio do clero. Concebe-se a Igreja como o "Corpo Místico de Cristo", sendo composta por dois gêneros de cristãos, o binômio *clero-leigos*. O clero é o polo ativo, fonte de toda iniciativa e todo poder; os leigos são o polo passivo, a quem cabe a obediência dócil ao clero. A renovação do Vaticano II, coerente com sua "volta às fontes" bíblicas e patrísticas, desvincula o poder na Igreja dos ministros ordenados[43]. Na renovação conciliar, a base que confere responsabilidades na Igreja é o sacramento do batismo e não o sacramento da Ordem. É o batismo que torna todos os batizados corresponsáveis na Igreja por tudo e por todos, sem que isso negue ministérios de coordenação, presidência ou a função magisterial.

---

43. Cf. CONGAR, Y. Autonomie et pouvoir central dans l'Église vus par la théologie catholique. *Kanon*, n. 68, p. 130-144, 1980.

Infelizmente, a desconcentração do poder em relação ao clero, em grande medida, é ainda uma tarefa pendente da renovação conciliar. O Papa Francisco está empenhado nessa tarefa e tem explicitado a desvinculação do poder na Igreja em relação ao clero de forma muito clara, pelo menos em dois documentos. Na Exortação *Querida Amazônia*, ao referir-se ao presbítero, frisa que a especificidade do ministério ordenado, particularmente do presbítero, "não está no poder", ou seja, na coordenação ou na presidência da comunidade eclesial, que pode ser função também de pessoas leigas e religiosas (*QAm* 87). A especificidade do ministério do presbítero ou seu "caráter exclusivo" está naquilo que só ele pode propiciar à comunidade eclesial, que é a presidência do sacramento da Eucaristia, o sacramento da Reconciliação e o sacramento da Unção dos Enfermos. Trata-se "de uma função específica, principal e não delegável", frisa a exortação (*QAm* 88). A identidade do presbítero, bem como de todas as vocações na Igreja, brota do batismo, que faz do povo de Deus um povo todo ele profético, régio e sacerdotal, o denominado *tria munera ecclesiae*. Com isso, o que o Papa põe em relevo é que o ministério do presbítero não monopoliza todos os ministérios na Igreja e muito menos o poder na comunidade eclesial. Em uma Igreja sinodal, o poder flui entre todos os batizados, dado que ele se rege pelo *sensus fidelium*.

A desvinculação do poder na Igreja como exclusividade do clero está também explícita na Constituição de Reforma da Cúria Romana – *Praedicate Evangelium*[44]. Dois critérios estão na base da reforma: primeiro, tudo é concebido em ordem, não à administração, mas à evangelização – as estruturas como suporte à ação da Igreja, que consiste em evangelizar; segundo, a base para o exercício de toda e qualquer responsabilidade na Cúria Romana, e por extensão na Igreja como um todo, é o batismo[45]. Isso significa que qualquer fiel, homem ou mulher, pode dirigir inclusive um dicastério, organismos até então dirigidos por cardeais, ou seja, homens ordenados e bispos.

---

44. Cf. PAPA FRANCISCO. *Constituição Apostólica Praedicate Evangelium*. Op. cit.

45. Cf. FAGIOLI, M. Reforma da Cúria no Vaticano II e depois do Vaticano II. *Concilium*, n. 353, p. 24-34, 2013.

Assim, em uma Igreja sinodal, além dos clérigos, também leigos e leigas, assim como as religiosas, precisam ser partícipes dos processos de tomada de decisão e podem assumir funções de coordenação e presidência de organismos eclesiais em todos os campos e em todos os âmbitos da Igreja.

2.2 O imperativo de uma Igreja em contínua reforma

A Igreja não nasceu acabada, pelo contrário: para ser continuamente sacramento do Reino de Deus na precariedade da história, ela precisa estar "se originando" constantemente sob o dinamismo do Espírito, tanto em seu ser como em seu "fazer". O Vaticano II afirma que a tradição progride, e o Papa Francisco define a tradição como "uma árvore que cresce". Nem tudo o que temos na Igreja veio de Jesus Cristo, mas foi se constituindo no Espírito. E como a história é dinâmica e a Igreja tira as mediações de sua configuração histórica das culturas que, por sua vez, são dinâmicas, a Igreja como instituição precisa estar em permanente estado de *aggiornamento*.

2.2.1 Reforma da Igreja ou renovação eclesial?

O Concílio Vaticano II foi uma verdadeira reforma da Igreja, embora não tenha usado o termo, certamente para não estabelecer paralelo com a Reforma Protestante, contra a qual havia feito uma contrarreforma em Trento. Superando o modo de ser Igreja da cristandade, que havia se distanciado do modelo eclesial normativo neotestamentário, o concílio se propôs fazer um "retorno às fontes bíblicas e patrísticas" e, na fidelidade a elas, ressituar a Igreja no novo contexto, no seio do mundo moderno. No entanto, após os primeiros anos da implementação das reformas, em especial a partir da década de 1980 não só surgiram dificuldades na recepção do concílio, como também se levantaram vozes questionando as próprias reformas. Certos setores da Igreja, em lugar da "volta às fontes bíblicas e patrísticas", passaram a advogar por uma "volta ao fundamento" e à "tradição de sempre", ou seja, aquela da cristandade medieval. "Volta às fontes" se remete às origens da Igreja, que continuam se originando. Já "volta ao fundamento" se remete ao engessamento de um período da tradição a ele reduzida, centrada em uma versão fixista da doutrina e das normas, desembocando no tradicionalismo.

Ainda no fim do século VIII, como resistência à reforma do imperador Carlos Magno, que padronizou a prática cristã em todo o império segundo a cultura e o estilo franco-germânico, teve início um movimento de "retorno às fontes" (*ad rimini fontes*), impulsionado pelos próprios papas, mas sem avanços. Pouco depois da virada do milênio, irrompeu o movimento de reforma por parte das ordens mendicantes, com destaque para os dominicanos e franciscanos — *"Francisco, vá e reforme a minha Igreja"*. Mas, na realidade, não houve reforma, pois o movimento foi enquadrado aos moldes da instituição eclesial vigente. No século XVI, surgiu outro grande movimento de reforma da Igreja, que culminou com a Reforma Protestante e a Contrarreforma do Concílio de Trento. Quase 500 anos depois, na década de 1940, um terceiro grande movimento de reforma eclodiu com os movimentos bíblico, teológico, ecumênico, catequético, litúrgico, patrístico, dos padres operários e da Ação Católica, culminando no Vaticano II, o maior evento eclesial dos últimos cinco séculos, que aí sim fez uma profunda reforma da Igreja.

2.2.2 Reforma e superação de uma Igreja piramidal

O Concílio Vaticano II, em seu retorno às fontes bíblicas e patrísticas, resgatou a Igreja sinodal do primeiro milênio, superando a eclesiologia baseada no binômio clero-leigos, substituindo-o por comunidades-ministérios, uma comunidade toda ministerial. Uma nova perspectiva estava se abrindo para a Igreja, mas logo foi bloqueada pelo retorno do centralismo romano nas três décadas de "involução eclesial"[46] em relação à renovação do Vaticano II, que precederam o atual pontificado. A Conferência de Aparecida teve o grande mérito de resgatar a renovação conciliar na perspectiva da "recepção criativa" (Jon Sobrino) da Igreja na América Latina e no Caribe em torno a *Medellín*. A ela se seguiu a eleição do Papa Francisco, que enfatizou a superação do clericalismo por meio da implementação de uma Igreja sinodal, com o protagonismo dos leigos, especialmente das mulheres.

---

46. Cf. GONZÁLEZ FAUS. J.-I. El meollo de la involución eclesial. Op. cit.; LADRIERE, P.; LUNEAU, R. (dir.). *Le retour des certitudes*. Op. cit.

Entretanto, os obstáculos nesse processo não são poucos, seja para superar modelos de Igreja pré-conciliares, seja para implementar as reformas necessárias, particularmente no âmbito das estruturas da Igreja[47], que vão da paróquia ao primado. Há tensões entre o local e o global, entre o regional e o universal, na medida em que, por um lado, o local e o regional carecem de autonomia para promover mudanças urgentes e necessárias e, por outro, o universal tem dificuldade de ver, em certas proposições que surgiram em determinada região, mudanças necessárias que podem favorecer a Igreja ou revigorá-la como um todo. O fato é que, passado mais de meio século, a reforma do Vaticano II é uma tarefa pendente, ignorada por muitos, dificultada por outros tantos e até mesmo combatida por segmentos eclesiais mais conservadores. Apesar do Vaticano II, a Igreja continua piramidal, o clericalismo persiste como uma chaga da Igreja e leigos clericalizados reforçam o modelo caduco. Daí a relevância do atual processo de sinodalização da Igreja, desencadeado pelo Sínodo da Sinodalidade, com data para começar, mas sem data para acabar.

2.2.3 A eternidade do Reino na precariedade do instituído

A sinodalidade é incômoda, pois implica uma Igreja em contínua reforma. A dificuldade se remete à natureza de toda religião, incluindo a do cristianismo. Mircea Eliade diz que a religião é uma instituição hierofânica: sua finalidade é transparecer o divino através do humano, sem jamais pretender tomar seu lugar, sob pena de eclipsá-lo. Historicamente, o religioso sempre foi um âmbito ambíguo, na qual o humano e o divino se tocam, às vezes se mascaram e quase nunca se limitam mutuamente. Na Igreja, nem sempre se teve presente a inevitável tensão entre a promessa do Reino, do qual a Igreja é sacramento e o qual anuncia e edifica, e o caráter obsoleto das mediações que procuram torná-lo visível na concretude da história, por meio de sua ação evangelizadora. O institucional se inscreve no tempo provisório da eternidade do Reino, por isso, sempre precário e desafiado a se colocar em um constante estado de desaparição.

---

47. Cf. FERNANDES, V. M. *Conversión pastoral y nuevas estructuras*: lo tomamos en serio? Buenos Aires: Agape Libros, 2010.

A precariedade do instituído não é consequência de infidelidades. É também, mas muito mais é o efeito da distância engendrada pela Promessa em relação a toda forma de realização histórica dela. A flexibilidade da tradição ou a consciência da precariedade da instituição é o rosto vivo do modo limitado de Deus se manifestar no mundo, sempre através do humano. Mediante sua discrição e os limites do humano, é como Deus se apresenta enquanto Deus. Por sua vez, é por meio de seu próprio eclipse e sua flexibilidade que a instituição eclesial se mostra como sua testemunha e seu sacramento na precariedade da história.

Por isso, toda absolutização da instituição é idolatria, pervertendo-a em um poder de dominação, em uma burocracia. Ela é o suporte do carisma, necessária, sem a qual o carisma se anarquiza, mas sempre "mediação" e sempre precária, que precisa estar em contínuo *aggiornamento*. Sua legitimidade está em tornar presente o divino; seu limite é a precariedade do humano na relatividade da história, que impede a instituição de tomar o lugar de Deus, sob pena de eclipsá-lo. A Igreja precisa ter presente que ela é a instituição do intervalo opaco da história, expressão no tempo provisório da eternidade do Reino.

A absolutização da instituição é o tradicionalismo, que tende a fossilizar a tradição, a qual é sempre aberta e dinâmica, "uma árvore que cresce" (Papa Francisco), aberta para o futuro, com o cuidado de não ir canonizando os efeitos da história.

2.3 Uma dificuldade particular: a reforma das estruturas

Na busca de uma Igreja sinodal, a reforma da Igreja tem uma dificuldade particular – a reforma das estruturas[48]. Este é um dos principais fatores de estancamento dos processos de reforma ao longo da história da Igreja. É também a principal razão do estancamento da reforma do Vaticano II. Estão implicados o sentido e o lugar das estruturas na Igreja, a concepção da "tradição" da Igreja e a confusão entre o que é de direito divino e o que é de direito eclesiástico, disciplinar.

---

48. Cf. LIBÂNIO, J. B. Conversão pastoral e estruturas eclesiais. *Medellín*, n. 134, p. 309-329, 2008.

2.3.1 Dois extremos a evitar: a iconoclastia e a idolatria

Com relação ao sentido e ao lugar das estruturas na Igreja, há dois extremos a serem evitados:

1º *Iconoclastia*

No atual contexto de crise das instituições em geral, existe a tentação da *iconoclastia*, ou seja, a presunção de poder prescindir da instituição. Bastaria seguir o Evangelho e viver mais radicalmente as exigências do carisma, partindo do princípio de que todos nós estamos convertidos o suficiente ao ideal cristão, que toda forma de institucionalização é um obstáculo à vivência do ideal. A característica do espírito da utopia é subestimar a força das instituições. O anarquismo não deixa de expressar um certo pudor em relação ao ideal, a ponto de tentar evitar enquadrá-lo em determinados parâmetros. Tem-se a impressão de que a estrutura é sempre uma camisa de força sobre o carisma, que acabaria por aprisioná-lo e, em longo prazo, esvaziá-lo de sentido. Opera-se então uma ruptura entre o visível e o invisível, sem que a instituição consiga estabelecer esse vínculo.

2º *Idolatria*

A tentação mais comum, entretanto, é a *idolatria*, pois a insegurança diante do risco do novo nos leva quase que instintivamente a basear a estabilidade em normas e regras. A idolatria, ao contrário da iconoclastia, em vez de separar, identifica o invisível com o visível na estrutura[49]. Ela sacraliza a instituição, privando-a de qualquer crítica e, por consequência, de qualquer reforma. No caso da Igreja, a instituição se torna um fim em si mesma, quando na verdade ela é apenas um meio e um suporte para o carisma. A instituição estabelece um vínculo entre o visível e o invisível, não para absorver o invisível, mas para direcionar o visível para o invisível. Assim como Cristo age nos membros da Igreja sem divinizá-los, também não sacraliza a instituição, mas a abre, em sua forma ambígua, àquilo que, em si mesma, a supera e relativiza. A idolatria endurece a instituição, as estruturas se tornam rígidas e fixas, e a "tradição" tende a se petrificar. Tocar nas estruturas é destruir a Igreja.

---

49. Cf. RAHNER, K. *Cambio estructural en la Iglesia*. Madrid: Cristiandad, 1974.

O Vaticano II afirma que a tradição progride, é viva e dinâmica no tempo, ao contrário daqueles que têm uma visão fixista e imutável dela. Há uma tendência a pensar que o que não aconteceu na história da Igreja não pode acontecer no futuro, e que o que aconteceu não pode ser mudado, quando, na verdade, a tradição está sempre aberta para acolher novas formas de ser Igreja, que mantêm a perene novidade da Boa Nova na precariedade da história. A tradição é a história do Espírito Santo na história do povo de Deus – "estamos convencidos de que a sinodalidade é uma expressão do dinamismo da Tradição viva"[50]. A tradição é como "uma árvore que cresce", uma imagem usada pelo Papa Francisco e já citada nesta obra.

2.3.2 A equiparação entre o que é de direito divino e o que é uma disciplina da Igreja

Há quem pense que tudo na Igreja tem um caráter divino e imutável, sem distinguir ou perguntar-se sobre o que na Igreja é de direito divino, imutável, e o que é uma disciplina da Igreja (mutável), por estar assentada em mediações contextuais das verdades da fé. Isso acaba por divinizar a Igreja, isentando-a de toda reforma ou mudança. E não apenas a Igreja, mas também os ministros ordenados, detentores de um poder sagrado – a mediação do divino –, que, ao buscar incorporá-lo, acaba por eclipsá-lo. É quando a instituição se sobrepõe ao carisma e se torna poder, que com o tempo vai matar o carisma.

Por exemplo, questões como a obrigatoriedade do celibato na Igreja latina ocidental é uma disciplina, e não algo intrínseco à natureza do ministério ordenado, de caráter divino. O mesmo poderia ser dito sobre a ordenação de mulheres. Mesmo que se discuta se as "diaconisas" da Igreja antiga eram de fato ordenadas, mas mesmo que não fossem, será que elas não poderiam ser, ou haveria uma base bíblica ou teológica para impedi-lo? A ordenação de mulheres seria uma questão teológica de gênero, por elas serem mulheres, ou é uma questão cultural, uma consequência do patriarcalismo velado e do machismo?

---

50. SECRETARIA DO SÍNODO. *Relatório de síntese*. Cidade do Vaticano, 2023.

2.4 A conversão pastoral da Igreja como caminho privilegiado para uma Igreja sinodal

A Igreja na América Latina e no Caribe, para expressar a exigência permanente de "renovação eclesial", plasmou a categoria "conversão pastoral". A expressão aparece pela primeira vez no Documento de *Santo Domingo* (1992). Entretanto, dado o contexto da época de plena "involução eclesial" em relação à renovação do Vaticano II e à tradição libertadora, foi um clamor sem consequências nos processos pastorais levados a cabo nos anos subsequentes. Uma década e meia depois, porém, a Conferência de Aparecida resgatou a categoria criada por *Santo Domingo*, falando da exigência de uma "conversão pastoral", em vista de uma Igreja "em estado permanente de missão"[51]. Por sua vez, o Papa Francisco, fazendo eco de *Aparecida*, retoma o imperativo da "conversão pastoral", em clave missionária, na *Evangelii Gaudium*. Uma reforma da Igreja, exigência atual para a implementação de uma Igreja sinodal, é impossível sem uma conversão pastoral da Igreja[52].

Do mesmo modo que *Santo Domingo*, *Aparecida* evoca a "conversão pastoral" em relação ao "fazer" da Igreja, com implicações também sobre seu "ser" (renovação eclesial). *Aparecida* afirma textualmente que "a conversão pastoral de nossas comunidades exige que passemos de uma pastoral de mera conservação a uma pastoral decididamente missionária" (*DAp* 370). A categoria "pastoral de conservação" é de *Medellín*, criada para se referir ao modelo pastoral pré-conciliar ou da cristandade, "baseado em uma sacramentalização com pouca ênfase na evangelização prévia", "em uma época em que as estruturas sociais coincidiam com as estruturas religiosas" (*Med* 6,1). Para *Aparecida*, portanto, em sintonia com *Medellín* e *Santo Domingo*, "conversão pastoral" significa passar de uma pastoral de cristandade, de sacramentalização ou conservação, para uma pastoral da pós-cristandade, evangelizadora, "decididamente missionária", nas palavras do texto.

---

51. Cf. BRIGHENTI, A. La conversión pastoral de la Iglesia: concepto e indicaciones programáticas. *Medellín*, v. 170, p. 11-38, 2018.
52. Cf. ASCENJO GÁLVEZ, L. A. La conversión pastoral: un llamado a vivir en libertad y comunión. *Medellín*, n. 134, p. 247-275, 2008.

2.4.1 O conceito e o objeto da conversão pastoral

A categoria "conversão pastoral", plasmada por *Santo Domingo* e resgatada por *Aparecida*, expressa bem o horizonte de uma Igreja que se deixa evangelizar continuamente, na perspectiva da renovação conciliar. O Documento de *Santo Domingo* afirma: *"A Nova Evangelização exige a conversão pastoral da Igreja. Tal conversão deve ser coerente com o Concílio. Ela abrange tudo e todos: na consciência, na prática pessoal e comunitária, nas relações de igualdade e autoridade; com estruturas e dinamismos que tornem presente, cada vez mais claramente, a Igreja como sinal eficaz, sacramento da salvação universal"* (*SD* 30).

O objeto ou o "o quê" da conversão pastoral é a própria Igreja. A Igreja inteira, pois, abrange tudo – consciência, ações, métodos e estruturas – e abrange todos – tanto as relações interpessoais quanto o exercício da autoridade. A razão ou o "para quê" da conversão pastoral é tornar presente, de modo visível, a Igreja como sacramento da salvação universal. Tudo isso, dentro dos parâmetros ou em coerência com o Concílio Vaticano II. Em outras palavras, o objeto da conversão pastoral é o fazer da Igreja e de seus agentes; e a razão, que é a própria finalidade da evangelização, é a salvação universal por meio da conexão com o Reino de Deus, do qual a Igreja precisa ser, cada vez mais claramente, seu sinal e seu instrumento, seu sacramento. Uma conversão pastoral, enquanto abarca o fazer e os agentes da evangelização, aponta para mudanças em quatro âmbitos: na consciência da comunidade eclesial; na prática ou nas ações pessoais e comunitárias; nas relações de igualdade e autoridade; e nas estruturas da Igreja[53].

Junto do termo "conversão", há o termo "pastoral", que, como dissemos, refere-se ao "fazer" da Igreja, com implicações em seu "ser". Portanto, a partir de *Santo Domingo*, não é possível "espiritualizar" a conversão pastoral, desvinculando-a da configuração histórica da Igreja, sobretudo não fazendo referência à sua ação *ad intra* e *ad extra*, bem como às mediações necessárias para realizá-la. Tampouco se pode separar a pastoral da teologia, em especial da eclesiologia. A pastoral não é simplesmente "ação", a aplicação do direito canôni-

---

53. Cf. BRIGHENTI, A. La conversión pastoral de la Iglesia. Op. cit., p. 15-16.

co ou da teologia moral, como se fosse a mera aterrissagem de uma ortodoxia antes estabelecida. Ela dá à teologia o que pensar. É uma ação sob o dinamismo do Espírito, permeada pela graça, mas também sujeita às mesmas contingências históricas de qualquer outra ação. A pastoral é uma ação humana e, portanto, com seus limites e ambiguidades, como tudo o que é humano. Os modelos de pastoral passam e vão dando origem a outros. A pastoral é uma ação dinâmica, em um contínuo estado de superação dos elementos que, com o tempo, tornam-se inadequados, para tornar presente o divino no humano.

Além do caráter "pastoral" da categoria "conversão pastoral", *Santo Domingo* fala da conversão pastoral "da Igreja". O objeto da conversão é a "pastoral", mas, como se trata do fazer e do ser da Igreja, a conversão abarca a comunidade eclesial e a instituição como um todo. Não se trata, portanto, de conversão "pessoal", embora ela seja sempre necessária, mas da conversão do "sujeito" da pastoral, que é a Igreja, em outras palavras, o povo de Deus, incluída a instituição eclesial e as estruturas que lhe dão suporte. Povo, aqui, não é entendido como a simples soma de pessoas. O Papa Francisco frisa que "o todo é maior do que a soma das partes" (*EG* 234-237). De maneira muito feliz, *Aparecida* fala de uma Igreja "toda ela missionária" ou "evangelizadora", porque o sujeito da missão é a comunidade eclesial e a instituição em seu conjunto. O missionário não é um voluntário. É sempre a Igreja que envia missionários, em nome de Jesus. O mesmo se passa com a pastoral, o fazer da Igreja, com implicações em seu ser.

Convém também frisar que conversão pastoral "da Igreja" não significa buscar converter cada cristão individualmente para, com o tempo, converter a comunidade eclesial e mudar a instituição como um todo[54]. Paulo VI chamou a atenção na *Evangelii Nuntiandi* para o fato de que a questão não é o que vem primeiro, a conversão do cristão ou a conversão da Igreja. São dois lados de uma mesma moeda. Elas estão juntas e, portanto, devem ser trabalhadas simultaneamente, dialeticamente. Da mesma forma que "a Igreja só evangeliza

---

54. Cf. ESPEJA PARDO, J. La conversión pastoral como cambio de paradigmas, métodos y lenguajes. *Medellín*, n. 134, p. 277-308, 2008.

na medida em que evangeliza a si mesma" (*EN* 15), também só há verdadeira conversão dos cristãos na medida em que há conversão da Igreja também como instituição. Como bem frisou *Santo Domingo*, a "conversão pastoral" é a "conversão da Igreja"[55].

2.4.2 A razão e a finalidade da conversão pastoral

Um segundo elemento que caracteriza a categoria "conversão pastoral" em Santo Domingo refere-se a sua razão ou sua finalidade, que é importante ter presente na implementação de uma Igreja sinodal. É aqui que entra o contexto eclesiológico da conversão pastoral. O que se busca com ela não é a afirmação da Igreja, mas a visibilização do Reino de Deus, do qual ela é "seu germe e princípio" (*LG* 5), superando assim todo resquício de autorreferencialidade ou eclesiocentrismo. *Santo Domingo* fala de, através da conversão pastoral, "tornar presente" uma "Igreja sacramento", "como sinal eficaz" da "salvação universal". A Igreja não existe para si mesma. Como disse o Papa Paulo VI na *Evangelii Nuntiandi*, "a Igreja existe para evangelizar" (*EN* 14), o que, por sua vez, não significa implantar a Igreja, mas, como afirma o Papa Francisco na *Evangelii Gaudium*, em "tornar o Reino de Deus presente no mundo" (*EG* 176). Complementa *Santo Domingo* que a conversão pastoral tem por finalidade mostrar "mais claramente" essa Igreja-sacramento. Ou seja, não se trata apenas de "demonstrar" o Evangelho do Reino de Deus com palavras e discursos, mas de "mostrá-lo" ou torná-lo visível através do fazer da comunidade eclesial, na concretude da história. Por essa razão, Paulo VI fala da importância do "testemunho", que constitui "o primeiro elemento" (*EN* 41) na obra de evangelização.

Foi o que um grupo de bispos, durante a realização do Concílio Vaticano II, pôs em evidência no chamado Pacto das Catacumbas, assinado com base em 13 compromissos concretos[56]. Os primeiros

---

55. Cf. BRIGHENTI, A. La conversión pastoral de la Iglesia. Op. cit., p. 16-18.

56. Cf. BRIGHENTI, A. Pacto de las Catacumbas y tradición eclesial liberadora. *In*: PIKAZA, J.; ANTUNES DA SILVA, J. *El Pacto de las Catacumbas*: la misión de los pobres en la Iglesia. Estella: Verbo Divino, 2015, p. 197-214.

compromissos referem-se à importância do testemunho do mensageiro. Eles destacam que, além do Evangelho, o mensageiro também é mensagem e sempre vem antes da Palavra que se anuncia, à qual sua vida precisa estar conformada de modo coerente. Os compromissos da segunda parte do pacto destacam outro requisito radical da mensagem cristã: além do mensageiro, a instituição eclesial, em sua organização, suas estruturas e sua configuração histórica, também é mensagem. A Igreja, como toda religião, é uma instituição hierofânica: sua finalidade é transparecer o divino através do humano, sem jamais que o humano pretenda tomar o lugar do divino, sob pena de eclipsá-lo.

Nesse particular, os bispos signatários do Pacto das Catacumbas, além de seu testemunho pessoal, propõem-se configurar também a instituição eclesial, em sua configuração histórica, à proposta da mensagem cristã. A visibilização histórica da Igreja como instituição precisa estar intimamente ligada à sua vocação de ser sacramento do Reino de Deus, na provisoriedade do tempo. Ser sacramento significa ser sinal e instrumento do Reino. Trata-se de ser um sinal daquilo que a Igreja quer ser instrumento, tendo presente que ela só será um sinal na medida em que for instrumento. É verdade que há sempre uma inevitável tensão ou distância entre a promessa do Reino que a Igreja testemunha, anuncia e edifica e o caráter obsoleto das mediações que procuram torná-lo visível na história, por meio de sua presença e sua ação evangelizadora.

Essa tensão, no entanto, longe de ser um álibi para a acomodação em seus próprios limites, dada a inevitável distância do humano em relação ao divino, é, acima de tudo, um forte apelo para fazer do institucional, por mais precário que seja, um sinal visível da eternidade do Reino, no tempo provisório da história da humanidade. Como o Concílio Vaticano II afirmou na *Lumen Gentium*, não é o mundo que está na Igreja, mas é a Igreja que está no mundo. O mundo é constitutivo da Igreja, que está no mundo e existe para a salvação do mundo. Sua missão é aproximar-se cada vez mais dos ideais do Reino de Deus, do qual ela é sacramento, germe e princípio, na esperança do Reino definitivo[57].

---

57. BRIGHENTI, A. La conversión pastoral de la Iglesia. Op. cit., p. 18-20.

2.4.3 A perspectiva da conversão pastoral

Todas as categorias teológico-pastorais criadas e assumidas pelo Magistério da Igreja na América Latina, sobretudo pelas Conferências Gerais dos Bispos do continente, pretendem ser uma extensão da recepção ou do prolongamento da renovação do Concílio Vaticano II. Pareceria dispensável frisar o imperativo de uma conversão pastoral em "coerência com o Concílio", se não fosse o processo gradual de "involução eclesial" (I. González Faus), vivido na Igreja em especial nas três décadas anteriores ao atual pontificado. Os bispos em *Santo Domingo* estavam bem cientes desse fato e, por isso, deliberadamente definiram uma "conversão pastoral" nessa perspectiva.

O Concílio Vaticano II, superando o modo de ser Igreja do período da cristandade, que havia se distanciado do modelo eclesial normativo neotestamentário, propôs-se a fazer uma "volta às fontes bíblicas e patrísticas" (*ad rimini fontes*) e, na fidelidade a elas, situar a Igreja no seio do mundo moderno. No entanto, passados os primeiros anos de implementação das reformas, especialmente a partir da década de 1980, não só surgiram dificuldades na recepção do concílio, como também se levantaram vozes questionando as próprias reformas. Elas mostravam dificuldades em acolher a nova autocompreensão da Igreja, em diálogo e em um espírito de serviço ao mundo, em especial aos mais pobres.

Convergentes com esses setores, outros segmentos da Igreja, sem se oporem abertamente ao Vaticano II, passaram a interpretá-lo como uma mera continuidade do passado, ou seja, das posturas tradicionalistas manifestadas no confronto com a modernidade, modernidade à qual o concílio, segundo eles, ingenuamente se havia rendido. Minimizam de tal forma a renovação conciliar, que omitem mudanças profundas do Vaticano II, tais como: a distinção entre a Igreja e o Reino de Deus, que é mais amplo que a Igreja, do qual a Igreja é uma de suas mediações, ainda que privilegiada; a primazia da Palavra na vida e na missão da Igreja, que existe para evangelizar e não simplesmente para sacramentalizar; a afirmação da base laical da Igreja, composta por um só gênero de cristãos – os batizados, um povo todo ele profético, sacerdotal e régio; a unidade da fé tecida em torno do *sensus fidei* de todo o povo de Deus, no seio do qual se insere também o magistério; a Igreja, embora não seja deste mundo, está no mundo e existe para a salvação do mundo, em espírito de diálogo e serviço; a reforma litúrgica, que resgata a centralidade do mistério pascal, superando o culto sacrificialista predominante; etc.

No sentido inverso dessas posturas, a Igreja na América Latina não só recebeu o Vaticano II (ponto de chegada), como também fez dele "ponto de partida", tal como recomendara Paulo VI em seu encerramento. Por isso, quando se fala em "conversão pastoral em coerência com o Concílio", não se pode perder de vista, além dos avanços da renovação conciliar, seus desdobramentos na tradição eclesial latino-americana, tais como: de *Medellín* (1968) – a evangélica opção preferencial pelos pobres; uma evangelização libertadora, que aterrissa a escatologia na história; a simultaneidade da conversão pessoal e das estruturas como condição para a eficácia do amor, em um mundo marcado pela injustiça estrutural; um novo modelo de Igreja (pobre e em pequenas comunidades) como sinal e instrumento do Reino de Deus no coração da história; a necessidade de uma reflexão teológica articulada com as práticas, especialmente dos mais pobres etc.; de *Puebla* (1979) – o protagonismo dos leigos na evangelização; a prioridade da atenção aos jovens; a valorização da religiosidade popular, uma forma importante de inculturação da fé etc.; de *Santo Domingo* (1992) – além da necessidade de uma conversão pastoral, o protagonismo dos leigos na evangelização; a evangelização como inculturação do Evangelho, no respeito à liberdade das pessoas e de sua identidade cultural etc.; de *Aparecida* (2007) – não perder de vista os pobres, hoje supérfluos e descartáveis; uma Igreja toda ela em estado permanente de missão; a missão como irradiação do Evangelho e não como proselitismo; o protagonismo das mulheres na Igreja; chegar às pessoas, por meio de processos de iniciação cristã; a renovação da paróquia etc. Tudo isso faz parte da renovação conciliar e está em "coerência com o Concílio Vaticano II".

Como se pode perceber, a conversão pastoral da Igreja, na perspectiva da renovação do Vaticano II, aponta para uma Igreja descentrada de suas questões internas e sintonizada com as grandes aspirações e causas da humanidade, que são as mesmas do Evangelho. A proposta cristã, como mediação de salvação para todo o gênero humano, lança a Igreja em uma missão não exclusiva. O espaço intraeclesial não esgota a missão da Igreja[58]. Como Deus quer salvar a todos, a Igreja, enquanto mediação privilegiada da salvação, precisa ser a Igreja de todos, especialmente daqueles que não são Igreja[59].

2.4.4 Os quatro âmbitos da conversão pastoral da Igreja

O Documento de *Santo Domingo*, ao tornar explícito o imperativo da conversão pastoral em vista da continuidade do processo de renovação do Concílio Vaticano II, não fica no nível dos princípios. Uma vez explicitados o objeto, o propósito e a perspectiva da conversão pastoral da Igreja, o documento também oferece algumas indicações para sua operacionalização, que é importante levar em conta na implementação de uma Igreja sinodal.

Como já foi mencionado, para os bispos reunidos em Santo Domingo uma verdadeira conversão da Igreja como um todo precisa dar-se em quatro âmbitos: conversão na consciência da Igreja ou em sua autocompreensão, conversão nas ações, conversão nas relações de igualdade e autoridade e conversão nas estruturas. Essa não é uma ordem lógica ou cronológica, pois os quatro âmbitos estão intimamente relacionados, embora as estruturas devam ser revisadas ou criadas depois de projetadas as ações, pois sua verdadeira função é dar sustentação a elas.

Quanto à *conversão na consciência da comunidade eclesial*, ela é fundamental para uma Igreja sinodal. Está em questão a autoconsciência da Igreja. Dado que a conversão deve ser "em coerência com o Concílio", a conversão na consciência diz respeito à eclesiologia do Vaticano II, explicitada especialmente na *Lumen Gentium*. *Aparecida*, ao se referir aos retrocessos em relação à renovação conciliar nas últimas décadas, menciona, entre outros, o retorno a eclesiologias

---

58. Cf. ADMIRAND, P. Missão em remissão: a Missão e diálogo inter-religioso numa época pós-moderna e pós-colonial. *Concilium*, n. 339, p. 98-109, 2011.

59. BRIGHENTI, A. La conversión pastoral de la Iglesia. Op. cit., p. 2-22.

pré-conciliares (*DAp* 100b)[60]. Essa é certamente uma questão central na recepção do concílio, em que se apresentam os maiores desafios para uma Igreja sinodal.

Quanto à *conversão no âmbito da prática pessoal e comunitária*, assinalada por *Santo Domingo*, ela tem a ver, acima de tudo, com as práticas. Um olhar analítico sobre a situação da obra evangelizadora na Igreja, hoje, revela pelo menos três modelos de pastoral inconsequentes com a renovação do Vaticano II[61]: a *pastoral de conservação*, prolongamento do modelo de Igreja da cristandade, centrada na paróquia e no padre; a *pastoral apologética*, típica do modelo da neo-cristandade, em que os leigos são uma extensão do braço do clero; e a *pastoral secularista*[62], um modelo de hoje, mas inconsequente com os reais desafios do tempo presente e incongruente com a mensagem cristã, por sua conotação providencialista e utilitarista, que coloca a religião a serviço do indivíduo e de seus desejos pessoais[63]. Esses modelos foram superados pela renovação conciliar, mas ainda estão presentes em nossos processos de evangelização.

A *conversão no âmbito das relações de igualdade e autoridade* diz respeito ao exercício da autoridade e do poder na Igreja, uma questão central para uma Igreja sinodal. Para *Aparecida*, o clericalismo, o autoritarismo, a minoridade dos leigos, a discriminação das mulheres e a falta de corresponsabilidade entre todos os batizados na Igreja são os

---

60. Cf. CODINA, V. A eclesiologia de Aparecida. *In*: AMERINDIA. *Tejiendo redes de vida y esperanza*: cristianismo, sociedad y profecía en América Latina y El Caribe. Bogotá: Indo-american Press, 2006, p. 138-145.

61. Cf. BRIGHENTI, A. A pastoral na vida da Igreja: repensando a missão evangelizadora em tempos de mudança. *In*: CONFERÊNCIA NACIONAL DOS BISPOS DO BRASIL (CNBB). Comissão episcopal para a Animação Bíblico-catequética. *I Congresso Brasileiro de Animação Bíblica da Pastoral*. Brasília, DF: Ed. CNBB, 2012, p. 117-138; BRIGHENTI, A. Énfasis pastorales de la Iglesia en América Latina y El Caribe en los últimos 50 años. *Medellín*, n. 123, p. 375-398, 2005.

62. BRIGHENTI, A. A pastoral na vida da Igreja. Op. cit., p. 124-125; COX, H. *La religión em la ciudad secular*. Santander: Sal Terrae, 1984; GONZÁLEZ-CARVAJAL, L. *Evangelizar en un mundo post cristiano*. Santander: Sal Terrae, 1993.

63. Cf. CORBÍ, M. *Hacia una espiritualidad laica*: sin creencias, sin religiones, sin dioses. Barcelona: Herder, 2007; BRIGHENTI, A. A pastoral na vida da Igreja. Op. cit., 137-138.

grandes obstáculos para levar adiante a renovação proposta pelo Vaticano II e, diríamos, para chegar a uma Igreja sinodal. Por isso, a conversão pastoral também implica mudanças nas relações de igualdade e autoridade. Nesse particular, o documento original de *Aparecida*, ao mencionar retrocessos na renovação conciliar, nomeava "a volta do clericalismo", que os revisores do documento final suprimiram, mas que o Papa Francisco resgata na *Evangelii Gaudium* (*EG* 102). O Vaticano II situa o ministério ordenado no seio do povo de Deus, dado que há um só gênero de cristãos – os batizados.

Por fim, a *conversão no âmbito das estruturas da Igreja*, segundo *Santo Domingo*, diz respeito à mudança de estruturas, que também é crucial para a implementação de uma Igreja sinodal. As estruturas são um elemento fundamental da visibilidade da Igreja, pois afetam decisivamente seu caráter de sinal ou sacramento[64]. As estruturas estão para a ação, e não a ação para as estruturas. Portanto, toda absolutização de estruturas é idolatria, na medida em que absolutiza o relativo (o institucional) e se relativiza o absoluto (o carisma). A sinodalidade da Igreja depende de um caminhar juntos, respaldados por estruturas de comunhão[65], como são a *assembleia* e o *Conselho Pastoral*. Em particular, os *sínodos diocesanos* são instrumentos propícios para a implementação de uma Igreja com rosto próprio, uma Igreja autóctone.

---

64. COMBLIN, J. América Latina: presente e futuro, esperança e temor. *Vida Pastoral*, n. 216, p. 14, 2001.

65. Cf. SCHICKENDANTZ, C. Cambio estructural de la Iglesia como tarea y oportunidad. *EDUCC*, p. 28-29, 2005.

3
A SINODALIDADE NO CAMINHAR DA IGREJA NA AMÉRICA LATINA

A busca de um "caminhar juntos" como Igrejas locais na América Latina, sinodalmente, tem mais de um século – muito mais tempo do que em outros continentes. A busca comum vem de desafios comuns a responder, postos pela herança de uma constelação de povos originários que povoavam o continente (e muitos deles ainda povoam); pelo passado colonial imposto por Portugal e Espanha, com o quase extermínio dos indígenas e a marca indelével da escravidão negra; pela implantação do catolicismo da Península Ibérica, pré e pós-tridentino, e depois renovado pelo Vaticano II etc. Por aqui, no espírito de Antônio Vieira, Vasco de Quiroga, Las Casas, Toríbio de Mongrovejo, Mons. Proaño, Méndez Arceo, Samuel Ruiz ou Hélder Câmara[66], sempre se teve consciência da necessidade de conformar uma "pátria grande" também como Igrejas locais. Nesse sentido, a Igreja Católica é um dos atores mais proeminentes da integração latino-americana, temida pelas ditaduras, que não poupou a vida de muitos de seus artífices, acusados de colaboração com o comunismo. São nossos mártires das causas sociais, que inauguraram um novo perfil de santidade, o qual o Papa Francisco tem acolhido e reconhecido em Dom Romero, Rutílio Grande e outros.

---

66. Cf. MARINS, J. *De Medellín a Puebla*: a práxis dos padres da América. São Paulo: Paulinas, 1979.

Como toda iniciativa que pensa no bem de todos, foi e continua sendo um "caminhar juntos" entre inovações e incompreensões, debates e embates, tanto frente a Estados autoritários como no seio da própria Igreja. Houve iniciativas, ainda que sempre com limites e arestas a polir, satanizadas, bispos reprimidos, teólogas e teólogos silenciados, processos pastorais desautorizados[67]. E não eram aventuras solitárias ou arrogantes. Eram antes respostas às interpelações do Espírito, que "faz novas todas as coisas" – Espírito que foi discernido e escutado abundantemente no Vaticano II, em especial pela Igreja na América Latina, presente no evento; tanto que nossos padres conciliares, que não foram propriamente "pais" do concílio, saíram dele como seus melhores "filhos". Medellín seria uma "recepção criativa" do Vaticano II *sui generis*, num contexto marcado pela injustiça institucionalizada e a exclusão. Era só o começo de uma série de iniciativas, que deixariam para trás "uma Igreja reflexo" da Igreja europeia, para ser uma "Igreja fonte"[68], dando a si mesma uma palavra e um rosto próprios.

É verdade que não foi só a Igreja na América Latina que abriu novos caminhos no espírito renovador do Vaticano II. Melhor do que ninguém a Igreja na Europa soube dialogar com o ser humano moderno, emancipado da tutela do religioso, com o mundo secularizado e cioso de sua autonomia, enfim, com as ciências e o ateísmo. Igualmente, melhor do que ninguém a Igreja na África soube tematizar o imperativo da inculturação da fé, no respeito e na valorização da diversidade das culturas e religiões tradicionais. Por sua vez, quem melhor do que a Igreja na Ásia soube abordar a legitimidade e a necessidade do diálogo inter-religioso, no respeito a religiões milenares, também lugares da revelação do Deus da Bíblia – da qual nós, os cristãos, não temos nem a exclusividade nem o entendimento completo?[69].

---

67. BRIGHENTI, A. A pastoral na vida da Igreja. Op. cit., p. 51-53.

68. Cf. LIMA VAZ, H. C. de. Igreja-reflexo vs Igreja-fonte. *Cadernos Brasileiros*, n. 46, p. 17-22, abr. 1968.

69. Cf. ALBERIGO, G. *Breve storia del concilio Vaticano II (1959-1965)*. Bologna: Il Mulino, 2006.

Entretanto, não menores e significativas foram as contribuições da Igreja na América Latina. Elas se deram sobretudo em torno aos pobres e, ultimamente, vinculadas à sinodalidade. A partir de Medellín a Igreja na região foi configurando um rosto próprio em torno às comunidades eclesiais, inseridas profeticamente na sociedade em perspectiva libertadora; aos inúmeros serviços de pastoral social e a criação de ministérios, também para fora da Igreja, em especial para o laicato. A palavra própria foi sendo tecida em torno à leitura popular da Bíblia e uma reflexão da práxis à luz da fé, que deram origem à teologia da libertação, da qual brotaram teologias específicas, como a teologia feminista, a teologia negra, a teologia índia e a ecoteologia. É da Igreja na América Latina a criação de categorias teológico-pastorais, já plenamente integradas no Magistério da Igreja como opção preferencial pelos pobres, leitura popular da Bíblia, CEBs, libertação, Igreja comunhão e participação, pastoral de conservação, nova evangelização, conversão pastoral, protagonismo do laicato, protagonismo das mulheres, Igreja em estado permanente de missão, discípulos missionários etc.[70]

Como já dito, atualmente ou mais precisamente nos últimos anos, depois de três décadas de involução eclesial ventos novos sopram na Igreja, vindos da América Latina e do Caribe, seja da parte do Papa Francisco, o primeiro papa latino-americano, seja de iniciativas arrojadas como foram o Sínodo da Amazônia, com a criação da Ceama, seguidos da primeira assembleia eclesial, em lugar de uma VI Conferência Geral dos Bispos da América Latina e do Caribe. É um momento único na Igreja: se antes entre tensões e embates buscava-se e vivia-se um tipo de Igreja, graças ao pontificado de Francisco se está fazendo a passagem da colegialidade episcopal a uma Igreja toda ela sinodal, inserindo a colegialidade episcopal no seio da sinodalidade eclesial.

Não é algo propriamente novo, seja de parte do papa, seja em relação ao próprio Vaticano II. Trata-se de uma questão pendente da renovação conciliar. Apenas se estão tirando as consequências da concepção da Igreja como "povo de Deus" para um "caminhar juntos" pautado pelo *sensus fidelium*, tão presente na Igreja do primeiro milênio e tão

---

70. SCATENA, S. A Conferência de Medellín. Op. cit., p. 71-82.

ausente na do segundo. O que vem sendo impulsionado com o sínodo sobre a sinodalidade é o que na América Latina se vem buscando implementar desde a "recepção criativa" do Vaticano II em torno a *Medellín*.

O exercício da sinodalidade no caminhar da Igreja no subcontinente passa, basicamente, por três fases: a primeira, com a realização o Concílio Plenário da América Latina (1898) e a I Conferência Geral dos Bispos no Rio de Janeiro (1955), durante o período pré-conciliar; a segunda, com as Conferências de *Medellín* (1968), *Puebla* (1979), *Santo Domingo* (1992) e *Aparecida* (2007), no período da "primeira recepção" do Vaticano II em perspectiva libertadora; e a terceira, com a realização do Sínodo da Amazônia (2019) e da I Assembleia Geral da Igreja na América Latina e no Caribe (2019-2020), que inauguram um processo de "segunda recepção" do Vaticano II e da tradição eclesial libertadora em clave sinodal, em um novo contexto sociocultural e eclesial[71].

Na primeira fase, a sinodalidade é reduzida ao "caminhar juntos" com o Papa, chefe da Igreja universal, da qual as dioceses são parcelas e os bispos seus colaboradores, e a sinodalidade se dá na verticalidade. Na segunda fase, com a renovação do Vaticano II, em uma Igreja concebida como "Igreja de Igrejas" locais, há uma ampliação dos horizontes da sinodalidade, mas praticamente fica reduzida ao exercício da colegialidade episcopal, através das conferências episcopais e o Sínodo dos Bispos. Na terceira fase, enfim, tirando consequências da eclesiologia povo de Deus, na América Latina a sinodalidade é situada no exercício do *sensus fidelium*, do povo de Deus como um todo, com o primado da sinodalidade eclesial sobre a colegialidade episcopal, no seio de uma Igreja toda ela ministerial e na corresponsabilidade de todos os batizados. Aqui a sinodalidade acontece não de maneira vertical – o leigo em comunhão com o padre, este com seu bispo e os bispos com o papa –, mas de modo horizontal, na comunhão de todos os batizados na Igreja local e entre elas. Os ministros ordenados são

---

71. Cf. BRIGHENTI, A. Sinodalidade *made* in América Latina. *In*: AQUINO JÚNIOR, F.; PASSOS, J. D. (org.). *Por uma Igreja sinodal*: reflexões teológico--pastorais. São Paulo: Paulinas, 2022, p. 123-140; BRIGHENTI, A. Do Concílio Plenário Latino-americano à primeira assembleia eclesial. Op. cit.

membros do povo de Deus, no seio do qual a sinodalidade acontece na comunhão das comunidades eclesiais no âmbito da paróquia e destas no seio da Igreja local, que, por sua vez, expressa-se em conferências ou assembleias eclesiais em âmbito regional, nacional, continental e universal.

3.1 A sinodalidade reduzida ao caminhar juntos com o papa

A busca por uma Igreja sinodal na América Latina começa ainda no período pré-conciliar, em torno à realização do Concílio Plenário da América Latina (1899) e a I Conferência Geral dos Bispos no Rio de Janeiro (1955). Entretanto, nesta fase a sinodalidade se restringe à unidade dos bispos com o papa, condicionados a fazerem de suas Igrejas locais uma "Igreja reflexo" da particularidade romana.

3.1.1 O caminhar juntos na fase de uma "Igreja reflexo"

O exercício da sinodalidade concebida como "caminhar juntos" com o papa está fundado em uma determinada concepção de Igreja. Trata-se da eclesiologia que reinou na Igreja durante todo o segundo milênio e que só seria superada com o Concílio Vaticano II. Parte-se do princípio de que existe uma suposta "Igreja universal" que precede e acontece nas Igrejas locais, da qual o papa é o representante e o garante. Consequentemente, as dioceses são "parcela/parte" da Igreja universal, e os bispos, colaboradores do papa, que por sua vez é o bispo dos bispos. Nesse marco eclesiológico, no exercício da sinodalidade não há relação e compromisso entre as dioceses, apenas do bispo com o papa, que praticamente se resume à visita *ad limina* a cada cinco anos. Com a diocese transformada em sucursal de Roma, a universalidade da Igreja irá se confundir com a particularidade romana, que se sobrepõe às demais particularidades. Católico é sinônimo de romano.

O fato é que, até o surgimento dos Estados nacionais, e com eles as conferências nacionais de bispos, não havia nenhuma instância sinodal intermédia entre o bispo diocesano e o papa. No século XVIII, com a criação dos Estados nacionais, espontaneamente surgirão também as conferências episcopais nacionais, impulsionadas por dois fatores: no âmbito eclesial, o centralismo romano havia eclipsado as províncias eclesiásticas e, com elas, o metropolita e os concílios particulares[72]; e, no âmbito civil, fruto da ascensão dos Estados nacionais, há o surgimento de desafios pastorais que ultrapassam as fronteiras de uma província. O centralismo romano devia-se ao gradativo processo de concentração do governo da Igreja no ministério petrino e na Cúria Romana, dada a desconfiança de Roma frente a todo tipo de assembleia regional de bispos, sobretudo em regiões com tendência à formação de uma Igreja nacional[73]. Eram reminiscências da crise do conciliarismo[74] (sécs. XIV-XV) e do trauma da Reforma Protestante (séc. XVI), que intensificou o processo de centralização, justificado pela necessidade de conservar a unidade da Igreja. Em consequência, o direito eclesiástico passa a ser formulado pelo papa e pela cúria e promulgado como legislação única e uniforme para toda a Igreja.

Leão XIII (1878-1903) foi um grande incentivador e promotor das conferências episcopais nacionais, tanto que no Concílio Plenário da América Latina o papa decreta a criação de conferências em todos os países da América Latina e do Caribe. O efeito, entretanto, foi nulo, devido à falta de consciência de muitos episcopados e às dificuldades de locomoção, sem falar nos subsequentes entraves resultantes da oficialização das conferências episcopais por parte de Roma. Coube ao Papa Pio X (1903-1914) dar institucionalidade às conferências episcopais nacionais e regulamentá-las juridicamente, as quais enfim passaram a ter caráter oficial. O papa acertadamente as situa em relação de estreita analogia com os concílios particulares, aludindo inclusive a uma parcial substituição dos concílios particulares pelas conferências episcopais nacionais[75].

---

72. Cf. CONGAR, Y. Autonomie et pouvoir central dans l'Église vus par la théologie catholique. Op. cit.

73. ANTÓN, A. *Conferencias episcopales: instancias intermedias?* Op. cit., p. 278.

74. Cf. BURNS, J. H.; IZBICKI, T. M. *Conciliarism and papalism*. Cambridge: Cambridge University Press, 1997.

75. Cf. FELICIANI, G. *Le conferenze episcopali*. Bologna: Quirinali, 1974.

Entretanto, historicamente, o medo do novo e o centralismo da Cúria Romana pouco a pouco fariam as conferências episcopais nacionais perderem a autonomia que as viu nascer. Através de decreto, determina-se que, antes de uma conferência se reunir, é preciso informar a Santa Sé e lhe enviar, posteriormente, as atas de cada sessão de trabalho, bem como as decisões tomadas[76]. A sinodalidade tem por finalidade a comunhão dos bispos com o papa e se esgota nisso; portanto, é exercitada de maneira vertical, de cima para baixo, do centro para a periferia.

3.1.2 A sinodalidade no Concílio Plenário da América Latina e na Conferência do Rio de Janeiro

O Concílio Plenário da América Latina foi convocado pelo Papa Leão XIII e realizado em Roma, entre 28 de maio e 9 de julho de 1899. O evento estabeleceu um novo código jurídico-eclesiástico para a Igreja na América Latina, substituindo marcos jurídicos nacionais ou provinciais oriundos do regime do padroado, agora em países emancipados da tutela de Portugal e Espanha. A finalidade não é propiciar um maior intercâmbio entre as Igrejas locais, mas fortalecer a romanização do catolicismo na região e coibir as tradições religiosas locais, especialmente o uso dos idiomas vernáculos e os cânticos religiosos populares, a exemplo da Reforma protestante. Exemplo disso é o decreto *De Musica Sacra*, que, apesar de sua amplitude, ainda manteve os ideais puristas do Concílio de Trento. Outro exemplo é o Motu Proprio *Inter pastoralis officii sollicitudines*, publicado pelo Papa Pio X pouco após a entrada em vigor do Concílio Plenário da América Latina. O documento determinava, entre outros aspectos, que das celebrações e dos templos fossem excluídas as bandas de sopros e todas as formas de composição musical que se assemelhassem à ópera. Admitia-se somente a música composta com base na polifonia renascentista, principalmente na música de Giovanni Pierluigi da Palestrina. Também mantinha a proibição de mulheres nos coros, exceto nos mosteiros e conventos femininos.

---

76. Cf. PIO X. Decr. De relationibus dioecesanis et visitatione SS. Liminum (31.12.1909). *AAS*, n. 20, 1910.

No mesmo contexto de uma "Igreja reflexo", pouco mais de meio século depois aconteceu a I Conferência Geral dos Bispos no Rio de Janeiro (1955), agora por iniciativa da Igreja na América Latina, cujo fruto mais significativo foi a criação do Celam. Apesar de se estar apenas a uma década da renovação do Vaticano II, com seus movimentos de preparação em plena atividade desde a década anterior, o centralismo romano ainda perdura, tanto que poucos anos depois vai ser criada a Comissão para a América Latina (CAL), que historicamente tem exercido uma função de vigilância e até de controle do caminhar da Igreja na região. Nessa primeira conferência, a preocupação é ainda com os protestantes, somados ao desafio do espiritismo, das religiões afro, como a umbanda no Brasil, e a falta de clero[77]. O perfil da assembleia, plasmado em seu regimento, revela seu procedimento: as conferências gerais só podem acontecer quando a Sé Apostólica decida convocá-la; a agenda é definida pela Santa Sé; um delegado pontifício será um dos presidentes da conferência; membros da Cúria Romana serão membros da conferência com direito a intervir nas sessões e votar; e as conclusões da assembleia devem ser aprovadas por Roma.

Essa "Igreja reflexo" da Igreja de Roma está respaldada na eclesiologia do segundo milênio, que só seria superada com o Concílio Vaticano II. Como já explicado, parte-se do princípio de que existe uma suposta "Igreja universal", que precede e acontece nas Igrejas locais, da qual o papa é o representante e o garante. Nesse contexto, as dioceses são "parcela/parte" da Igreja universal, enquanto os bispos atuam como colaboradores do papa, que por sua vez é o bispo dos bispos. Com a diocese transformada em sucursal de Roma, a universalidade da Igreja irá se confundir com a particularidade romana, que se sobrepõe às demais particularidades. Católico é sinônimo de romano.

---

77. Cf. ALMEIDA, A. J. A 1ª Conferência Geral dos Bispos da América Latina. Op. cit.

3.2 A sinodalidade ampliada ao caminhar juntos entre os bispos e o papa

A segunda fase da sinodalidade no caminhar da Igreja na América Latina corresponde à realização das Conferências de *Medellín* (1968), *Puebla* (1979), *Santo Domingo* (1992) e *Aparecida* (2007).

3.2.1 O caminhar juntos como "Igreja fonte"

A segunda fase da sinodalidade no caminhar da Igreja na América Latina é caracterizada pela "primeira recepção" do Vaticano II em perspectiva libertadora, uma "recepção criativa" que daria à Igreja no continente um rosto próprio e uma palavra própria. Com a concepção da Igreja como "Igreja de Igrejas" locais pelo concílio, a sinodalidade é situada no exercício da colegialidade episcopal, na solicitude dos bispos pela Igreja como um todo, expressada nas conferências episcopais e no Sínodo dos Bispos. É verdade que a eclesiologia do Vaticano II, em sua volta às fontes, ao conceber a Igreja como povo de Deus colocou as bases para o exercício do *sensus fidelium*. Entretanto, ao não desenvolvê-lo teologicamente, tal como o fez em relação ao múnus episcopal, a sinodalidade eclesial acabaria ficando prisioneira da colegialidade episcopal, e esta, do primado.

Quando da renovação conciliar, as conferências episcopais nacionais na América Latina não tinham mais que uma década de existência. A partir do Vaticano II, o exercício da sinodalidade passa de uma relação vertical dos bispos com o papa para uma relação horizontal entre eles, enquanto membros de um colégio, na solicitude de todas as Igrejas, permanecendo uma relação vertical com o papa, que perdura até hoje.

Na América Latina, entretanto, haverá também uma relação por extensão com todo o povo de Deus nas Igrejas locais, através de várias iniciativas comuns entre as Igrejas locais, por meio de uma "pastoral orgânica e de conjunto". As conferências episcopais continuam sendo de bispos, mas, na preparação de suas assembleias, há a participação das dioceses, através de seus organismos, como são o Secretariado de Pastoral e a Coordenação Diocesana de Pastoral. O que não mudará é a relação dos bispos como o papa, assim como das conferências episcopais em relação ao centralismo da Cúria Romana, que não cessaria de recrudescer, apesar da renovação do Vaticano II. Não por nada, o Papa Francisco começa as reformas pela Cúria Romana, uma pendência da renovação conciliar, mais de meio século depois.

3.2.2 O exercício da sinodalidade de Medellín a Aparecida

As quatro conferências gerais dos bispos da América Latina, em relação ao papa e à Cúria Romana, serão realizadas nos mesmos moldes do período pré-conciliar, tal como estampa o regimento interno de cada uma, inclusive da Conferência de Aparecida: "A Conferência será convocada e presidida em nome do Romano Pontífice e, com sua autoridade, os Cardeais Presidentes nomeados por ele"; corresponde ao papa "nomear o Secretário Geral" da conferência, bem como "ratificar a lista dos participantes, à qual poderá agregar outros por livre e direta designação"; suas conclusões "serão submetidas à aprovação do Papa"[78]. Por outro lado, diferentemente da primeira fase, as conferências gerais, embora tenham sido integradas basicamente por bispos, os únicos com poder de voto, na fase de preparação e, sobretudo, no processo de recepção tiveram ampla participação do povo de Deus nas Igrejas locais. O Documento de Consulta, com a contribuição das comunidades, transformava-se em Documento de Trabalho, que era o ponto de partida para o trabalho dos bispos – de forma mais concreta, para *Medellín*, pois em *Puebla*, *Santo Domingo* e *Aparecida* obrigou-se a ignorar o Documento de Trabalho, justificando a quebra do processo sinodal, com o argumento de que se tratava de assembleias de bispos.

Na realidade, como na década de 1980, já se entraria em um gradativo processo de involução eclesial em relação à renovação do Vaticano II, em que o centralismo romano não cessaria de aumentar, até a eleição do Papa Francisco. Daí as tensões e os embates entre a Cúria Romana e as conferências episcopais, sejam elas nacionais ou continentais. A Conferência de Medellín foi a mais participativa das quatro

---

78. Cf. BRIGHENTI, A. Elementos para uma crítica histórica do Documento de Santo Domingo. *Encontros Teológicos*, v. 14, p. 3-11, 1993.

daquele período, apesar de um mal-estar criado com o legado papal quando de sua realização, que ameaçou deixar o evento. Em *Medellín*, momento único na história recente da Igreja, caminhada pastoral, magistério, teologia coincidiram, tanto que o resultado é o documento mais homogêneo, enxuto e profético entre os cinco por elas publicados. Depois de Medellín, as Igrejas locais não tiveram a liberdade para uma participação mais direta no evento, apesar de muitos segmentos eclesiais terem se engajado em sua preparação e sua realização, seguido da ampla adesão na recepção de seus resultados[79]. Em *Puebla*, já não haveria o consenso vivido na conferência anterior, o controle da Cúria Romana foi ainda maior, e o resultado acabou sendo um freio a *Medellín*. A ampla participação das Igrejas locais no processo de preparação ficou preterida por posicionamentos cerceadores de uma Igreja que buscava ser "comunhão e participação". Haveria um controle inclusive por parte do próprio Celam, que desde sua assembleia em 1972, em Sucre, havia montado uma estratégia de neutralização de *Medellín*[80]. A partir de *Puebla*, passando por *Santo Domingo* e *Aparecida*, os teólogos ligados à teologia latino-americana serão excluídos dos processos de preparação e realização do evento, o que os levará a se fazerem presentes e atuar na assessoria a convite de bispos em particular, mas a partir de fora da assembleia. Em *Santo Domingo* o embate foi mais explícito, redundando praticamente no estancamento de *Medellín* e *Puebla*[81], que só seriam resgatados em *Aparecida*, junto da retomada da renovação do Vaticano II, depois de três décadas de involução eclesial.

Apesar de tudo, no âmbito da sinodalidade, *Medellín* tem sua originalidade ao fazer das "comunidades eclesiais de base a célula inicial da estruturação eclesial" (*Med* 6,1) e ao impulsionar uma pastoral orgânica e de conjunto nas Igrejas locais a partir da base (*Med* 16, 10-12) e na perspectiva da opção preferencial pelos pobres (*Med* 14, 9). *Puebla* projetaria uma Igreja "comunhão e participação" (*DP* 569), inserida

---

79. Cf. SCATENA, S. A Conferência de Medellín. Op. cit., p. 71-82.
80. Keller, M. A. A Conferência de Puebla. Op. cit.
81. BRIGHENTI, A. Elementos para uma crítica histórica do Documento de Santo Domingo. Op. cit.; BRIGHENTI, A. A metodologia de trabalho da Conferência de Santo Domingo. Op. cit.

profeticamente em um mundo marcado pela injustiça e pela exclusão. *Santo Domingo* proclamaria a urgência de uma evangelização com o "protagonismo dos leigos e leigas" (*SD* 97), alicerçada em uma "conversão pastoral da Igreja", que abarca também as relações de igualdade e autoridade e a mudança das estruturas caducas (*SD* 30). Finalmente, *Aparecida* se pronunciará por "comunidades eclesiais em estado permanente de missão" (*DAp* 144), como o "protagonismo das mulheres", com uma efetiva participação nos processos de discernimento e tomada de decisão (*DAp* 458)[82].

3.3 A sinodalidade como o caminhar juntos de todo o povo de Deus

A terceira fase do "caminhar juntos" da Igreja na América Latina se dá em torno à reforma do Sínodo dos Bispos pela *Episcopalis communio* e à realização do Sínodo da Amazônia (2019) e da I Assembleia Geral da Igreja na América Latina[83] e no Caribe (2021), que inauguram um processo de "segunda recepção" do Vaticano II e da tradição eclesial libertadora, no novo contexto em que vivemos.

3.3.1 O caminhar juntos na fase de uma "Igreja sinodal"

Há a busca explícita de um efetivo exercício do *sensus fidelium* por parte do povo de Deus como um todo, o que influenciou o novo perfil do sínodo sobre a sinodalidade (2021-2023). Tirando consequências da eclesiologia povo de Deus, na América Latina a sinodalidade é situada no exercício do *sensus fidelium*, do povo de Deus como um todo, no seio de uma Igreja toda ela ministerial e na corresponsabilidade de todos os batizados.

Como dissemos, nessa terceira fase, ao se situar a colegialidade episcopal no seio da sinodalidade eclesial, nada mais se está fazendo do que tirar as consequências da eclesiologia povo de Deus, na qual a sinodalidade é concebida como o efetivo exercício do *sensus fidelium* pelo povo de Deus como um todo, no seio de uma Igreja toda ela

---

82. Caliman, C. A Conferência de Aparecida: do contexto à recepção. Op. cit.
83. BRIGHENTI, A. El alcance pastoral de la primera Asamblea Eclesial. Op. cit.

ministerial e na corresponsabilidade de todos os batizados. A efetiva-ção tardia da sinodalidade com essa abrangência deve-se ao fato de o concílio haver explicitado teologicamente o exercício da colegialidade episcopal, mas deixado na penumbra a tematização da sinodalidade como o exercício do *sensus fidelium*. A Igreja na América Latina, des-de Medellín, veio tentando vivê-la, mas sempre com muitos entraves no seu interior e fora dela. Agora, são dadas as condições tanto para desenvolver mais profundamente a teologia da sinodalidade como para efetivar seu exercício através de processos e organismos eclesiais com a participação de todo o povo de Deus.

Na Igreja, sinodalidade e colegialidade estão intimamente imbri-cadas, tanto que os próprios ministérios de presidência das Igrejas locais, espelhados no Colégio dos Apóstolos, não nasceram de modo monárquico, mas sinodal. Na Igreja primitiva e ainda em boa parte do período patrístico, a designação de bispo aparece sempre no plural – bispos/presbíteros. Os cristãos eram conscientes de que a apostolici-dade da Igreja se remete ao "colégio" apostólico, do qual os bispos/ presbíteros constituem um colégio de seus sucessores, com a missão de presidir uma Igreja toda ela sinodal.

3.3.2 Do Sínodo dos Bispos ao Sínodo da Igreja

Quando de sua criação, tal como acontece na Igreja Ortodoxa, pensou-se no Sínodo dos Bispos, primeiro como um organismo per-manente e deliberativo. Entretanto, nasceu e sempre funcionou de modo esporádico e consultivo, inclusive com escassa participação do povo de Deus em sua preparação, sendo realizado praticamente só com a presença de bispos convocados de ofício ou delegados, e sem que se publicassem suas conclusões. O Papa Francisco está empenha-do em aprimorar a composição e o funcionamento dele, tornando-o mais participativo e sinodal, processual e deliberativo.

Em setembro de 2018, o papa publicou a Constituição Apostóli-ca *Episcopalis communio*[84] sobre o Sínodo dos Bispos, com novida-

---

84. BRIGHENTI, A. El Sínodo de los Obispos en reforma? Op. cit.; PAPA FRANCISCO. *Constituição Apostólica Episcopalis communio*. Op. cit.

des. Reza o documento que esse organismo colegiado, que nasceu no contexto da renovação do Vaticano II, precisa ser "um canal proporcionado mais à evangelização do mundo atual do que à autopreservação" da Igreja (n. 1). Por isso, diz o Papa, a necessidade de estar intimamente ligado ao *sensus fidei* de todo o povo de Deus, no seio do qual o bispo, além de mestre, torna-se também "discípulo, quando sabendo que o Espírito é concedido a cada batizado, coloca-se à escuta da voz de Cristo, que fala através de todo o Povo de Deus" (n. 5). Daí a necessidade de o sínodo ser menos de bispos e "tornar-se cada vez mais um instrumento privilegiado de escuta do Povo de Deus", integrado também por "pessoas que não detêm o múnus episcopal" (n. 6). Assim, "aparecerá cada vez mais claro que, na Igreja de Cristo, vigora uma profunda comunhão entre os Pastores e os fiéis" (n. 10).

Embora ainda tímidas, são mudanças importantes. Mas, para aprimorar o exercício da sinodalidade de todo o povo de Deus no Sínodo dos Bispos, pelo menos três outros aspectos precisavam ainda estar contemplados: ser um organismo mais deliberativo do que consultivo, tanto que já se publica o documento final da assembleia e, no caso do Sínodo da Amazônia, foi lhe dado um caráter "oficial"; incluir o direito de voto a leigos e leigas, em especial às mulheres, o que já é permitido, por exemplo, aos superiores maiores das congregações religiosas masculinas, mas não das congregações femininas; e integrar melhor o ministério dos teólogos e teólogas na assembleia sinodal, pelo menos com direito à palavra, pois no momento sua função é exclusivamente técnica.

3.3.3 A aplicação da **Episcopalis communio** no Sínodo da Amazônia

O novo perfil de sínodo foi colocado em prática no *Sínodo da Amazônia*, com um amplo processo de escuta nas Igrejas locais[85], desembocando, entre outros resultados, na criação de um organismo de

---

85. Cf. CONSELHO EPISCOPAL LATINO-AMERICANO (CELAM). *Síntesis narrativa*: la escucha en la Primera Asamblea Eclesial en América Latina y El Caribe. Documento de Trabajo. Bogotá: Centro de Publicaciones, 2021.

comunhão das Igrejas locais na região, que não é uma conferência episcopal, mas uma "conferência eclesial" (Ceama). Consiste em um novo organismo que levou à realização, na América Latina, não de uma sexta conferência de bispos, mas à primeira assembleia *eclesial*, do povo de Deus. Nela, a colegialidade episcopal é situada no seio da sinodalidade eclesial.

Trata-se da efetivação, ainda que tardia, do que a Igreja na América Latina vinha tentando fazer desde *Medellín*, mas sempre com muitos entraves em seu interior e fora dela. Ela significa um passo importante para a realização do sonho eclesial do Papa Francisco – a efetivação de "uma cultura eclesial marcadamente laical" (*QAm* 94). Além de inserir a colegialidade episcopal no seio da sinodalidade eclesial, o laicato, com uma forte marca feminina, foi tomado como verdadeiro sujeito eclesial. Na eclesiologia do Vaticano II há um único gênero de cristãos – os batizados, em uma radical igualdade em dignidade de todos os ministérios. O sujeito da Igreja não é o clero, mas a comunidade eclesial, pois, pelo batismo, há uma corresponsabilidade de todos em tudo: "Tudo o que diz respeito a todos precisa ser discernido e decidido por todos" (princípio da Igreja no primeiro milênio). Há diferentes ministérios, mas todos no seio da comunidade eclesial e a seu serviço. Inclusive os que presidem não decidem ou comandam a comunidade, antes exercem o "ministério da coordenação" – coordenam a todos para o serviço de todos em tudo e a todos; os que presidem harmonizam a diversidade, em função da unidade da comunidade eclesial.

O novo perfil de assembleia sinodal que se viveu no Sínodo da Amazônia, ainda que não sem aprendizados a fazer, especialmente por pessoas e também organismos da Cúria Romana, ainda ligados ao *modus operandi* do passado, abre novos caminhos para o Sínodo dos Bispos. Enquanto expressão do povo de Deus em Igrejas locais concretas, a periferia vem para o centro da Igreja. Houve muita escuta no processo de preparação do sínodo, como também durante sua realização, em clima fraterno, respeitoso e acolhedor.

Mas também foi notório que determinadas autoridades da Igreja digeriam com muita dificuldade essa abertura. Parecia pedir-lhes demasiado que se colocassem no mesmo patamar de um bispo da floresta amazônica. E muito mais ainda era pedir para auscultar o Espírito na voz de povos normalmente vistos como mal evangelizados, sincréticos, panteístas na veneração à *pacha mama*, que adentram a Basílica de São Pedro e vão fazer ofertas no altar, ornamentados com seus trajes e adornos. Numa das congregações gerais, o Papa Francisco se disse ofendido por comentários de gente de casa, que ridicularizavam a presença, numa procissão de ofertas na missa, de indígenas portando seus adornos. Perguntou: "Qual a diferença entre o cocar de um indígena e o tricórnio que usam alguns oficiais de nossos dicastérios?"

O fato é que o Sínodo da Amazônia, por ser da periferia, por ter sido preparado e realizado sinodalmente, por ter dado voz em especial aos povos indígenas e às mulheres, por fazer da defesa e do cuidado da ecologia uma agenda pastoral, incomodou a muitos, tanto de fora quanto de dentro da Igreja.

3.3.4 A influência do Sínodo da Amazônia sobre a primeira assembleia

A primeira assembleia eclesial foi um passo importante nesse processo. O seu perfil se remete à contribuição significativa do Sínodo da Amazônia e à criação da Ceama, ambos frutos da reforma do Sínodo dos Bispos pelo Papa Francisco, com a promulgação da Constituição *Episcopalis communio* (2018)[86]. O próprio sínodo sobre a sinodalidade não deixa de ser um catalisador desses novos ventos que sopram do sul[87].

A primeira assembleia eclesial não só foi realizada de modo sinodal, como também fez da sinodalidade um de seus principais desafios para o futuro próximo[88]. A Igreja na América Latina e no Caribe coloca-se na esteira do "sonho eclesial" do Papa Francisco no Sínodo da Amazônia

---

86. BRIGHENTI, A. El Sínodo de los Obispos en reforma? Op. cit.

87. BRIGHENTI, A. O sínodo da Igreja 2021-2024: uma perspectiva com grandes desafios. *In*: SUESS, P.; PASSOS, M. (org.). *Caminhos da sinodalidade*: pressupostos, desafios e perspectivas. São Paulo: Paulus, 2023, p. 279-304.

88. Cf. CONSELHO EPISCOPAL LATINO-AMERICANO (CELAM). *Documento para el Camino*: hacia la Asamblea Eclesial de América Latina y el Caribe. Bogotá: Centro de Publicaciones, 2021.

de "uma cultura eclesial marcadamente laical" (*QAm* 94). É o antídoto do clericalismo, superado pelo Vaticano II, mas que voltou triunfante nas décadas de "involução eclesial" que precederam o atual pontificado. Entre os 231 desafios definidos pela assembleia e propostos como programa de ação da Igreja para os próximos anos, 49 deles dizem respeito à sinodalidade, e entre os 41 desafios condensados pela assembleia dos 231, 5 deles estão relacionados à sinodalidade.

O modo como a primeira assembleia eclesial foi realizada, tanto seu processo de preparação como o evento final, mostra que uma Igreja sinodal não é uma quimera do primeiro milênio ou uma utopia irrealizável. A assembleia inseriu a colegialidade episcopal no seio da sinodalidade eclesial, e o laicato, com uma forte marca feminina, foi tomado como verdadeiro sujeito eclesial. Era a expressão do exercício do princípio reinante na Igreja do primeiro milênio: "Tudo o que diz respeito a todos precisa ser discernido e decidido por todos". Há diferentes ministérios na Igreja, mas todos oriundos do batismo e exercidos por discípulos missionários de Jesus Cristo, enquanto membros do povo de Deus, no seio da comunidade eclesial e a seu serviço. Mesmo os que presidem ou coordenam serviços nos diferentes âmbitos da Igreja, não decidem sozinhos ou comandam a comunidade, antes exercem o "ministério da comunhão", que harmoniza a corresponsabilidade de todos e a diversidade dos carismas no serviço a todos.

3.4 O significado e o alcance da primeira assembleia eclesial

Na medida em que a primeira assembleia eclesial se propôs a reavivar *Aparecida* – que, por sua vez, resgatou o Vaticano II e sua recepção criativa em torno a *Medellín*[89] e *Puebla* –, seu alcance pastoral, tanto em seus resultados como em seu significado, depende de superar as resistências à renovação conciliar e de assumir de forma mais consequente a proposta desafiadora de *Aparecida*.

---

89. BRIGHENTI, A. El impacto del Vaticano II sobre Medellín: intuiciones básicas y ejes fundamentales. *Efemérides Mexicana*, v. 33, p. 124-151, 2015.

3.4.1 O significado da I Assembleia Eclesial da América Latina e do Caribe

O significado da primeira assembleia eclesial está relacionado à realização do objetivo que a ela foi proposto pelo Papa Francisco – "reavivar Aparecida". Sem dúvida, um grande desafio. Bem sabemos que a quinta conferência resgatou o Vaticano II, na perspectiva da "recepção criativa" da tradição eclesial libertadora, tecida em torno a *Medellín* e *Puebla*, que deu um rosto e uma palavra própria à Igreja na América Latina. A proposta de *Aparecida* continua vigente, pois, 14 anos depois, continua sendo resposta aos desafios dos tempos atuais. Mas se há de reconhecer que, em grande medida, é ainda uma tarefa pendente. Daí a relevância dessa assembleia e também a dificuldade para responder ao seu objetivo[90].

a) A superação de três décadas de involução eclesial

Ao reavivar *Aparecida*, a I Assembleia Eclesial da América Latina e do Caribe significa a busca de superação de três décadas de involução eclesial em relação à renovação do Vaticano II[91]. Como dissemos, *Aparecida* resgatou a renovação conciliar e a tradição eclesial libertadora da Igreja na América Latina. Entretanto, apesar do pontificado reformador de Francisco, o processo de involução que se instaurou nos dois pontificados anteriores não foi ainda estancado. O próprio Papa Francisco encontra resistência às suas iniciativas, inclusive mais dentro da Igreja do que fora dela, mais na Cúria Romana do que nas Igrejas locais.

A resistência maior vem do medo, por parte de vários segmentos da Igreja, de inserir-se no mundo em atitude de diálogo e serviço. Por isso a busca de segurança em um passado sem retorno, em fundamentalismos, tradicionalismos e devocionismos, com uma postura apologética frente ao mundo. Isso tem redundado na retração das formas

---

90. BRIGHENTI, A. Primera Asamblea Eclesial de la Iglesia en América Latina. Op. cit.

91. Cf. BRIGHENTI, A. O modelo pastoral do Vaticano II e da tradição libertadora em retrocesso. *In*: BRIGHENTI, A. (org.). *O novo rosto do catolicismo brasileiro*: clero, leigos, religiosas e perfil dos padres novos. Petrópolis: Vozes, 2023, v. 1, p. 165-182.

de presença e atuação da Igreja na sociedade, com o encolhimento da pastoral social e o refúgio em uma Igreja autorreferencial, centrada no padre e na paróquia. A opção pelos pobres deriva a assistencialismos, que fazem dos excluídos objetos de caridade, e não sujeitos de uma sociedade inclusiva de todos. Tal como denunciou *Aparecida*, na atualidade há a volta de *espiritualidades* e *eclesiologias* pré-conciliares, acompanhadas do *clericalismo* (*DAp* 100b), fenômeno ao qual o Papa Francisco tem se oposto duramente, propondo bispos e padres no meio do povo, com "cheiro de ovelha", presentes nas periferias.

b) Um novo impulso à desafiadora proposta pastoral de Aparecida

A primeira assembleia eclesial, ao buscar reavivar *Aparecida*, significa também a superação de uma "Igreja autorreferencial". A "nova evangelização", uma categoria de *Medellín* para dizer da necessidade de mudanças no agir da Igreja para levar adiante a renovação do Vaticano II, durante as décadas de involução eclesial que se instaurou na Igreja, passou a caracterizar uma missão nos moldes da neocristandade – sair e trazer de volta para dentro da Igreja os que se distanciaram dela.

Entretanto, em lugar de uma missão centrípeta, *Aparecida* propõe uma missão centrífuga – uma Igreja missionária, descentrada de si mesma, em saída para as periferias; uma missão que tem como centro a periferia – as periferias geográficas e existenciais; uma Igreja presente nas fronteiras, mas sem a tentação de domesticá-las, rompendo com mentalidades e posturas colonizadoras; uma Igreja na qual todo batizado é "discípulo missionário", na continuidade da missão do Mestre; "discípulos missionários", membros de "comunidades eclesiais em estado permanente de missão" (*DAp* 226); uma missão que tem como meta tornar presente o "Reino de Vida" no mundo (*EG* 176).

c) A efetivação de uma cultura eclesial marcadamente laical

Um terceiro significado da primeira assembleia eclesial, com forte incidência sobre a pastoral, foi o modo novo como ela foi realizada – o exercício do *sensus fidelium*, uma Igreja sinodal fundada em "uma cultura eclesial marcadamente laical" (*QAm* 94). Na Primeira

Assembleia Eclesial, a colegialidade episcopal foi inserida no seio da sinodalidade eclesial e, o laicato, com uma forte marca feminina, foi tomado como verdadeiro sujeito eclesial. Daí deriva a exigência de uma pastoral orgânica e de conjunto, tendo a comunidade eclesial como sujeito no processo de discernimento, na tomada de decisões, na execução da ação e na avaliação de seus resultados.

Na eclesiologia do Vaticano II, há um único gênero de cristãos – os batizados, em uma radical igualdade em dignidade de todos os ministérios. O sujeito da Igreja não é o clero, mas a comunidade eclesial, pois, pelo batismo, há uma corresponsabilidade de todos em tudo na Igreja: "Tudo o que diz respeito a todos precisa ser discernido e decidido por todos". Há diferentes ministérios, mas todos no seio da comunidade eclesial e a seu serviço. Mesmo os que presidem não decidem ou comandam a comunidade, antes exercem o "ministério da coordenação", ou seja, coordenam a todos para o serviço de todos em tudo e a todos; os que presidem harmonizam a diversidade em função da unidade da comunidade eclesial.

3.4.2 O alcance da primeira assembleia eclesial em relação à sinodalidade

A primeira assembleia eclesial não só foi realizada de modo sinodal, como também fez da sinodalidade um de seus principais desafios no presente e para o futuro próximo. A Igreja na América Latina e no Caribe coloca-se na esteira do "sonho eclesial" do Papa Francisco, expressado no Sínodo da Amazônia, de "uma cultura eclesial marcadamente laical" (*QAm* 94). Entre os 231 desafios definidos pela assembleia no final do processo e propostos como programa de ação da Igreja para os próximos anos, 49 dizem respeito à sinodalidade[92]. Além disso, entre os 41 desafios condensados pela assembleia, 4 deles se referem à sinodalidade. Vejamos.

---

92. CONSELHO EPISCOPAL LATINO-AMERICANO (CELAM). *Los desafíos pastorales de la Primera Asamblea Eclesial en América Latina y El Caribe.* Op. cit.; CONSELHO EPISCOPAL LATINO-AMERICANO (CELAM). *Hacia una Iglesia Sinodal en salida a las periferias.* Op. cit.

a) Para uma Igreja sinodal, uma Igreja toda ela ministerial

Para uma Igreja sinodal, a primeira assembleia eclesial propôs "renovar, à luz da Palavra de Deus e do Vaticano II, nosso conceito e experiência de Igreja como Povo de Deus, em comunhão com a riqueza de sua ministerialidade, para evitar o clericalismo" (7). Renovar os ministérios na Igreja permitiria "incorporar os leigos/as, as mulheres e as consagradas", de modo que "tenham participação e poder na tomada de decisões" (84). Isso significa "retomar a dimensão ministerial da Igreja a partir da circularidade, da sinodalidade e da corresponsabilidade" (173), pois todos estamos "chamados a viver desde a radical igualdade em dignidade de todos os ministérios que nos propicia a vocação batismal e, assim, superar o clericalismo e o autoritarismo" (181). Daí a importância de "formar para a unidade na diversidade, valorizando e incentivando os carismas e ministérios na Igreja", em especial "reconhecendo equitativamente os ministérios das mulheres" (101).

A sinodalidade aponta para uma Igreja "comunidade de comunidades, cada vez mais inclusiva, dialogante, misericordiosa e sensível, que abrace todas as periferias, reconhecendo e acolhendo a diversidade do Povo de Deus, e celebrando sua fé com uma liturgia em saída missionária" (203). Trata-se "da criação de pequenas comunidades autônomas, que contribuam para a superação do clericalismo, com a inclusão, proximidade, encontro e outros benefícios da sinodalidade" (212).

A sinodalidade é essencialmente inclusiva "das vozes e populações historicamente marginalizadas como os povos originários, os afrodescendentes, os jovens, as mulheres e as comunidades LGBTQI+" (10). Em grande medida, trata-se de "incluir os leigos/as na vida pastoral e missionária, para que possamos caminhar juntos como Povo de Deus e assim fazer acontecer a comunhão e a participação de todos" (46). Enfim, o foco é "construir uma Igreja sinodal e missionária que acolha também os migrantes e outros grupos minoritários em sua situação específica e, assim, [fazê-los participar] ativamente nos processos de planejamento e revisão permanente dos diversos espaços eclesiais" (161).

b) A superação do clericalismo pelo protagonismo do laicato

Para a primeira assembleia eclesial, urge "superar o clericalismo em todas as suas expressões, tanto entre o clero como entre os leigos" (29), inclusive entre "os/as consagrados/as" (98)[93]. Isso implica "revisar o papel e a inclusão do laicato na Igreja, através do empoderamento da experiência orante da Palavra e da formação da consciência eclesial do Povo de Deus" (24). Trata-se de "incorporar os leigos/as nos processos de discernimento e planejamento" (24), em especial "para que tenham participação e poder na tomada de decisões" (84). Em outras palavras, é preciso "partilhar espaços de responsabilidade, decisão e formação pastoral, todos e todas como Povo de Deus, com responsabilidade, sinodalidade e participação" (57).

Para "visibilizar o protagonismo do laicato em todas as suas dimensões" (154), é preciso "renovar e mudar a formação do clero e dos leigos" (5), propiciando "uma formação permanente, em vista de uma Igreja sinodal" (121). Deve-se também "implementar espaços de serviço e novos ministérios para os leigos/as, com postos de decisão, tanto na Igreja como na sociedade" (168).

c) Igualdade de gênero na Igreja pela integração das mulheres

A primeira assembleia eclesial se propôs a "dar passos concretos, como Povo de Deus, na integração e participação da mulher" (98) na Igreja e na sociedade (91). Afirma o dever de se "reconhecer a exclusão da mulher no âmbito eclesial em funções de liderança e tomada de decisões" (91, 110) e, "desde uma teologia relacional", assegurar-lhe "espaços que evidenciem o reconhecimento de sua dignidade e protagonismo, e se convertam em sinais que promovam sua inclusão também na sociedade" (91).

Trata-se de mudanças que não podem depender da "boa vontade de presbíteros e bispos". Antes, implicam "a formalização de ministérios próprios" (92, 101, 168) e sua integração nas "estruturas de decisão" (92, 84, 117, 135) das "Igrejas locais" e mesmo das "Confe-

---

93. Cf. BRIGHENTI, A. A situação atual do laicato e sua missão na Igreja e no mundo. *Revista Eclesiástica Brasileira (REB)*, v. 78, p. 375-406, 2018.

rências Episcopais Nacionais" (151). A "reforma das estruturas exige uma conversão eclesial", em vista de uma "pastoral orgânica e de conjunto que articule todos os serviços, superando o clericalismo e fomentando o protagonismo especialmente das mulheres" (174).

d) Estruturas de comunhão e participação

Para "gerar espaços de maior participação e inclusão da juventude, das mulheres e do laicato em geral", é preciso "uma verdadeira mudança das estruturas da Igreja", assim como "a revitalização das comunidades eclesiais de base e os conselhos de pastoral na paróquias" (60). Uma "revisão profunda das estruturas da Igreja e do exercício do poder" é condição para "superar o clericalismo e implementar uma Igreja servidora, sinodal e geradora de novas lideranças e ministérios", seja "o diaconato feminino e o presbiterato de pessoas casadas", seja de "ministérios leigos ou para o cuidado da casa comum" (71). Há "estruturas eclesiais obsoletas e arraigadas em um clericalismo presente tanto no clero como nos leigos/as e na vida religiosa" (153).

4
O IMPERATIVO DA SUPERAÇÃO DE UM CRISTIANISMO SACERDOTIZADO

No capítulo 2, nós nos referimos a dois fatores principais de estrangulamento da sinodalidade na Igreja hoje – uma Igreja hierárquica e piramidal e a monopolização do poder pelos ministros ordenados. E na raiz deles está uma realidade complexa, e sem a superação desta toda tentativa de implementação de uma Igreja sinodal será fadada ao fracasso. Estamos nos referindo à sacerdotização do cristianismo, que imprime um perfil próprio, desvirtuado, tanto ao clero como ao laicato na Igreja.

O Vaticano II mudou radicalmente o perfil do ministério ordenado, que reinou na Igreja durante todo o segundo milênio[94]. Fez a passagem do "sacerdote" do altar, reduzido a uma função cultual e sacramentalizadora, ao "presbítero", um ministério que brota do batismo como todos os demais, centrado na Palavra e exercido no seio de uma assembleia toda ela sacerdotal. Na realidade, em sua "volta às fontes" bíblicas e patrísticas, o concílio estava resgatando o modo de ser Igreja do primeiro milênio, deixando para trás um cristianismo "sacerdotizado"[95], eclesiocentrista e autorreferencial, sem incidência na história. Enfim, a dessacerdotização do cristianismo ressituava a Igreja no mundo, nem abaixo nem acima dele, mas precisamente em seu seio, o lugar da missão e do exercício de todos os ministérios, incluídos os ministros ordenados, dado que a evangelização consiste em "tornar presente o Reino de Deus no mundo" (*EG* 176).

---

94. TABORDA, T. O ministério eclesial à luz da atuação de Jesus: a propósito do ano sacerdotal. *Perspectiva Teológica*, v. 42, n. 116, p. 13-43, 2010.

95. BRIGHENTI, A. O exercício do ministério presbiteral e a corresponsabilidade na missão da Igreja. *Revista Seminários*, v. 67, p. 205-224, 2022.

Foi uma mudança profunda, que implicou repensar a instituição a partir da centralidade da Palavra, reformar a liturgia, redefinir o perfil dos ministérios no seio de uma Igreja toda ela ministerial, criar novas estruturas que superassem o monopólio do poder pelo clero e assegurassem a corresponsabilidade de todos os batizados e, muito especialmente, a nova forma de presença da Igreja no mundo, em uma postura de diálogo e serviço.

Tal como já fizemos referência no capítulo 1, na América Latina as duas primeiras décadas que sucederam à realização do Vaticano II foram de entusiasmo, de muito empenho nas reformas e de inúmeros ensaios com frutos exitosos. As Conferências Gerais dos Bispos em Medellín (1968) e Puebla (1979) significaram uma "recepção criativa" do concílio, que deram à Igreja no continente um rosto e uma palavra próprios. Fazia-se da renovação conciliar, tal como tinha recomendado o Papa Paulo VI, mais um ponto de partida do que um ponto de chegada. Passava-se de uma "Igreja reflexo" a uma "Igreja fonte"[96], configurando-se cada vez mais em uma Igreja autóctone, tal como preconiza o concílio. Entretanto, o medo de avançar e a busca de segurança em um mundo em profundas transformações por parte de vários segmentos da Igreja levaram a um gradativo processo de "involução eclesial"[97] em relação ao Vaticano II. Durante as três décadas que precederam o atual pontificado, a renovação do concílio foi colocada em xeque, sem que ainda tenhamos saído desse processo, apesar dos muitos esforços, iniciativas e portas abertas pelo pontificado novo de Francisco.

E o que se viu acontecer em muitas Igrejas locais, especificamente em relação aos ministérios ordenados, foi a volta à "sacerdotização" do ministério presbiteral e do seminário tradicional e um programa de formação, em grande medida, mais voltado para preparar um "funcionário" da instituição do que um presbítero-pastor com "cheiro de ovelha", como gosta de dizer o Papa Francisco. Em consequência, temos hoje o refluxo de modelos de pastoral pré-conciliares, como a "pastoral de conservação", centrada no padre e na paróquia, e a "pas-

---

96. Cf. LIMA VAZ, H. C. Igreja-reflexo vs Igreja-fonte. Op. cit.
97. GONZÁLEZ FAUS, J. I. El meollo de la involución eclesial. Op. cit.

toral coletiva", apoiada em movimentos universalistas de espiritualidade, típicos da postura apologética da neocristandade. Prova disso é a dificuldade do Papa Francisco em reimpulsionar o Concílio Vaticano II e desclericalizar o ministério ordenado, pela implementação de uma Igreja sinodal, pobre e para os pobres, em saída para as periferias.

4.1 Os ministros ordenados no cristianismo sacerdotizado

Não deixa de ser desconcertante o perfil predominante dos ministros ordenados, em especial do presbítero, nas últimas décadas, em perspectiva oposta a uma Igreja sinodal. Sobretudo nos países em que a Igreja tinha avançado mais na renovação conciliar, como no caso do Brasil, grande parte dos denominados "padres novos"[98] normalmente: tomam distância do Vaticano II e do magistério do Papa Francisco; gostam de se autodenominar "sacerdotes" e de exercer seu ministério em torno ao culto e à administração dos sacramentos; devotam especial esmero ao uso de paramentos e outros utensílios da liturgia pré-conciliar; dizem-se zelosos da doutrina e defensores da tradição; vestem-se com trajes clericais, demarcando o espaço do "sagrado" em relação ao dito ambiente "mundano"; não hesitam em demonstrar sua superioridade e sua distância em relação aos leigos e leigas; são pouco sensíveis às questões sociais, preferindo o centro às periferias; estão atrelados a uma Igreja autorreferencial e pouco missionária; fazem ponte com ideologias conservadoras; etc.

Trata-se de um perfil de presbítero muito semelhante ao que predominou na Igreja no segundo milênio[99], que o Vaticano II havia superado, mas que voltou com força, respaldado pelas três décadas de "involução eclesial" em relação à renovação conciliar, que precederam o atual pontificado. Os segmentos mais conservadores na Igreja hoje

---

98. Cf. BRIGHENTI, A. *O novo rosto do clero*. Op. cit.; BRIGHENTI, A. (org.). *O novo rosto do catolicismo brasileiro*. Op. cit. Trata-se da análise dos resultados de uma pesquisa de campo em todo o território nacional, feita por cientistas sociais e pastoralistas, que constata, no clero das últimas décadas, em geral um alinhamento às características aqui enunciadas. Cf. tb. a respeito dos resultados desta pesquisa: BRIGHENTI, A. Perfil dos padres novos no Brasil. Op. cit.

99. Cf. VITALI, D. Ministero e ministeri nella Chiesa. *Estudios Eclesiásticos*, v. 97, n. 381-382, 591-624, 2022.

buscam sua legitimação na "tradição de sempre", com a qual supostamente o concílio teria rompido; na eclesiologia pré-conciliar, que configura a Igreja no binômio clero-leigos; em uma espiritualidade marcada pela fuga *mundi*, a conhecida postura apologética e hostil frente ao mundo; etc.

4.1.1 A sacerdotização do cristianismo e dos ministérios ordenados

O perfil de ministro ordenado predominante nas últimas décadas – bispos, presbíteros, diáconos permanentes –, particularmente no Brasil, é o refluxo do presbítero sacerdotizado do segundo milênio. Segundo J. Costadoat, ele é fruto da sacerdotização do próprio cristianismo, ocorrida pouco antes da virada do milênio. Para ele, trata-se de uma anomalia tão profunda e séria, que "a versão sacerdotal do cristianismo se converteu em uma expressão patológica" dele mesmo[100]. Constata que, apesar do empenho do Papa Francisco em resgatar a figura do presbítero-pastor "com cheiro de ovelha", a versão sacerdotal do cristianismo, predominante nos últimos mil anos, depois de um hiato em torno à recepção do Vaticano II, está de volta. Frisa que a *Pastores dabo vobis* do Papa João Paulo II contribuiu para isso, na medida em que reverteu a reforma na formação do clero da *Optatam Totius*, assim como a concepção de presbítero da *Presbyterorum Ordinis*. Ele defende que a involução eclesial em relação à renovação do concílio nesse particular suplanta o perfil evangelizador dos ministros ordenados, inseridos no mundo, pela promoção de uma pastoral sacramentalizadora. Além disso, diagnostica que o clericalismo não é a causa de uma Igreja autoritária e conivente com os abusos dele derivados; a causa é a sacerdotização do cristianismo, que, entre outros, contribuiu para a segregação entre clero e leigos, a separação entre sagrado e profano, assim como a divinização dos ministros ordenados, que os isenta de toda crítica[101].

---

100. COSTADOAT, J. Necesidad de des-sacerdotalizar la Iglesia Católica. Op. cit.
101. Cf. CHENU, M.-D. Leigos e a *consecratio mundi*. *In*: BARAÚNA, G. (org.) *A Igreja do Concílio Vaticano II*. Petrópolis: 1965, p. 1001-1117.

A rigor, o cristianismo não tem "sacerdotes" tal como havia no judaísmo e nas religiões do mundo greco-romano. Nem mesmo Jesus é nomeado como sacerdote nos Evangelhos. Ao contrário, o que no antigo povo de Deus eram funções de "classes" religiosas distintas – sacerdotes, profetas e reis –, no novo povo de Deus, pelo batismo, todo cristão passa a fazer parte de um povo todo ele profético, régio e sacerdotal – o denominado *tria munera ecclesiae*[102]. As consequências são profundas: se não há "sacerdote", também não há culto "sacrificial"; se não há sacrifício, não há altar e, consequentemente, não há necessidade de templo. De fato, Jesus morreu uma vez e deixou como memorial de sua páscoa uma ceia em torno a uma mesa. Ao redor dela, os batizados conformam uma assembleia toda ela sacerdotal e celebrante, presidida por um ministro ordenado. E como cada cristão é templo do Espírito Santo pelo batismo, a comunidade dos que creem se reúne nas casas – a *domus ecclesiae*. Foi só quando o memorial da páscoa se torna "sacrifício", tal como no judaísmo e nas religiões do mundo greco-romano[103], que começa um processo de "sacerdotização" do cristianismo, o qual será hegemônico na Igreja do segundo milênio. Para J. Costadoat, o cristianismo centrado na cruz para o perdão dos pecados e, consequentemente, a celebração eucarística reduzida a um sacrifício expiatório são incompatíveis com a história de Jesus de Nazaré, que tem no Crucificado a expressão maior do amor a Deus sem exclusão[104].

A sacerdotização do cristianismo começa a dar-se com a passagem: das pequenas comunidades com celebrações nas casas às celebrações massivas em basílicas; da assembleia celebrante ao ministro ordenado como único ator da liturgia, rezando em voz baixa e de costas para o povo; da celebração eucarística enquanto memorial – através de uma ceia ao redor de uma mesa onde Jesus se faz alimento e bebida – à missa como sacrifício, oferecido pelo "sacerdote", separado da assembleia

---

102. BRIGHENTI, A. *O laicato na Igreja e no mundo*: um gigante adormecido e domesticado. São Paulo: Paulinas, 2019, p. 43-57; ESTRADA, J. A. *La Iglesia*: institución o carisma? Salamanca: Sígueme, 1984, p. 126-131.

103. FLORISTÁN, C. *Teología práctica*: teoría y praxis de la acción pastoral. Salamanca: Sígueme, 1991, p. 287.

104. COSTADOAT, J. Necesidad de des-sacerdotalizar la Iglesia. Op. cit.

pelo presbitério e num altar de pedra; da simplicidade das celebrações aos rituais com os esplendores da corte; das vestes do cotidiano a ministros do altar revestidos das honras e indumentárias típicas dos altos mandatários do império; do presbítero inserido na vida do cotidiano do povo ao refúgio no suposto espaço do sagrado; etc.[105].

Nessa configuração do cristianismo, que se tornará hegemônica no segundo milênio, a missa deixa de ser um ato comunitário para converter-se numa devoção privada, tanto do "sacerdote" como de cada um dos fiéis. O sentido pascal da celebração litúrgica é deslocado para devocionismos sentimentais, em especial a meditação da paixão de Cristo. Enquanto o padre, num altar distante, "reza a missa" de costas para o povo, os fiéis praticam suas devoções particulares, em torno à paixão de Cristo e aos santos. A própria comunhão é substituída pela "adoração da hóstia", e a festa de Corpus Christi se converte na festa mais importante do ano litúrgico, superior inclusive à festa da Páscoa. Nessa estranha configuração de Igreja, o presbítero transformado em "sacerdote" tem sua identidade e sua missão reduzidas aos ofícios litúrgicos e à administração, tal como acontecia no judaísmo e nas religiões do mundo greco-romano[106]. Em resumo, o sacerdócio comum dos fiéis conferido pelo batismo é eclipsado pela monopolização dos ministérios e do poder por parte dos ministros ordenados[107].

4.1.2 O binômio clero-leigos: a configuração da Igreja no cristianismo sacerdotizado

No cristianismo sacerdotizado, a Igreja está configurada no binômio *clero-leigos*[108]. Nos primórdios da Igreja, anterior ao surgimento do termo leigo/*laikós*, já havia o termo *klerós*, mas não para designar os ministros ordenados, e sim os escolhidos, os eleitos, os cristãos le-

---

105. BRIGHENTI, A. *O laicato na Igreja e no mundo*. Op. cit., p. 51-57.

106. COSTADOAT, J. Necesidad de des-sacerdotalizar la Iglesia. Op. cit.

107. Cf. *CONGAR*, Y. *Sacerdoce et laicat devant leurs tâches d'évangélisation et de civilization*. Paris: Cerf, 1962; FAIVRE, A. *Os leigos nas origens da Igreja*. Petrópolis: Vozes, 1992.

108. ALMEIDA, A. J. de. *Leigos em quê?* Uma abordagem histórica. São Paulo: Paulinas, 2006, p. 41-55.

vados ao martírio. No início do século III, quando se passa a atribuir o termo leigos/*laikós* aos fiéis não ordenados, é quando também se passa a designar os fiéis ordenados como clero/*klerós*[109]. Aos poucos, as duas categorias de cristãos não só vão se distinguir entre si, como também vão se separar. O clero passará a monopolizar todas as iniciativas na comunidade eclesial, fazendo dos leigos destinatários da ação da Igreja. Estes, antes sujeitos e com poder até para eleger os bispos, agora sem poder algum, são enquadrados dentro dos parâmetros da "plebe" na religião judaica e pagã, classe iletrada e inferior. Fora da classe dos ordenados, que são a Igreja, estão os monges nos conventos e os leigos no mundo[110].

No século IV, com a passagem do cristianismo de religião perseguida a religião protegida pelo império, a distinção e a separação dos fiéis em duas classes de cristãos já estará consolidada e, mais tarde, legitimada com o advento do cristianismo sacerdotizado. Com o desaparecimento do catecumenato, substituído por uma deficiente catequese, os leigos vão justificar sua fama de iletrados. Haverá uma monopolização por parte do clero não só da ação da Igreja como também dos próprios ministérios, até então conferidos aos leigos e leigas, desaparecendo inclusive o diaconato. Todo movimento de leigos, de vivência na pobreza ou de leitura dos evangelhos tenderá a ser considerado heresia. Contribuirá para a separação dos fiéis em duas categorias de cristãos – a clericalização também da teologia –, fazendo aumentar ainda mais a brecha entre fiéis letrados e iletrados, no seio de uma comunidade de desiguais. É a Igreja configurada no binômio *clero-leigos*[111].

Mesmo com parecer contrário de alguns sínodos, pouco a pouco o clero passa a vestir-se diferente, copiando os trajes da nobreza, sobretudo na liturgia. A distância do clero em relação ao laicato estará marcada também pelo estado de vida. Primeiro impôs-se ao clero a

---

109. CHAPA, J. Sobre la relación *laós-laikós*. *In*: ILLANES, J. L. *La misión del laico en la Iglesia y en el mundo*. Pamplona: Verbo Divino, 1987, p. 197-212.

110. FLORISTÁN, C. Laicado. *In*: FLORISTÁN, C. (org.). *Nuevo diccionario de Pastoral*. Madrid: BAC, 2002, p. 761-772.

111. BRIGHENTI, A. *Em que o Vaticano II mudou a Igreja*. São Paulo: Paulinas, 2016, p. 29-36; FLORISTÁN, C. *Teología práctica*. Op. cit., p. 289.

abstinência e, mais tarde, a disciplina do celibato será uma obrigação. A exemplo da religião pagã ou judaica, a liturgia se clericaliza, tal como já nos referimos, passando a ser celebrada somente pelo "sacerdote", o ministro ordenado, de costas para o povo, num presbitério (o "Santo dos Santos"), separado da nave do templo de onde os leigos assistem. A comunhão passa a ser dada na boca e recebida de joelhos, sem acesso ao cálice. Os leigos e leigas deixam de ter participação na eleição de bispos e presbíteros. A partir do século VIII, o povo já não fala nem entende mais o latim, mas a liturgia iria conservá-lo, aumentando ainda mais a distância entre as duas categorias de cristãos.

No século XII, a Igreja, configurada no binômio *clero-leigos* havia quase um milênio, ganha um estatuto jurídico, e a separação das duas categorias de cristãos será regulamentada canonicamente[112]. O decreto de Graciano, monge camaldulense, reza que a Igreja está organizada em dois gêneros de cristãos: um, constituído pelos clérigos, está ligado ao serviço divino e dedicado à contemplação e à oração, assim como se abstém de todas as agitações das realidades mundanas; o outro, o gênero dos cristãos ao qual pertencem os leigos, pode ter bens temporais, casar-se, cultivar a terra, depositar oferendas nos altares e pagar o dízimo. Poderão salvar-se, à condição de evitar os vícios e ter bom comportamentos. Complementa o decreto: o clérigo é apolítico, homem de Igreja, espiritual, celibatário, sejam eles monges, religiosos consagrados ou ministros ordenados; já o leigo, salvo os leigos poderosos ou imperadores, é político, homem do mundo, secular, inculto, pobre, sensual, carnal, casado, súdito obediente, menor[113]. Quanto às mulheres, simplesmente não contam nem são mencionadas.

É nesse tempo e no contexto de um desprestígio total do laicato que surgiriam muitos movimentos de leigos, preocupados com a vida espiritual e o amor ao Evangelho e à vida de pobreza. No século XIII, surgem as ordens mendicantes, com muito apoio popular, fazendo duras críticas ao clero. A uma Igreja institucional, clerical, esses movimentos de renovação contrapõem uma Igreja espiritual, mais apoiada no carisma do que nas estruturas e na instituição. A tendência do

---

112. COMBLIN, J. *O povo de Deus*. 2. ed. São Paulo: Paulus, 2002, p. 52-57.
113. FLORISTÁN, C. *Teología práctica*. Op. cit., p. 288.

clero foi de marginalizá-los ou de cooptá-los para a classe do clero, prolongando o binômio clero-leigos[114]. No século XVI, entre outros, a Reforma Protestante se proporia a superar a organização da Igreja em duas classes de cristãos, insistindo no "sacerdócio dos fiéis", na santificação dos leigos pelo trabalho, no valor do casamento e no acesso de todos às Sagradas Escrituras, dado ser a Igreja como um todo a depositária e a intérprete da Palavra de Deus[115]. Entretanto, na Igreja Católica, em lugar de reforma, respondeu-se com a Contrarreforma do Concílio de Trento, reafirmando a prática milenar que da Igreja cuidam os clérigos, aos quais os leigos devem ser fiéis obedientes[116]. É editado um catecismo para os párocos instruírem os leigos e são criados seminários para padronizar a formação do clero. Os leigos continuam sem acesso à teologia, desde o século IV reservada ao clero, assim como sem plena participação na liturgia, celebrada somente pelo ministro ordenado. A Bíblia continuaria em latim e reservada aos clérigos, chegando mesmo a ser proibido o acesso dos leigos a ela.

4.2 A reforma do Vaticano II e a dessacerdotização do cristianismo

Ainda no século VIII, quando o imperador Carlos Magno uniformizou a liturgia em todo o império nos moldes da cultura franco--germânica, dado o distanciamento gradativo do modo como a Igreja primitiva havia vivido a fé cristã, irrompeu um movimento de "volta às fontes" (*ad rimini fontes*). A inserção da Igreja na cultura helênica e sua estreita ligação com o Império Romano tinham introduzido muito do paganismo no cristianismo. Movimentos clamando por mudanças apareceriam no século XIII. De forma ainda mais contundente, o desejo por reformas ressurgiu no século XVI, que culminou com a Reforma Protestante e a Contrarreforma do Concílio de Trento. Uma verdadeira reforma na Igreja Católica só viria acontecer no século XX, com a realização do Vaticano II, em sua "volta às fontes" bíblicas e patrísticas[117].

---

114. Ibid., p. 289.
115. ALMEIDA, A. J. de. *Leigos em quê?* Op. cit., p. 167-180.
116. Ibid., p. 181-188.
117. COMBLIN, J. *O povo de Deus*. Op. cit., p. 81-87.

4.2.1 A dessacerdotização do cristianismo e dos ministros ordenados

Frente à concepção teológica do Concílio de Trento, que centrava o ministério ordenado na celebração do culto, do sacrifício eucarístico, o Vaticano II o situa no seio do *tria munera ecclesiae* – o múnus profético, régio e sacerdotal, uma tríade articulada a partir do profético, ou seja, da centralidade da Palavra. Da denominação corrente de ministro do culto, o clero a passa a ser ministro da Palavra (PO 4-6)[118].

A dessacerdotização do cristianismo e do clero se dá de modo mais contundente, precisamente na forma como se concebe o exercício do múnus sacerdotal. Para o concílio, dado que pelo batismo o povo de Deus como um todo constitui um povo profético, régio e sacerdotal (*LG* 31), na liturgia o ministro ordenado preside uma assembleia toda ela celebrante[119]. Como consequência, o protagonista da celebração litúrgica não é quem preside, mas a assembleia: "Deseja ardentemente a Mãe Igreja, que todos os fiéis sejam levados àquela plena, consciente e ativa participação das celebrações litúrgicas" (*SC* 14). Por isso, o povo passa a rodear o altar, e o ministro ordenado, a presidir a assembleia celebrante de frente para o povo, dialogando com ele, em sua língua. O padre deixa de ser chamado "sacerdote", pois preside uma assembleia toda ela sacerdotal, e passa a ser designado presbítero. Todos os batizados são sacerdotes e celebrantes; o presbítero preside e serve a assembleia toda ela sacerdotal[120]. O canto litúrgico é devolvido à assembleia, e o coral ou o grupo de canto perde seu sentido: "Os Bispos e os demais pastores cuidem com diligência que, em todas as funções sacras realizadas com canto, toda a assembleia dos fiéis tenha a participação que lhe é própria" (*SC* 114). Para aproximar o presidente da celebração da assembleia, na medida do possível a assembleia circunda a mesa do altar, simplificam-se as vestes litúrgicas e supera-se o caráter pomposo e suntuoso da liturgia: "As cerimônias resplandeçam de nobre simplicidade" (*SC* 34).

---

118. MERLOS, F. *Teología contemporánea del ministerio pastoral*. México: Palabra, 2012, p. 175.

119. Ibid., p. 345.

120. BRIGHENTI, A. *Em que o Vaticano II mudou a Igreja*. Op. cit., p. 37-42.

Para o concílio, a presença real de Cristo na liturgia está nas espécies consagradas do pão e do vinho, mas também na assembleia reunida, na Palavra proclamada e no presidente da celebração. Daí a importância da Liturgia da Palavra, que também é celebração do mistério pascal, tal como o fazem os ministros leigos nas Celebrações da Palavra em locais onde não há a presença de ministros ordenados para presidir a Eucaristia (*SC* 35). A celebração eucarística passa a ser antes de tudo banquete, memorial do único sacrifício de Cristo, através de uma ceia. Por isso, o rito eucarístico passa a ser celebrado na "mesa do altar", sobre a qual as espécies consagradas são destacadas mais como "alimento e bebida" do que como "corpo e sangue" (*SC* 48). E toda a assembleia é convidada a comungar sob as duas espécies: "A comunhão sob as duas espécies pode ser concedida [...] tanto para clérigos e religiosos quanto para leigos" (*SC* 55b). Todos os sacramentos passam a ser celebrados no seio de uma assembleia litúrgica. A Liturgia das Horas, a oração litúrgica do povo de Deus desde o Antigo Testamento, é simplificada e posta à disposição também dos leigos e leigas[121].

4.2.2 O binômio comunidade-ministérios: a configuração da Igreja no cristianismo dessacerdotizado

O resgate do "presbítero" em relação ao "sacerdote" tem subjacente um dos pilares da eclesiologia do Vaticano II, a Igreja povo de Deus, que supera o binômio *clero-leigos* por um novo binômio – *comunidade-ministérios*[122]. Muito da nova teologia do laicato, gestada pelas práticas dos leigos e leigas, em especial da Ação Católica, já estava recolhida[123] nas obras pioneiras de Y. Congar[124], G. Philips[125] e do próprio J. Cardijn[126], que participou da última sessão do concílio,

---

121. BOURGEOIS, D. *La pastoral de la Iglesia*. Valência: Edicep, 2000, p. 499-500.

122. FLORISTÁN, C. *Teología práctica*. Op. cit., p. 289.

123. FLORISTÁN, C. Laicado. Op. cit., p. 767.

124. CONGAR, Y. *Jalons pour une théologie du laïcat*. Paris: Cerf, 1953.

125. PHILIPS, G. *L'Eglise et son mystere au II Concile du Vatican*: histoire, texte et commentaire de la constitution *Lumen Gentium*. Madrid: Herder, 1968.

126. CARDIJN, J. *Laics en premieres lignes*. Bruxelas: Ed. JOC, 1963.

já como cardeal nomeado pelo Papa Paulo VI. Os leigos não estavam lá, pois da primeira sessão participou apenas um leigo, mas teólogos e bispos fariam ecoar na aula conciliar a voz do movimento leigo. E ela foi escutada. O Vaticano II iria reconhecer que o leigo tem lugar e papel a desempenhar na Igreja (*ad intra*) e na sociedade (*ad extra*), sendo sujeito na Igreja e no mundo[127] como todo cristão, incluídos os clérigos[128]. Estaria reconhecido, inclusive, o direito de o laicato ter uma espiritualidade própria, distinta da espiritualidade monástica reinante, dada sua condição de inserção mais direta no mundo secular[129]. Ao contrário da eclesiologia reinante, para o Vaticano II a identidade e a missão do laicato não é derivada da hierarquia[130], pois se funda no batismo[131], de onde brotam todos os ministérios na Igreja (*LG* 33). O povo de Deus é, todo ele, um povo profético, régio e sacerdotal (*LG* 31).

O vínculo dos leigos e leigas com a Igreja se funda na participação, através de Cristo, no tríplice múnus, que caracteriza a vida cristã de todos os batizados[132]. O batismo nos faz profetas, sacerdotes e reis no seio do povo de Deus, um povo todo ele profético (*LG* 35), sacerdotal (*LG* 34) e régio (*LG* 36). Consequentemente, é o sacerdócio ministerial que está fundado no sacerdócio comum dos fiéis (*LG* 33), a base laical da Igreja, e não o contrário, que, por sua vez, funda-se no sacerdócio único de Cristo[133]. É por isso que o Vaticano II afirma que o ministro ordenado está a serviço do sacerdócio comum dos fiéis. Frisa o concílio

---

127. CHENU, M.-D. La Iglesia de los pobres en el Vaticano II. *Concilium*, n. 124, p. 73-79, 1977.

128. BOURGEOIS, D. *La pastoral de la Iglesia*. Op. cit., p. 234.

129. BLANK, R. *Ovelha ou protagonista*: a Igreja e a nova autonomia do laicato no século 21. São Paulo: Paulinas, 2006.

130. Cf. ESTRADA, J. A. *La identidad de los laicos*: ensayo de eclesiología. 2. ed. Madrid: Herder 1991.

131. SCHILLEBEECKX, E. A definição tipológica do leigo cristão, conforme o Vaticano II. *In*: BARAÚNA, G. (org.). *A Igreja do Concílio Vaticano II*. Petrópolis: Vozes, 1965, p. 981-1000.

132. FLORISTÁN, C. Laicado. Op. cit., p. 767; BRIGHENTI, A. *Em que o Vaticano II mudou a Igreja*. Op. cit., p. 29-36.

133. CONFERÊNCIA NACIONAL DOS BISPOS DO BRASIL (CNBB). *Cristãos leigos e leigas na Igreja e na sociedade*: sal da terra e luz do mundo (Mt, 5-13-14). Brasília, DF: Edições CNBB, 2017 (Documentos da CNBB, 105), n. 110.

que foi para fortalecer o sacerdócio comum dos fiéis e presidir uma assembleia toda ela sacerdotal que o Senhor previu o sacerdócio ministerial, conferido a alguns batizados pelo sacramento da Ordem (*LG* 10).

A corresponsabilidade de todos na missão da Igreja se remete ao exercício do poder na Igreja, a ser exercido sempre de modo sinodal, pautado pelo *sensus fidelium*. A renovação do Vaticano II desvincula o poder na Igreja dos ministros ordenados, tal como acontecia na eclesiologia pré-conciliar[134]. Nesta, tendia-se a reduzir a Igreja à hierarquia, tida como o polo ativo na instituição, em quem reside toda iniciativa e todo o poder. Na renovação conciliar, a base que confere responsabilidades na Igreja é o sacramento do batismo, e não o sacramento da Ordem. É o batismo que torna todos os batizados corresponsáveis na Igreja por tudo.

4.3 A corresponsabilidade de todos em uma missão *ad intra* e *ad extra*

Uma Igreja "comunhão" acontece na "participação", em vista da "missão". Esta é sempre a finalidade da sinodalidade, para além de simplesmente "caminhar juntos". É um caminhar juntos em tudo na esfera interna da Igreja, tendo presente que o mais importante é a contribuição para uma sociedade fraterna, expressão do Reino de Deus na imanência da história.

Assim, a uma Igreja sinodal corresponde uma Igreja comunhão *ad intra* e *ad extra*, entre os batizados e entre estes com toda a humanidade. Nessa perspectiva, um cristianismo dessacerdotizado não só dessacerdotaliza o clero como também situa a Igreja, como sacramento do Reino, em um novo lugar no mundo – nem fora nem acima dele, mas precisamente em seu seio, como "fermento na massa" (Mt 13,33). Segundo a *Gaudium et Spes*, isso significa uma Igreja inserida no mundo em uma postura de diálogo e serviço. A Igreja não é deste mundo, mas está no mundo e existe para ser uma das mediações, ainda que privilegiada, de salvação dele. E como uma Igreja sinodal são todos os batizados, o serviço ao mundo é missão dos leigos e leigas, mas igualmente dos ministros ordenados.

---

134. CONGAR, Y. *Sacerdoce et laicat devant leurs tâches d'évangélisation et de civilization*. Op. cit., p. 130-144.

4.3.1 Reino-Igreja-mundo: o tripé da eclesiologia do Vaticano II

A sinodalidade rompe com uma Igreja autorreferencial, separada do mundo e confinada na esfera do sagrado. A missão de todo batizado se remete à relação de diálogo da Igreja com o mundo e ao serviço profético na sociedade, conforme preconiza a eclesiologia do Vaticano II[135]. Afirma o concílio que, embora a Igreja não seja deste mundo, ela está no mundo e existe para a salvação dele, para ser nele sinal e instrumento do Reino de Deus, que é sua meta. Não é o mundo que está na Igreja, mas é a Igreja que está no mundo. O mundo é constitutivo da Igreja. O eclesiocentrismo pré-conciliar, além de eclipsar o Reino de Deus, não respeitava a autonomia do temporal, redundando numa Igreja absorvedora em lugar de servidora do Reino no mundo. Evangelizar consistia em sair da Igreja, a fim de trazer pessoas para dentro dela, pois, como se dizia, *extra Ecclesiam nulla salus*.

Em sua "volta às fontes", o Concílio Vaticano II voltou a autocompreender a Igreja e sua missão, na indissociabilidade do trinômio Reino-Igreja-mundo. Não há Igreja sem Reino, e sua missão é ser sacramento do Reino no mundo, o que a descentra de si mesma e rompe com o eclesiocentrismo[136]. Diz textualmente o concílio: "A Igreja, enriquecida com os dons de seu fundador, observando fielmente seus preceitos de caridade, de humildade e de abnegação, recebe a missão de anunciar o Reino de Cristo e de Deus, de estabelecê-lo em meio a todas as pessoas, e constitui na terra o gérmen e o princípio deste Reino" (*LG* 5,2).

Como se pode constatar, o Reino de Deus não acontece somente na Igreja, socialmente constituída enquanto comunidade dos redimidos. Também não acontece somente na interioridade secreta da consciência, na meta-histórica subjetividade religiosa, mas se produz na

---

135. BRIGHENTI, A. *Em que o Vaticano II mudou a Igreja*. Op. cit., p. 73-78.

136. Cf. HUNERMANN, P. Reino de Dios. *In: Sacramentum Mundi*. Madrid: Tomo Quinto, 1973, col. 880-897; SOBRINO, J. El Reino de Dios anunciado por Jesús: reflexiones para nuestro tiempo. *In:* AMERINDIA. *Tejiendo redes de vida y esperanza*. Op. cit., p. 267-288 – aqui, p. 283-288. Cf. tb. SOBRINO, J. Centralidad del Reino de Dios en la teología de la liberación. *In:* ELACURÍA, I.; SOBRINO, J. *Mysterium Liberationis*. Madrid: Trota, 1990, p. 467-510.

concretude da realização do amor ao próximo, apesar da ambiguidade da história, em suas objetivações empiricamente perceptíveis. Consequentemente, a missão da Igreja, de fazer acontecer o Reino de Deus, dá-se no mundo e para o mundo.

A interação Reino-Igreja-mundo, entretanto, acontece numa relação de tensão, sendo marcada por uma distância entre a Igreja e o mundo e, ao mesmo tempo, de inserção da Igreja nele. Só quando a Igreja assume uma distância do mundo enquanto mundaneidade e, simultaneamente, adere a ele, torna-se sacramento de salvação do mundo. A distância do mundo é legítima, na medida em que o Reino de Deus não se identifica apenas com o desenvolvimento autônomo da realidade mundana, o que equivaleria a absolutizar o mundo. Entretanto, essa distância não pode ser completa, pois o Reino de Deus, nossa salvação, tem uma dimensão imanente, intra-histórica. Ele começa acontecendo no "já" da história[137].

Assim sendo, a distinção e a tensão entre Igreja e mundo, enquanto mediados pelo Reino de Deus, impedem toda tentativa de controle da sociedade por parte da Igreja. A Igreja não está fora e muito menos acima da sociedade civil; ao contrário, forma parte dela e está chamada a inserir-se em seu seio, numa atitude de diálogo e serviço. Sua missão é ser fermento na massa, através da ação capilar dos cristãos, enquanto cidadãos, procurando colaborar com todas as pessoas de boa vontade, na realização histórica de uma sociedade perpassada pelos valores do Evangelho, que são autênticos valores humanos. É através da inserção ativa dos cristãos, como cidadãos, que se garante a presença construtiva da Igreja, em favor de uma sociedade justa e fraterna para todos. Trata-se, portanto, de uma presença plural, segundo as mediações históricas possíveis e compatíveis com o Evangelho, peregrinando com toda a humanidade, segundo os desígnios do plano amoroso de Deus.

Em uma Igreja sinodal, a missão dos leigos e dos presbíteros e demais ministros ordenados é na Igreja e no mundo, na corresponsabilidade de todos os batizados. A relação dos leigos e leigas com o

---

137. RAHNER, K. Iglesia y mundo. *In*: *Sacramentum Mundi*: enciclopedia teológica. Madrid: Herder, 1973, t. III, col. 752-775; BIGO, P.; DE ÁVILA, F. B. *Fé cristã e compromisso social*. São Paulo: Paulinas, 1986, p. 111-119.

mundo não se dá por um "mandato", uma delegação ou um envio por parte da hierarquia. Frisa o Concílio Vaticano II que a relação dos leigos com o mundo se dá pelo fato de a Igreja estar no mundo e existir para a salvação dele, sendo esse um compromisso de todo batizado, incluídos os ministros ordenados. Tanto o clero como os leigos são depositários de uma missão a ser desempenhada na Igreja e no mundo (*LG* 31).

Dado que "evangelizar é tornar presente o Reino de Deus no mundo" (*EG* 176), a eclesiologia do Vaticano II rompe com uma Igreja fechada sobre si mesma, autorreferencial[138]. A evangelização é a tarefa de uma missão a ser desempenhada por todos os batizados em vista da comunhão *ad intra* e *ad extra*, entre os cristãos e toda a humanidade, a serviço de uma sociedade inclusiva e fraterna. É a dupla face da missão de uma Igreja sinodal.

A projeção da ação *ad intra* diz respeito à ação evangelizadora nos diferentes âmbitos da Igreja, levada a cabo pela comunidade eclesial como um todo. A partir da referencialidade da Igreja local estão as ações a serem projetadas no âmbito da comunidade eclesial e na paróquia, assim como aquelas a serem assumidas pela proposição de iniciativas entre dioceses, em âmbito regional, nacional, continental e universal. Está aqui implicado o povo de Deus nas Igrejas locais e suas organizações (como as associações e os movimentos laicais, as demais obras ou instituições da Igreja), assim como o serviço a ser prestado juntamente com outras denominações cristãs.

Já a projeção da ação *ad extra* diz respeito ao caminhar juntos dos cristãos com toda a humanidade (*fratelli tutti*). É a esfera *extra-ecclesia/ad extra* da atuação dos cristãos, seja como Igreja, seja como cidadãos, na sociedade organizada: no mundo da política, da cultura, da economia, das finanças, do trabalho, dos sindicatos e associações empresariais, das organizações não governamentais e da sociedade civil, dos movimentos populares, das minorias de vários tipos, pobres e excluídos etc. A comunhão entre os cristãos quer ser a vivência e o testemunho da realização do plano de Deus que é a comunhão de toda a humanidade, uma fraternidade universal, todos irmãos.

---

138. BRIGHENTI, A. *Em que o Vaticano II mudou a Igreja*. Op. cit., p. 79-84.

4.3.2 Inserção profética no mundo, por contraste

Vimos que, entre Igreja e mundo, há uma relação de tensão, pois enquanto sacramento da presença do Reino de Deus na ambiguidade da história, a inserção da Igreja é por contraste. Uma ação pastoral de encarnação, enquanto assumir para redimir, é sempre sinal de contradição diante de toda e qualquer situação de injustiça e exclusão[139]. Por exemplo, para a Igreja na América Latina, juntamente com o Vaticano II – que optou pelo ser humano como caminho da Igreja –, dada a situação de exclusão de grandes contingentes da população do continente (situação escandalosa aos olhos da fé por causa da predileção de Deus pelos excluídos), é preciso optar antes pelos pobres (*Med* 14,9)[140]. Não há Igreja sinodal sem opção pelos pobres, sem incluir aqueles que estão à margem da sociedade. Eles estão numa situação de "não homem", profanados em sua dignidade de filhos e filhas criados à imagem e semelhança de Deus. A Igreja na América Latina, na medida em que foi sendo companheira de caminho dos últimos e esquecidos, foi tomando consciência de que a opção pelos pobres é o fio de ouro que tece as Escrituras, do Gênesis ao Apocalipse[141].

Optar pelos pobres, entretanto, significa fazer do excluído não um objeto de caridade, mas sujeito de sua própria libertação, ensinando-lhe a ajudar-se a si mesmo (*Med* 14,10). O assistencialismo é um anestésico para a consciência dos incluídos; já fazer dos pobres sujeitos de uma sociedade inclusiva de todos é delatar o cinismo dos

---

139. MUÑOZ, R. Para una eclesiología latinoamericana y caribeña. *In*: AMERINDIA. *Tejiendo redes de vida y esperanza*. Op. cit., p. 345-352.

140. Para o grupo de bispos da "Igreja dos Pobres", durante o Vaticano II e, sobretudo, para a Igreja na América Latina, foi inspiradora a convocação de João XXIII – "por uma Igreja dos pobres, para que seja a Igreja de todos". Cf. Radiomensagem de 11 de set. de 1962. O desejo do papa foi retomado pelo Cardeal Suenens durante o concílio, com o respaldo dos Cardeais Lercaro e Montini. Cf. MACGRATH, M. Présentation de la Constitution L'Eglise dans le monde de ce temps. *In*: *Vatican II*: comentaires, Paris: Cerf, 1967, t. III, p. 25-30 – aqui, p. 26, nota 8.

141. GUTIÉRREZ, G. La opción profética de una Iglesia. *In*: AMERINDIA. *Tejiendo redes de vida y esperanza*. Op. cit., p. 307-320; RICHARD, P. La Iglesia Católica en América Latina y El Caribe y la opción por los pobres. *In*: AMERINDIA. *Tejiendo redes de vida y esperanza*. Op. cit., p. 321-331.

satisfeitos. Por isso, dizia Dom Hélder Câmara: "Quando dou um pão a um pobre, dizem que sou cristão; mas quando aponto para a causa de sua fome, dizem que sou comunista"[142]. Ir às causas incomoda. O Evangelho, que nos remete à nossa própria consciência, incomoda. A "memória perigosa" do Jesus de Nazaré incomoda. É nesse sentido que a evangelização passa pela conscientização, pela denúncia profética, pela formação política, pela reivindicação de políticas públicas de inclusão, pela parceria com o poder público e organizações populares, enfim, pelo enfretamento das estruturas de exclusão e das poderosas forças que as sustentam.

A profecia da Igreja se dá igualmente em sua forma de inserção no mundo. O Vaticano II conclamou a Igreja a inserir-se no mundo, no coração da história, no seio da sociedade (*LG* 50; *GS* 40). Entretanto, a Igreja na América Latina dirá: não basta inserir-se no mundo; é preciso, sim, inserir-se no mundo, mas dentro de que mundo? Do mundo da minoria dos incluídos, ou da maioria dos excluídos? Do mundo dos 20% da população que detém 80% dos recursos do planeta, ou do mundo dos 80% de excluídos que vegetam com os 20% dos recursos sobrantes[143]? Para *Medellín*, a missão evangelizadora num continente marcado pela exclusão implica a denúncia de toda injustiça e da opressão, constituindo-se num sinal de contradição para os opressores (*Med* 14,10). A *diakonía* histórica da Igreja, enquanto serviço profético, diante de grandes interesses de grupos, pode redundar em perseguição e martírio, consequência da fidelidade à opção pelos pobres[144]. O testemunho dos mártires das causas sociais é a mais viva expressão da vivência da fé cristã na fidelidade à opção pelos pobres, em uma socie-

---

142. Cf. Dom Hélder Câmara. *Memórias da ditadura*. Disponível em: https://memoriasdaditadura.org.br/biografias-da-resistencia/dom-helder-camara/. Acesso em: 5 maio 2024.

143. Para G. Gutiérrez, no Vaticano II os conflitos sociais são tocados em termos gerais da presença da miséria e da injustiça no mundo. Não vai às causas, apontando para a relação ricos-pobres, desenvolvimento-subdesenvolvimento, primeiro-terceiro mundo. Cf. TAMAYO, J. J. *Presente y futuro de la teologia de la liberación*. Madrid: Trota, 1994, p. 48.

144. COMBLIN, J. Los pobres en la Iglesia latinoamericana y caribeña. *In*: AMERINDIA. *Tejiendo redes de vida y esperanza*. Op. cit., p. 289-305 – aqui, p. 301-304.

dade injusta e excludente. *Aparecida* falará deles como nossos santos e santas, ainda não canonizados (*DAp* 98), mas agora já com o reconhecimento do martírio e da santidade de Dom Óscar Romeiro.

Em consequência, na fé cristã a opção pelo sujeito social – o pobre – implica igualmente a opção por seu lugar social. A evangelização, enquanto anúncio encarnado, precisa do suporte de uma Igreja sinal, que compartilhe da vida dos pobres (*Med* 14,15) e seja uma presença profética e transformadora (*Med* 7,13). Não basta uma Igreja dos pobres. Faz-se necessário também o testemunho de uma Igreja pobre e simples, pois a instituição também é mensagem, o modo como moramos é mensagem, as estruturas são mensagem, porquanto afetam o caráter de sacramento da Igreja, de sinal visível do Reino no mundo. O Pacto das Catacumbas, firmado por uma centena de bispos proféticos no encerramento do Concílio Vaticano II[145], continua questionando o retorno da Igreja barroca – Igreja massa, poder, rica, prestígio, da visibilidade.

O grande número de ministros ordenados mártires na Igreja da América – sejam eles bispos, presbíteros ou diáconos, juntamente de tantos leigos e leigas, religiosos e religiosas – é a atestação de que a missão da Igreja no mundo se dá na corresponsabilidade de todas e todos os batizados.

---

145. BRIGHENTI, A. O Pacto das Catacumbas e a tradição eclesial libertadora. *In*: PIKAZA, X.; ANTUNES DA SILVA, J. *O Pacto das Catacumbas*: a missão dos pobres na Igreja. São Paulo: Paulinas, 2015, p. 123-140.

5
A SINODALIDADE COMO UMA CULTURA ECLESIAL MARCADAMENTE LAICAL

A Igreja é, por natureza, sinodal, pois na base do ser Igreja está o sacramento do batismo, de onde brotam todos os ministérios, incluídos os ministérios ordenados. O Concílio Vaticano II reafirmou a "base laical" da Igreja, que é a base de uma Igreja sinodal. Na *Querida Amazônia*, o Papa Francisco fala da importância de "uma cultura eclesial marcadamente laical" (*QAm* 94). Retomamos: existe um único gênero de cristãos – os batizados. Todos na Igreja, portanto, são ou foram leigos ou leigas. Os que não são leigos, como os ministros ordenados e os integrantes da vida consagrada, são uma ínfima minoria em comparação com o gigantesco número de leigos na Igreja. O laicato é a maior riqueza da Igreja, com um potencial evangelizador imensurável, mas ainda não valorizado e reconhecido o suficiente.

As estatísticas mostram, infelizmente, que dessa "massa" de leigos e leigas apenas uns 10% são católicos "praticantes", com participação regular na comunidade eclesial. Outros 10% têm participação esporádica. E a imensa maioria, uns 80%, dizem-se católicos "não praticantes", terra de missão de muitas Igrejas, sobretudo as igrejas neopentecostais. Uma Igreja sinodal precisa ir ao encontro deles e estar de portas abertas. Nos últimos tempos, tentou-se "acordar" toda essa gente, mas sem perguntar muito a razão de sua apatia e da sangria silenciosa de nossas comunidades. Já se fez missão centrípeta, saindo para fora da Igreja, batendo de porta em porta, para trazer de volta os católicos afastados para dentro dela. Mas aí o Papa Francisco, com *Aparecida*, lembrou que missão não é proselitismo nem cristianismo. Já se tentou também promover animados eventos de massa, já se ocuparam meios de comunicação social, já se entrou na disputa do mercado exacerbando a dimensão terapêutica da religião, já nos metemos a telepregadores a exemplo de pastores televangelistas, já se agrandou o tamanho de alguns templos, já se apostou nos padres cantores etc. – e o número de católicos continua diminuindo e muito rapidamente.

Diz *Aparecida* que os católicos que saem de nossas comunidades não estão querendo deixar a Igreja, estão buscando sinceramente a Deus. E quantos e quantas saem e vão bater em portas erradas! Vai-se de "conversão" em "conversão", mas, depois da decepção com a terceira Igreja, saem de todas. Querem chegar a Deus, mas esbarram numa instituição autorreferencial, que eclipsa a Deus; defrontam-se com o muro de doutrinas petrificadas e normas rígidas, à margem dos grandes sofrimentos do povo; enfim, veem-se numa massa massificante, anônimos, em uma Igreja pouco sinodal e sem acesso a Deus.

É que, cada vez mais, as pessoas querem ser sujeito, poder dizer as coisas e ser ouvidas; querem ser respeitadas em sua subjetividade, fazer uma real experiência de Deus sem emocionalismos e fundamentalismos; querem se sentir acolhidas em comunidades de tamanho humano, e não poucos gostariam de uma Igreja profética, servidora dos mais pobres, mais simples e despojada, investindo mais em templos vivos do que de barro. Bem ao estilo do Papa Francisco, que envia a Igreja para as periferias, mas com a advertência de não "domesticar as fronteiras". E o que mais domestica o laicato é o clericalismo, que o papa diz não ter nada a ver com cristianismo, muito menos com uma Igreja sinodal. Clericalismo de padres e diáconos, que voltou com força, mas também de leigos e leigas clericalizados. Para *Aparecida*, a volta do clericalismo é uma prova de que, em relação à renovação do Vaticano II, estamos indo para trás. Resgatar o Vaticano II é a esperança de um laicato vivo e atuante, na Igreja e no mundo, base sólida de uma Igreja sinodal.

5.1 Da distinção à separação entre clero e leigos

Em uma Igreja sinodal, clero e leigos se distinguem, mas não se separam. "Leigo no assunto" – eis a expressão vulgar sinônima de uma pessoa iletrada ou ignorante. Infelizmente, faz jus ao surgimento de uma classe de cristãos no século III e consolidada no século IV[146]. Não só trata-se de uma classe separada da hierarquia, como também seus integrantes não são contados como membros da Igreja, sem poder e sem acesso à teologia, ao contrário do que se havia vivido até então, em uma Igreja sinodal. O fato de não existir, por séculos na Igreja, um termo para designar essa categoria de cristãos é a atestação de uma mudança estranha, que contraria o modelo eclesial neotestamentário e patrístico, que, historicamente, a Igreja perdeu de vista. Desde o século IX teve início um processo de "volta às fontes" (*ad rimini fontes*), com momentos fortes nos movimentos mendicantes do século XIII e na Reforma, no século XVI, mas só consolidado nos meios católicos com a realização do Vaticano II, graças à inusitada convocação de João XXIII.

5.1.1 A origem e o significado do termo "leigo" na Igreja

A distinção, e a posterior separação, entre clero e leigos surgiu na Igreja durante o século III e se consolidou no século IV[147], limitando seriamente o exercício da sinodalidade. O termo "leigo" aparece pela primeira vez na Carta de Clemente de Roma aos Coríntios, escrita no ano 95[148]. Intervindo num grave conflito entre jovens e os presbíteros que presidiam a Igreja em Corinto, Clemente evoca o termo; entretanto, não para separar clero e leigos, mas simplesmente para referir-se ao papel específico dos diferentes ministérios no seio da Igreja e sem aplicá-lo aos cristãos. Na carta, depois de uma exortação das partes ao entendimento, lembra que no seio do povo de Israel, no Antigo Testamento, havia papéis diferentes na celebração do culto: "[Pois], ao sumo sacerdote foram confiadas tarefas particulares, aos sacerdotes um lugar próprio, aos levitas certos serviços e o leigo liga-se pelas ordenações exclusivas dos leigos" (40,50).

---

146. FLORISTÁN, C. *Teología práctica*. Op. cit., p. 320.
147. Cf. FAIVRE, A. *Os leigos nas origens da Igreja*. Op. cit.
148. ALMEIDA, A. J. de. *Leigos em quê?* Op. cit., p. 29-30.

Como se pode constatar, Clemente de Roma usa o termo "leigo" não para legitimar ou justificar uma separação entre presbíteros e demais membros da comunidade eclesial. De forma ilustrativa, recorrendo ao culto judaico e não à Igreja de Jesus, ele quer apenas lembrar que existem ministérios e tarefas distintas, que devem confluir para a unidade e o fortalecimento da comunidade dos fiéis. O termo "leigo" só voltará a aparecer no seio do cristianismo no século III, quando realmente se começa a organizar a Igreja no modo da religião judaica e mesmo pagã, nas quais se separava os sacerdotes do restante da comunidade dos fiéis[149], na contramão de uma Igreja sinodal. Nelas, os sacerdotes celebram e a comunidade assiste; as autoridades decidem e os fiéis executam. Ora, no cristianismo, não há a classe dos sacerdotes, pois sacerdotes todos são pelo batismo[150]. O cristianismo é também diferente do judaísmo e das religiões pagãs porque não há sacrifício. O culto é o memorial do único e irrepetível sacrifício de Jesus, que se celebra através de uma ceia, na qual todos são celebrantes, ainda que haja quem presida *in persona Christi* o Corpo da Igreja, do qual Jesus Cristo é o cabeça.

O termo "leigo" é bíblico, do Antigo Testamento, aplicado ao povo de Israel[151]. Tem um significado, entretanto, que não se aplica ao cristianismo e não poderia ser usado na Igreja, pois não deveria haver o que ele designa. O termo provém da palavra grega *laós*, que significa *"povo"*, só que entendido como uma categoria de pessoas distintas dos chefes e submissas a eles[152], tanto que será designada por *laikós*. Na religião pagã, como também no judaísmo, os chefes não são membros do "povo", pois se colocam "fora" e "acima" dele; eles dirigem e comandam o povo. Por sua vez, o que se designa por "povo" não é realmente povo (*laós*), mas *plebe* (*laikós*), pois dá nome a uma categoria inferior e oposta a uma categoria superior – o estrato dos chefes[153]. Tal como nos reinos terrestres, existe o rei e, no seio do

---

149. ALMEIDA, A. J. de. *Leigos em quê?* Op. cit., p. 41.

150. BOURGEOIS, D. *La pastoral de la Iglesia*. Op. cit., p. 274.

151. Cf. LA POTTERIE, I. de. L'origine et le sens primitif du mot laic. *Nouvelle Revue Théologique*, n. 80, p. 840-853, 1959.

152. FLORISTÁN, C. Laicado. Op. cit., p. 761-762.

153. CHAPA, J. Sobre la relación *laós-laikós*. Op. cit.

reino, há os plebeus, os súditos, dado que conformam uma categoria de pessoas inferior à categoria superior dos chefes[154]. Ao contrário da democracia, seu poder não emana do povo, mas normalmente se justifica por uma dinastia instituída por Deus.

No Antigo Testamento, o termo *laós* (povo) tem o mesmo sentido corrente nos meios pagãos: de um lado há o "povo" de Israel, o povo judeu, e de outro os sacerdotes; de um lado há os chefes, e de outro a massa não qualificada, o "povo" simples, que nos meios pagãos se designa *plebe*; de um lado há os sacerdotes, os profetas e os reis, e de outro a massa comandada pelas autoridades, autoconstituídas em nome de Deus[155].

Algo parecido aconteceu com relação à "ordem sacerdotal". O termo "ordem" também não é bíblico e passou a designar o sacramento da Ordem. O termo *ordinatio* no Império Romano era usado para designar a *nomeação* de um funcionário imperial. Com a nomeação, o funcionário passava a constituir a "ordem", ou seja, da classe dos funcionários de alta categoria, que faziam parte do governo. A partir do imperador Constantino, os bispos, os presbíteros e os diáconos passam a ser incorporados na "ordem" hierárquica dos funcionários do império, recebendo salário e ostentando títulos e vestes da classe dirigente, como o pálio, a estola, as sandálias e, provavelmente, o manípulo. É estranho que a Igreja tenha se acomodado a essa "ordem", passando a imitar a sociedade civil, quando o sacramento da Ordem significa outra coisa. Também entre os cristãos passa a existir classe superior e classe inferior. A classe superior é designada de ordem episcopal, ordem sacerdotal e ordem diaconal[156], e a classe inferior, de "laicato" ou mesmo "povo cristão".

O termo "sacerdote" também é estranho ao cristianismo e está presente só no Antigo Testamento, tal como acontecia nas religiões pagãs da época, designando a pessoa que exerce uma função cúltica-sacrificial. Em Israel, a função pertencia a uma determinada tribo e

---

154. Ibid.
155. BOURGEOIS, D. *La pastoral de la Iglesia*. Op. cit., p. 274.
156. CALVO CORTÉS, A.; RUIZ DÍAZ, A. *Para leer una eclesiología elemental*: del aula a la comunidad de fe. Navarra: Verbo Divino, 1990, p. 169.

aos que prestavam o serviço do culto no templo de Jerusalém. Jesus não exerceu ofício de sacerdote, e o Novo Testamento não emprega o termo para caracterizar o ministério eclesiástico. O cristianismo não tem sacerdotes que oferecem sacrifício a Deus. O termo é empregado na Carta aos Hebreus, referindo-se à obra salvadora de Jesus Cristo e para indicar a função do novo povo de Deus como um todo (1Pd 2,5.9; Ap 1,6; 5,10; 20,6). Consequentemente, pode-se aplicar o termo a toda a Igreja e a cada cristão sem distinção, todos sacerdotes pelo batismo, mas não a um grupo em particular[157]. O Vaticano II até deixa de nomear o padre de "sacerdote", designando-o "presbítero"[158], pois sacerdotes todos são pelo batismo, no seio de um povo todo ele sacerdotal, profético e régio[159]. O sacerdócio ministerial se assenta sobre o sacerdócio comum dos fiéis e está a seu serviço, presidindo uma assembleia toda ela sacerdotal[160].

5.1.2 Nos primórdios havia um único gênero de cristãos: os batizados

Diferentemente do antigo povo de Deus, no seio do qual havia os chefes e a plebe (ou seja, duas categorias distintas de pessoas), no seio do novo povo de Deus, constituído por Jesus e o Espírito de Pentecostes, que é a sua Igreja, todos são iguais e, portanto, os dirigentes são membros do povo. Cada batizado é sacerdote, profeta e rei, no seio de um povo todo ele sacerdotal, profético e régio (*LG* 31). É a referida "base laical" da Igreja, base de uma Igreja sinodal. Na verdadeira Igreja de Jesus, não pode existir "povo" de segunda categoria, a "plebe", um laicato separado e submisso à hierarquia. Há um único gênero de cristãos – os batizados, que conformam uma comunidade de iguais, no seio de uma Igreja, no dizer de Y. Congar, "toda ela ministerial"[161]. A Igreja é povo, raça eleita, sacerdócio real, nação santa,

---

157. Ibid., p. 169-170.
158. FLORISTÁN, C. *Teología práctica*. Op. cit., p. 287.
159. RAMOS, A. J. *Teología pastoral*. Madrid: BAC, 2001, p. 166.
160. MERLOS, F. *Teología contemporánea del ministerio pastoral*. Op. cit., p. 345.
161. Cf. BRITO, E. J. C. *O leigo cristão no mundo e na Igreja*: estudo teológico-pastoral sobre o pensamento de Yves Congar. São Paulo: Loyola, 1980, p. 1001-1117.

povo de particular propriedade de Deus (1Pd 2,9). Os cristãos não são designados clero e leigos, mas todos e conjuntamente como os santos, os chamados, os eleitos, os discípulos, irmãos e irmãs. A esses seguidores de Jesus, os judeus deram o nome de "seita dos galileus", e as autoridades romanas, de "cristãos" (At 11,26; 26,28), mas sem distinguir categorias distintas em seu seio, pois não havia.

A *ekkesía* – a "assembleia" da Igreja de Jesus, o novo povo de Deus – é uma fraternidade diferente das existentes no mundo de então. Seus membros, enxertados em Cristo pelo batismo (*LG* 33), unidos na "fração do pão" e incorporados no testemunho (*AA* 16) e no serviço ao mundo[162], conformam "uma fraternidade de iguais", no seio da qual não há mais diferença entre judeu e pagão, escravo e livre, homem e mulher (Gl 3,27-28). É a base de uma Igreja sinodal. Ainda que nem todos exerçam o mesmo papel no seio da comunidade, todos os batizados são eleitos para dar continuidade à obra de Jesus, que é o Reino de Deus. Há diferentes ministérios, mas no seio de uma "comunidade de irmãos"; há diferentes funções desempenhadas por seus membros, mas ao serviço da mesma comunidade, na qual todos são "irmãos"[163]. Por isso, onde há clericalismo, o laicato não é povo; é plebe, e não há Igreja sinodal.

5.2 A configuração do binômio clero-leigos e o estrangulamento da sinodalidade

Como vimos, uma classe de cristãos separada do clero aparece na Igreja no início do século III e se consolida no século IV. Coincide com a estratificação do clero em bispos, presbíteros e diáconos, que passam a se distanciar dos fiéis não ordenados, formando uma categoria de cristãos à parte, paralela à outra, conformada por leigos e leigas[164]. Trata-se de uma forma de organização da instituição eclesial, fruto da cultura e da prática religiosa pagã, estranha ao modelo eclesial normativo neotestamentário, na contramão de uma Igreja sinodal.

---

162. CHENU, M.-D. Leigos e a *consecratio mundi*. Op. cit.

163. Cf. ALMEIDA, A. J. de. *Teologia dos ministérios não ordenados na América Latina*. São Paulo: Loyola, 1989.

164. ALMEIDA, A. J. de. *Leigos em quê?* Op. cit., p. 41-42.

5.2.1 A consolidação de duas classes de cristãos

Nos primórdios da Igreja, antes do surgimento do termo leigo/ *laikós*, já havia o termo *klerós*, mas não para designar os ministros ordenados, e sim os escolhidos, os eleitos, os cristãos levados ao martírio[165]. No início do século III, quando se passa a atribuir o termo *leigos/laikós* aos fiéis não ordenados, é quando também se passa a designar os fiéis ordenados como *clero/klerós*[166]. Aos poucos, as duas categorias de cristãos não só vão se distinguir entre si, como também vão praticamente se separar. O clero passará a monopolizar todas as iniciativas na comunidade eclesial, fazendo dos leigos destinatários ou objetos da ação da Igreja. Estes, antes sujeitos e com poder até de eleger os bispos, já não têm mais poder algum de decisão e são enquadrados dentro dos parâmetros da "plebe" na religião judaica e pagã, classe iletrada e inferior. Fora da classe dos ordenados, que são a Igreja, estão os monges nos conventos e os leigos no mundo[167].

No século IV, com a passagem do cristianismo de religião perseguida a religião protegida pelo império, a distinção e a separação dos fiéis em duas classes de cristãos já estará consolidada. Com o desaparecimento do catecumenato, substituído por uma deficiente catequese, os leigos vão justificar sua fama de iletrados. Haverá uma monopolização por parte do clero não só da ação da Igreja, como também dos próprios ministérios até então conferidos aos leigos e leigas, desaparecendo inclusive o diaconato. Em lugar de ser o ministério da síntese, tornou-se a síntese dos ministérios. Todo movimento de leigos, de vivência na pobreza ou de leitura dos evangelhos tenderá a ser considerado heresia. Contribuirá para a separação dos fiéis em duas categorias de cristãos e para a clericalização também da teologia, fazendo aumentar ainda mais a brecha entre fiéis letrados e iletrados, no seio de uma comunidade de desiguais. É a Igreja configurada no binômio clero-leigos[168].

---

165. FLORISTÁN, C. *Teología práctica*. Op. cit., p. 289.

166. CHAPA, J. Sobre la relación *laós-laikós*. Op. cit.

167. FLORISTÁN, C. Laicado. Op. cit., p. 763-764.

168. FLORISTÁN, C. *Teología práctica*. Op. cit., p. 289.

Mesmo com parecer contrário de alguns sínodos, pouco a pouco o clero passa a vestir-se diferente, copiando os trajes da nobreza, sobretudo na liturgia. A distância do clero em relação ao laicato estará marcada também pelo estado de vida. Primeiro impôs-se ao clero a abstinência, e, mais tarde, o celibato seria uma obrigação. A exemplo da religião pagã ou judaica, a liturgia se clericaliza, passando a ser celebrada somente pelo "sacerdote", o ministro ordenado, de costas para o povo, num presbitério (o "Santo dos Santos"), separado da nave do templo de onde os leigos assistem. A comunhão passa a ser dada na boca e recebida de joelhos, sem acesso ao cálice. Os leigos e leigas deixam de ter participação na eleição de bispos e presbíteros. A partir do século VIII, o povo já não fala nem entende mais o latim, mas a liturgia iria conservá-lo, aumentando ainda mais a distância entre as duas categorias de cristãos.

5.2.2 Quando o magistério é reflexo de uma teologia esclerosada

Seguindo essa perspectiva, ainda no fim do século XIX, o Papa Leão XIII, em carta de 1888 dirigida ao arcebispo de Tours, afirma: "É uma realidade constante e bem conhecida que, na Igreja, existem duas ordens claramente definidas por sua própria natureza: os pastores e o rebanho, isto é, os governantes e o povo. Os primeiros têm a missão de ensinar, governar e dirigir aos homens na vida, impondo-lhes as normas; os segundos têm o dever de submeter-se aos primeiros, de obedecê-los, de cumprir suas prescrições e de tributar-lhes a devida honra"[169]. É o próprio magistério inviabilizando uma Igreja sinodal e legitimando uma Igreja piramidal, clericalista, hierarquizante.

No início do século XX, o Papa Pio X, em sua encíclica *Vehementer*, de 1906, também justifica uma Igreja organizada segundo o binômio *clero-leigos*: "Por sua essência, a Igreja é uma sociedade desigual, a saber, uma sociedade que comporta duas categorias de pessoas, os pastores e o rebanho; os que ocupam um lugar na hierarquia e a multidão dos fiéis. Essas categorias são de tal forma distintas entre si, que somente nos pastores residem o direito e a autoridade necessários

---

169. FLORISTÁN, C. Laicado. Op. cit., p. 764.

para promover e dirigir todos os membros para o fim da sociedade. Quanto à multidão, ela não tem outro dever que se deixar conduzir e seguir seus pastores como rebanho dócil". Ainda que Pio X tenha enviado os leigos para cristianizar a sociedade, ele os envia, entretanto, em nome do clero, com a finalidade de trazer para dentro do rebanho da Igreja as ovelhas desgarradas do controle clerical[170].

É uma estranha eclesiologia, sem base nas Escrituras e na tradição da Igreja primitiva[171], à qual os leigos e leigas foram submetidos. E estes, sem acesso à teologia, por sinal muito escassa e quase ausente na época (com exceção da teologia escolástica reinante), continuarão adormecidos e domesticados, mas não por muito mais tempo. Um novo Pentecostes iria acontecer na Igreja com a realização do Concílio Vaticano II, preparado por diversos movimentos de renovação, entre eles o movimento do laicato.

5.3 O laicato no resgate de uma Igreja sinodal às vésperas do Vaticano II

O desejo de uma profunda reforma na Igreja, através de uma "volta às fontes" (*ad rimini fontes*), havia começado ainda no século IX, depois da reforma litúrgica promovida pelo imperador Carlos Magno. O mesmo desejo ressurgiu no século XII com as ordens mendicantes e, quase meio milênio depois, e com mais força, no século XVI, com a Reforma Protestante[172]. Entretanto, a Igreja só faria uma verdadeira e profunda reforma na segunda metade do século XX[173], com a realização do Concílio Vaticano II (1962-1965).

Com relação à teologia do laicato, o Vaticano II foi o ponto de chegada de vários movimentos de renovação que o prepararam e que amadureceram muitas de suas teses com suas práticas, desde a década de 1930. Entre eles, está a valiosa contribuição de movimentos como o bíblico, o patrístico, o ecumênico, o litúrgico, o catequético, o do laicato, o dos padres operários, o da nova teologia, a Ação Católica etc.

---

170. Ibid., p. 765.
171. Cf. FAIVRE, A. *Os leigos nas origens da Igreja*. Op. cit.
172. COMBLIN, J. *O povo de Deus*. Op. cit., p. 81-87.
173. FLORISTÁN, C. *Teología práctica*. Op. cit., p. 320.

5.3.1 O laicato em busca de sua emancipação

Uma primeira iniciativa de emancipação do laicato deu-se com o catolicismo social, na segunda metade do século XIX, promovendo a inserção dos cristãos no seio da sociedade, através de obras de assistência e promoção humana. Foram despertados pelo medo do comunismo, que marxistas de diversa índole haviam feito chegar à classe operária, submetida a um capitalismo selvagem. No caminhar com os pobres, os leigos e leigas descobriram o Evangelho social e foram gérmen do pensamento social da Igreja. Com o catolicismo social, que tinha por lema *"Sociais porque católicos"*, surgiram escolas católicas para a classe trabalhadora, círculos operários e paroquiais, associações de caridade como a de São Vicente de Paula, iniciativas estas que culminaram com a publicação da *Rerum Novarum*, pelo Papa Leão XIII, em 1891. O catolicismo social tinha o apoio de alguns bispos e presbíteros, mas em grande medida era um movimento de leigos, em especial de operários da indústria nascente, bem como de alguns patrões.

Entretanto, embora fosse portador de uma forte crítica social, o catolicismo social não fazia nenhum questionamento à configuração da Igreja em duas classes de cristãos. O que o movimento buscava, em grande medida, era proteger os leigos do laicismo reinante e do comunismo, em especial os jovens, incorporando-os em organizações confessionais, mais promotoras de uma Igreja clerical do que de um laicato verdadeiramente sujeito na Igreja.

Uma segunda iniciativa importante, que iria realmente contribuir com a emancipação do laicato, foi a Ação Católica. A princípio, o movimento também tinha a finalidade de contrapor a Igreja Católica ao laicismo reinante, assim como cristianizar os ambientes[174]. Começou como Ação Católica Geral, atrelada à mentalidade de cristandade e organizada nos ramos masculino e feminino. Nessa fase, o Papa Pio X convoca os leigos a modernizar as obras tradicionais da Igreja, então restritas ao âmbito da piedade e da paróquia. Mas é um movimento circunscrito à paróquia e submisso ao pároco.

---

174. FLORISTÁN, C. *Teología práctica*. Op. cit., p. 324.

A segunda fase é inaugurada com a criação da Ação Católica Especializada, por J. Cardijn, mais concretamente a Juventude Operária Católica (JOC), inserida nos diferentes "meios específicos de vida" dos jovens. Considerada pelo Papa Pio XI "um tipo acabado de Ação Católica"[175], serão implantados outros ramos, segundo os ambientes específicos dos jovens – a Juventude Agrária Católica (JAC), a Juventude Estudantil Católica (JEC), a Juventude Universitária Católica (JUC) e a Juventude Independente Católica (JIC). Agora, em lugar de renovar as obras católicas no interior da Igreja como se dera na fase anterior, os jovens são enviados para fora dela – a "cristianizar os ambientes" para além do espaço religioso. Entretanto, enquanto modelo de Igreja atrelado à neocristandade, os jovens enviados serão concebidos como "extensão do braço do clero", que vão aonde a hierarquia não chega e em nome dela[176].

5.3.2 Da participação à cooperação com o ministério hierárquico

Os leigos e leigas enviados a cristianizar os ambientes, tanto da Ação Católica como de outros movimentos e associações, recebem um "mandato" da hierarquia, cuja missão é de "participação" no "apostolado hierárquico" da Igreja. Segundo Pio XI num discurso de 1931, "só a Igreja recebeu o mandato e a missão de intervir no mundo". E como por "Igreja" se entende o clero, Pio XI frisa que "a hierarquia católica é a única autorizada a dar mandatos e diretrizes"[177].

Anos mais tarde, com o Papa Pio XII, dar-se-á mais um passo na caminhada de emancipação do laicato. Em lugar de "participação" dos leigos no ministério hierárquico, o papa falaria de "cooperação", embora frisando que "o apostolado dos leigos não significa o acesso à hierarquia e ao poder na Igreja". O "mandato" que a hierarquia con-

---

175. Cf. Pio XI e a Ação Católica. *Revista Eclesiástica Brasileira*, Petrópolis, v. 7, fasc. 4, p. 753-792, dez. 1947.

176. FLORISTÁN, C. Laicado. Op. cit., p. 765-766; cf. GUGLIELMELLI, D. A Ação Católica: forma mais adequada do apostolado moderno. *Revista Eclesiástica Brasileira*, v. 7, fasc. 2, p. 289-301, jun. 1947.

177. Cf. GUGLIELMELLI, D. Pio XI e a Ação Católica. *Revista Eclesiástica Brasileira*, v. 7, fasc. 4, p. 753-792, dez. 1947.

fere aos leigos significa, segundo o papa, que eles recebem uma "delegação de poder", conferindo ao seu apostolado um caráter "público e oficial". Seja como for, há um avanço em relação a Pio XI, pois apesar de permanecer a configuração da Igreja segundo o binômio *clero-leigos*, por um lado, já não é o clero que preside a Ação Católica, apenas a acompanha, é "assistente eclesiástico"; por outro, para Pio XII, os leigos não só "pertencem" à Igreja, como também "são" Igreja[178].

5.3.3 A substituição do binômio clero-leigos pelo binômio comunidade-ministérios

É a partir da década de 1950 que a teologia do laicato dará um salto qualitativo, rompendo com o binômio *clero-leigos* e contribuindo com a configuração da Igreja na perspectiva de um novo binômio – *comunidade-ministérios*[179], coluna de uma Igreja sinodal. O avanço deveu-se muito aos jovens da Ação Católica, ou seja, à militância dos próprios leigos, seja no seio da sociedade autônoma, seja através de uma nova forma de presença no seio da Igreja. Por ocasião do II Congresso Mundial da Ação Católica, o Papa Pio XII afirmou em seu discurso que o movimento "tem o mandato da hierarquia, mas não o monopólio do apostolado livre". Com isso, do ponto de vista eclesiológico se continua identificando a Igreja com a hierarquia, mas na prática pastoral os leigos cada vez mais vão se fazendo Igreja e questionando sua configuração em duas classes de cristãos. Além disso, na década de 1960 haveria sérios conflitos entre os leigos da Ação Católica e o clero, em especial os bispos.

Com a crise, a corda arrebentou no lado mais fraco, redundando praticamente na dissolução da Ação Católica. Entretanto, seus frutos iriam ser acolhidos pelo Concílio Vaticano II. Muito da nova teologia do laicato, gestada pelas práticas dos leigos e leigas, em especial da Ação Católica, já estava recolhida[180] nas obras pioneiras de Y.

---

178. KUZMA, C. Leigos. *In*: PASSOS, J. D.; LOPES SANCHEZ, W. *Dicionário do Vaticano II*. São Paulo: Paulinas/Paulus, 2015, p. 527-533 – aqui, p. 529.

179. FLORISTÁN, C. *Teología práctica*. Op. cit., p. 289.

180. FLORISTÁN, C. Laicado. Op. cit., p. 767.

Congar[181], de G. Philips[182] e do próprio J. Cardijn[183], que participou da última sessão do concílio, já como cardeal nomeado pelo Papa Paulo VI. Os leigos não estavam lá, pois da primeira sessão participou apenas um leigo, mas teólogos e bispos fariam ecoar na aula conciliar a voz do movimento leigo. E ela foi escutada. A luta não tinha sido em vão. O Vaticano II iria reconhecer que o leigo tem lugar e papel a desempenhar na Igreja (*ad intra*) e na sociedade (*ad extra*), sendo sujeito na Igreja e no mundo[184] como todo cristão, incluídos os clérigos[185]. Estaria reconhecido o direito de o laicato ter uma espiritualidade própria, distinta da espiritualidade monástica reinante, dada sua condição de inserção mais direta no mundo secular[186]. Ao contrário da eclesiologia reinante, para o Vaticano II a identidade e a missão do laicato não é derivada da hierarquia[187], pois se funda no batismo, de onde brotam todos os ministérios na Igreja (*LG* 33). O povo de Deus é, todo ele, um povo profético, sacerdotal e régio (*LG* 31). É a sinodalidade eclesial sendo restabelecida.

5.4 A teologia do laicato no concílio e no pós-concílio

Entre todos os concílios da Igreja, o Vaticano II é o que tem tratado melhor a questão dos leigos[188]. Dedicou ao tema todo um capítulo na Constituição *Lumen Gentium* sobre a Igreja, assim como o Decreto *Apostolicam Actuositatem*. Na realidade, o concílio assume a teologia do laicato desenvolvida sobretudo por Y. Congar, entre 1930 e 1950, uma questão em ebulição desde o início do século XX. Em 1988, o Papa João Paulo II publicou a Exortação *Christifideles laici*, fruto do sínodo realizado no ano anterior. Todos esses documentos,

---

181. CONGAR, Y. *Jalons pour une théologie du laïcat*. Op. cit.

182. PHILIPS, G. *El laicat en la época del Concilio*. San Sebastián: Dinor, 1966.

183. CARDIJN, J. *Laics en première lignes*. Bruxelas: Ed. Universitaires, 1963.

184. CHENU, M.-D. La Iglesia de los pobres en el Vaticano II. Op. cit.

185. BOURGEOIS, D. *La pastoral de la Iglesia*. Op. cit., p. 234.

186. Cf. BLANK, R. *Ovelha ou protagonista*. Op. cit.

187. Cf. ESTRADA, J. A. *La identidad de los laicos*. Op. cit.; SCHILLEBEECKX, E. A definição tipológica do leigo cristão, conforme o Vaticano II. Op. cit.

188. Cf. ESTRADA, J. A. *La identidad de los laicos*. Op. cit.

entretanto, por mais que se tenha querido "voltar às fontes" bíblicas e patrísticas, tratam a questão dos leigos e leigas de forma ambígua, não só sobre o conceito, como também sobre sua missão na Igreja e no mundo – ambiguidade que permanece até hoje[189].

Com relação ao laicato, a novidade do Vaticano II em relação à teologia de então está em ter situado os leigos e leigas no seio do povo de Deus como um todo[190], no seio de uma Igreja sinodal. A *Lumen Gentium* caracteriza de forma clara e concisa a identidade do laicato: "Os leigos são fiéis que pelo batismo foram incorporados a Cristo, constituídos no povo de Deus e a seu modo feitos partícipes do múnus sacerdotal, profético e régio de Cristo, pelo que exercem sua parte na missão de todo o povo cristão na Igreja e no mundo" (*LG* 31).

Na caracterização da identidade do laicato, três aspectos principais são mencionados: sua relação com Cristo, com a Igreja e com o mundo[191]. É nesse sentido que o concílio fala que entre os membros da Igreja "reina verdadeira igualdade quanto à dignidade e ação comum a todos os fiéis na edificação do Corpo de Cristo" (*LG* 32).

5.4.1 Incorporados em Cristo pelo batismo: a base da sinodalidade

A identidade do leigo, como a identidade de todos os cristãos, deriva de Jesus Cristo, a quem todos os cristãos estão incorporados pelo batismo (*LG* 33)[192]. Sua missão deriva do próprio Mestre, de quem todos os cristãos são discípulos e missionários, no Espírito de Pentecostes: "Ide pelo mundo inteiro e pregai o Evangelho a toda criatura" (Mc 16,15). É do batismo que enxerta o cristão em Cristo, de onde derivam todos os ministérios, serviços incorporados à missão da Igreja, que consiste em continuar a obra de Jesus, que é o Reino de Deus por ele inaugurado e tornado presente em sua pessoa.

---

189. Cf. CHENU, M.-D. Leigos e a *consecratio mundi*. Op. cit.

190. COMBLIN, J. *O povo de Deus*. Op. cit., p. 58-80.

191. FLORISTÁN, C. *Teología práctica*. Op. cit., p. 329; cf. SCHILLEBEECKX, E. A definição tipológica do leigo cristão, conforme o Vaticano II. Op. cit.

192. FLORISTÁN, C. Laicado. Op. cit., p. 767.

Com muita propriedade, o Vaticano II situou o leigo no seio do povo de Deus, como membro do Corpo de Deus, cujo cabeça é Jesus Cristo[193]. Como membro do Corpo de Cristo, o leigo não "pertence" à Igreja, ele "é" Igreja, no seio de um povo todo ele profético, sacerdotal e régio[194]. Como frisa um dos teólogos peritos do concílio, o "apostolado" dos leigos não deriva de um "mandato da hierarquia", mas do "mandato de Cristo"[195].

5.4.2 Membros da Igreja pela participação em seu tríplice múnus

A relação dos leigos e leigas com a Igreja também não se dá pela "participação" no ministério hierárquico ou pela "cooperação" com os ministros ordenados. Ela se funda na participação, através de Cristo, no tríplice múnus da Igreja, que caracterizam a vida cristã de todos os batizados[196]. O batismo nos faz profetas, sacerdotes e reis no seio do povo de Deus, que é a Igreja, um povo todo ele profético (*LG* 35), sacerdotal (*LG* 34) e régio (*LG* 36). Consequentemente, é o sacerdócio ministerial que está fundado no sacerdócio comum dos fiéis (*LG* 33), a base laical da Igreja, e não o contrário, que por sua vez se funda no sacerdócio único de Cristo[197]. É por isso que o Vaticano II afirma que o ministro ordenado está a serviço do sacerdócio comum dos fiéis. Frisa o concílio que foi para fortalecer esse sacerdócio e presidir uma assembleia toda ela sacerdotal que o Senhor previu o sacerdócio ministerial, conferido a alguns batizados pelo sacramento da Ordem (*LG* 10).

Assim, em sua relação com a Igreja[198], o leigo não pode ser definido como um "não clérigo", ou seja, com uma identidade negativa. Partindo da concepção da Igreja como uma "comunidade de iguais", o leigo tem uma identidade positiva, pois a Igreja não está assentada sobre o binômio "clero-leigos", mas sobre o binômio "comunidade-ministérios",

---

193. Cf. ANTÓN, A. Principios fundamentales para una teología del laicado en la eclesiología del Vaticano II. *Gregorianum*, n. 68, p. 103-155, 1987.

194. RAMOS, A. J. *Teología pastoral*. Op. cit., p. 166.

195. CHENU, M.-D. Leigos e a *consecratio mundi*. Op. cit.

196. FLORISTÁN, C. Laicado. Op. cit., p. 767.

197. CONFERÊNCIA NACIONAL DOS BISPOS DO BRASIL (CNBB). *Cristãos leigos e leigas na Igreja e na sociedade*. Op. cit., n. 110.

198. FLORISTÁN, C. *Teología práctica*. Op. cit., p. 329.

uma Igreja toda ela ministerial[199], em decorrência do tríplice múnus que todo fiel recebe no batismo (*LG* 33). Como consequência, a relação entre os membros da Igreja não é de superioridade ou inferioridade, mas de complementariedade, no serviço comum à causa do Reino de Deus. A identidade cristã se funda no batismo, sobre o qual se assenta também o sacramento da Ordem[200]. A Igreja, como Igreja sinodal, é conformada por todos os batizados, no exercício da diversidade de ministérios derivados do batismo, incluído o ministério hierárquico[201].

5.4.3 Inseridos no mundo porque a Igreja existe para o mundo

A sinodalidade não se reduz ao âmbito interno da Igreja. Como a missão da Igreja é no mundo, a sinodalidade tem uma dimensão *ad extra*, situando todos os batizados no coração do mundo. A relação dos leigos e leigas com o mundo também não se dá por um "mandato", uma delegação ou um envio por parte da hierarquia. Frisa o Concílio Vaticano II que a relação dos leigos com o mundo se dá pelo fato de a Igreja estar no mundo e existir para a salvação dele, compromisso de todo batizado, incluídos os ministros ordenados. Tanto o clero como os leigos são depositários de uma missão a ser desempenhada na Igreja e no mundo (*LG* 31).

É verdade que o Concílio põe em relevo o especial compromisso dos leigos com o mundo, dada sua presença mais direta nas tarefas temporais, seja pelo exercício de uma profissão, seja pela militância no campo da política[202]. Entretanto, isso não pode dar margem a pensar que o lugar e a missão do clero estão no interior da Igreja enquanto o lugar e a missão dos leigos estão no mundo, tal como acontecia na eclesiologia pré-conciliar, tridentina[203]. A Constituição *Gaudium et*

---

199. Cf. *CONGAR, Y. Sacerdoce et laicat devant leurs tâches d'évangélisation et de civilization*. Op. cit.

200. Cf. SCHILLEBEECKX, E. A definição tipológica do leigo cristão, conforme o Vaticano II. Op. cit.

201. KUZMA, C. Leigos. Op. cit., p. 527.

202. CONFERÊNCIA NACIONAL DOS BISPOS DO BRASIL (CNBB). *Cristãos leigos e leigas na Igreja e na sociedade*. Op. cit., n. 133.

203. Ibid., n. 258-263; COMBLIN, J. *O povo de Deus*. Op. cit., p. 52-57.

Spes é clara: "A esperança de uma nova terra, longe de atenuar, antes deve impulsionar a solicitude pelo aperfeiçoamento desta terra" (*GS* 39). Continua: "Afastam-se da verdade os que sabendo não termos aqui morada permanente, mas buscamos a futura julgam, por conseguinte, poderem negligenciar os seus deveres terrestres, sem perceberem que estão mais obrigados a cumpri-los, por causa da própria fé, de acordo com a vocação à qual cada um foi chamado" (*GS* 43). E adverte: "Não erram menos aqueles que, ao contrário, pensam que podem entregar-se de tal maneira às atividades terrestres, como se elas fossem absolutamente alheias à vida religiosa, julgando que esta consiste somente em atos de culto e ao cumprimento de alguns deveres morais. Este divórcio entre fé professada e a vida cotidiana de muitos deve ser enumerado entre os erros mais graves de nosso tempo". A conclusão é a seguinte: "Ao negligenciar os seus deveres temporais, o cristão negligencia os seus deveres para com o próximo e o próprio Deus e coloca em perigo a sua salvação eterna" (*GS* 43).

5.4.4 Os leigos têm missão no mundo, mas também na Igreja

No imediato pós-concílio, dado o forte acento ao compromisso da Igreja com o mundo no Vaticano II, com maior ênfase à obrigação dos leigos nesse campo, segmentos do clero atrelados à eclesiologia pré-conciliar, tridentina, sentiram-se inclinados a desligar-se do mundo e reduzir sua missão à esfera interna da Igreja, em especial ao culto, tal como vinha acontecendo no período pré-conciliar[204].

Entretanto, o debate teológico se encarregou de mostrar que, como o compromisso com o mundo deriva do batismo (*LG* 33), engajar-se nas tarefas temporais é um imperativo também para o clero. Não é pelo fato de os leigos exercerem uma profissão que a missão no mundo estaria vetada ao clero, tal como o comprovam os "padres operários", por exemplo. Também não é pelo fato de os leigos serem casados que a missão no mundo seria para os leigos, enquanto o clero estaria dispensado dela, pois o celibato obrigatório ao clero é uma prescrição somente da Igreja no Ocidente. Agir na Igreja e no mundo é missão de todo batiza-

---

204. FLORISTÁN, C. Laicado. Op. cit., p. 768-769.

do[205] e, consequentemente, a missão no mundo não é campo exclusivo dos leigos, assim como a missão na Igreja não é exclusiva do clero[206].

Em resumo, tanto o clero como os leigos têm responsabilidades comuns e específicas[207], tanto no interior da Igreja como no mundo (*Med* 10,2.6; *DP* 786). *Aparecida*, com a *Lumen Gentium*, vai dizer que os leigos "são pessoas da Igreja no coração do mundo e pessoas do mundo no coração da Igreja" (*DP* 786; *DAp* 209). O clero, além de não poder reservar a si a vida interna da Igreja, também não pode isentar-se de seu compromisso no mundo e muito menos pretender controlar as iniciativas do laicato fora da Igreja, conferindo-lhe "mandato". Como a missão do leigo deriva do "mandato de Cristo", e não da hierarquia, o Concílio Vaticano II, mais precisamente no Decreto *Apostolicam Actuositatem*, fala do direito dos leigos e leigas de criarem associações por sua própria iniciativa, as quais, embora precisem do consentimento da autoridade eclesiástica, nem por isso deixam de ser autônomas[208]. O Vaticano II superou a prerrogativa de "leigos mandatados pela hierarquia" ou como "extensão do braço do clero".

O fato é que, quando pensamos em uma Igreja sinodal, "clero" e "leigo" são dois termos incômodos. O Magistério da Igreja, particularmente o sínodo de 1987 sobre o laicato, e a subsequente publicação da Exortação *Christifideles laici* em 1988 não foram além do que o Vaticano II já tinha dito a respeito. A teologia, entretanto, impulsionada pelas questões oriundas das práticas, não parou aí. Nas últimas décadas, ela tem expressado, por um lado, sua inconformidade com a presença, até hoje, do binômio *clero-leigos* no modo de ser Igreja e, por outro, o incômodo em se continuar usando o termo "leigo", o que inevitavelmente leva a referir-se ao "clero", podendo dar a entender a existência de duas categorias de cristãos, uma diferente da outra em sua identidade e sua missão[209].

---

205. BOURGEOIS, D. *La pastoral de la Iglesia*. Op. cit., p. 234.
206. CONFERÊNCIA NACIONAL DOS BISPOS DO BRASIL (CNBB). *Cristãos leigos e leigas na Igreja e na sociedade*. Op. cit., n. 161-167.
207. Cf. KUZMA, C. *Leigos e leigas: força e esperança da Igreja no mundo*. Op. cit.
208. CONFERÊNCIA NACIONAL DOS BISPOS DO BRASIL (CNBB). *Cristãos leigos e leigas na Igreja e na sociedade*. Op. cit., n. 123-127.
209. FLORISTÁN, C. *Teología práctica*. Op. cit., p. 332-334.

Não só são inadequadas ambas as categorias para caracterizar a diversidade de estados de vida e funções na Igreja, como também é inadequada a simples utilização dos próprios termos empregados. Recapitulemos o que foi dito: na aurora da Igreja, o termo *klerós* designava os escolhidos, os eleitos ou os destinados ao martírio, e não uma categoria de cristãos separada de outra. Problemático é também o termo *laikós*. Embora derive de *laós*, que significa "povo", na realidade a categoria de cristãos que surgiu no século III e se consolidou na organização da Igreja a partir do século IV não é povo (*laós*), mas plebe (*laikós*), submissa aos seus dirigentes, tal como no seio dos impérios ou mesmo no seio do povo de Israel[210].

No cristianismo, há um único gênero de cristãos – os batizados, no seio de uma Igreja toda ela ministerial. A Igreja é conformada por fiéis, no seio de um povo depositário de carismas, dons do Espírito, que se tornam ministérios para o serviço na Igreja e no mundo[211]. Os ministérios não separam os fiéis uns dos outros nem os classificam em duas categorias – ministérios ordenados e não ordenados. Há ministérios reconhecidos, confiados, instituídos, e há ministérios ordenados, que se assentam no batismo[212] (CNBB, Doc. 105, n. 157).

Por isso, em lugar de falar em "cristãos leigos e leigas", "cristãos religiosos e religiosas", "cristãos bispos", "cristãos presbíteros" e em "cristãos diáconos", o mais adequado é falar simplesmente de "cristãos", tal como foram nomeados os seguidores de Cristo em Antioquia pelo Império Romano. Todos os batizados são membros de um povo todo ele profético, sacerdotal e régio (*LG* 31), no seio de uma Igreja sinodal. Não é o tipo de ministério exercido que dá a identidade cristã, mas o tríplice múnus de Cristo conferido à Igreja e recebido no batismo[213], de onde brotam todos os ministérios para o serviço de todos na Igreja e no mundo (*LG* 33).

---

210. CHAPA, J. Sobre la relación *laós-laikós*. Op. cit.

211. CONFERÊNCIA NACIONAL DOS BISPOS DO BRASIL (CNBB). *Cristãos leigos e leigas na Igreja e na sociedade*. Op. cit., n. 151-16.

212. Ibid., n. 157.

213. Cf. SCHILLEBEECKX, E. A definição tipológica do leigo cristão, conforme o Vaticano II. Op. cit.

6
A SINODALIDADE EM UMA IGREJA DE IGREJAS

A sinodalidade eclesial tem dois pilares principais. Um é o batismo como base da vida cristã, que constitui os batizados em um povo de Deus, todo ele profético, sacerdotal e régio. É o que abordamos no capítulo anterior, enquanto desafio da implementação "de uma cultura eclesial marcadamente laical" (*QAm* 94), condição para uma Igreja sinodal. O segundo pilar da sinodalidade é uma Igreja como "Igreja de Igrejas" locais[214]. Tal como já fizemos referência, são obstáculos a uma "Igreja de Igrejas", de um lado, o paroquialismo, à margem de uma "pastoral orgânica e de conjunto" em âmbito diocesano, e, de outro, o universalismo de determinados movimentos eclesiais, sem compromisso com a pastoral de conjunto e o contexto local das Igrejas em que está presente.

É integrante da identidade cristã a profissão de fé numa Igreja una, santa, católica e apostólica. A nota "apostólica" remete à congregação de fiéis numa Igreja local ou particular, em torno a um bispo, sucessor dos apóstolos. A eclesiologia do segundo milênio havia sacrificado o caráter "local" e "particular" da Igreja, em favor de uma eclesialidade abstrata, em torno ao papa. O Vaticano II, entretanto, resgatou a eclesiologia do primeiro milênio, afirmando que na Igreja local está presente a "Igreja toda", ainda que não seja "toda a Igreja"[215], pois a Igreja é uma comunhão de Igrejas – "Igreja de Igrejas".

---

214. Cf. TILLARD, J. *Église d'Églises : l'écclesiologie de communion*. Paris: Les Cerf, 1987.

215. Cf. PHILIPS, G. *L'Eglise et son mystère au IIe Concile du Vatican*: histoire, texte et commentaire de la Constitution *Lumen gentium*. Paris: Cerf, 1967, t. I.

Todos nós conhecemos as recaídas de alguns segmentos eclesiais na eclesiologia pré-conciliar do segundo milênio: a existência de uma suposta Igreja universal, anterior e exterior às Igrejas locais; a Igreja local como parcela da Igreja universal; o bispo como vigário do papa; a vida eclesial em torno à paróquia, em cujo centro está o padre, ou em torno a um movimento, em cujo centro está o papa. O paroquialismo tenta proteger o cristão dos desafios de uma cultura urbana individualista, centrando a experiência da fé em volta dos sacramentos e da pertença a um catolicismo de tradição social. Já o universalismo de certos movimentos busca adaptar-se à cultura moderna e canalizar as aspirações de indivíduos emancipados em relação às instituições, pela internalização das decisões na esfera da subjetividade individual. Não há experiência comunitária, mas o grupo assegura um sentido de pertença. No paroquialismo se dá uma Igreja monocultural, na medida em que se repete o mesmo modelo de configuração histórica em todos os contextos. No universalismo, cai-se no outro extremo, de uma Igreja transcultural, prescindindo da particularidade de cada contexto, priorizando o abstrato ao real, a essência à existência, enfim, a experiência de vida de comunidades de fé em suas circunstâncias concretas em vez dos conceitos e generalidades. Nos dois modelos, permanece inteiro o desafio de uma Igreja sinodal.

Paroquialismo e universalismo são dois fatores na contramão de uma "Igreja de Igrejas" e, dentro dela, uma comunidade de comunidades, toda ela ministerial, que tem na Eucaristia a expressão sacramental da comunhão.

6.1 A sinodalidade eclesial em torno à Igreja local

Para K. Rahner, a principal mudança do Vaticano II foi a superação de uma "Igreja universalista"[216] através do resgate da Igreja local, ou seja, da concepção da diocese como "porção" e não como "parte" do povo de Deus – "a Igreja Católica se faz presente na Igreja local" (*LG* 23)[217].

---

216. Citado em KASPER, W. *A Igreja Católica*: essência, realidade e missão. São Leopoldo: EST, 2012, p. 49.

217. Cf. LEGRAND, H. La réalisation de l'Église en un lieu. *In*: LAURET, B.; REFOULE, F. (org.). *Initiation à la pratique de la théologie*. Paris: Cerf, 1983, t. III, p. 143-345 – aqui, p. 300.

6.1.1 Duas concepções antagônicas de Igreja

A concepção de Igreja do segundo milênio, que partia da existência de uma suposta Igreja universal, que precede e acontece nas Igrejas locais, da qual o Papa é o representante e o garante, foi superada pela renovação do Vaticano II. Para o concílio, não existe Igreja nem anterior nem exterior às Igrejas locais[218]. A Igreja local é "porção" (que contém o todo), e não "parte" (parcela) da Igreja Católica. A Igreja é uma "Igreja de Igrejas". A Igreja una e única se realiza nas Igrejas locais (*in quibus*), em comunhão com as demais Igrejas (*ex quibus*). Em cada Igreja local está "a Igreja toda", ainda que não seja "toda a Igreja". Por um lado, em cada Igreja local está a Igreja inteira, dado que cada uma delas é depositária da totalidade do mistério de salvação, como são a Palavra de Deus e os sacramentos; por outro lado, a Igreja local não é "toda a Igreja", pois nenhuma delas esgota esse mistério. Em outras palavras, a Igreja "una" é "Igreja de Igrejas", conjugando autonomia e comunhão com as demais Igrejas, presidida na Igreja local pelo bispo diocesano e, na comunhão das Igrejas, pelo bispo da Igreja de Roma[219]. Para W. Kasper, a existência de uma suposta "Igreja universal", anterior e exterior às Igrejas locais, é uma ficção eclesiológica[220].

Com isso, se explicita o dever da solicitude do bispo de uma Igreja local pelas demais Igrejas e se situa o exercício do ministério episcopal no seio do Colégio Apostólico, e, por sua vez, o ministério petrino, que preside a comunhão das Igrejas, é um *primus inter pares*. Assim sendo, uma Igreja local que se fecha sobre si mesma deixa de ser Igreja. Um bispo que isola sua Igreja local das demais Igrejas e não tem solicitude pelas demais coloca-se fora dela. Da mesma forma, quando um bispo, enquanto membro do povo de Deus, coloca-se acima do povo e decide *por* ele, e não *com* ele, coloca-se fora da comunhão da Igreja. Ora, o concílio fez os bispos *membros* do povo de Deus em

---

218. ALMEIDA, A. J. de. Igrejas particulares na *Lumen Gentium*. *Vida Pastoral*, n. 236, p. 21-29, 2004.

219. Cf. DORTEL-CLAUDOT, M. *Églises locales, Églises universelle*. Op. cit.

220. KASPER, W. *A Igreja Católica*. Op. cit., p. 349.

suas Igrejas locais, não acima nem fora do povo, mas a seu serviço, com seu presbitério, assim como inseriu o papa no seio do Colégio Episcopal como um *primus inter pares*[221].

Como já sinalizamos, a sinodalidade na Igreja se dá não de modo vertical, mas sim horizontal. Em uma Igreja sinodal, a comunhão é a comum união entre todos os batizados na Igreja local e a comunhão desta com as demais Igrejas locais. Também a comunhão do bispo na Igreja acontece de maneira horizontal: o bispo está em comunhão com a Igreja, na medida em que está em comunhão com o povo de Deus em sua Igreja local e, desde aí, em comunhão com os bispos das demais Igrejas, que constituem o Colégio dos Bispos, presidido na unidade pelo bispo de Roma. Em uma Igreja sinodal, a colegialidade episcopal está inserida no seio da sinodalidade eclesial, no exercício do *sensus fidelium*, na Igreja local e entre elas, a partir da fé vivida em comunidades eclesiais concretas.

As reformas em curso na Igreja, levadas a cabo pelo Papa Francisco, nada mais são do que a implementação das diretrizes do Concílio Vaticano II, no âmbito das "estruturas de comunhão" da Igreja[222]. Como dissemos, no centro está a necessidade de um novo perfil do ministério petrino, que implica uma reconfiguração, além da Cúria Romana, do Sínodo dos Bispos e do Colégio Cardinalício, também das conferências episcopais. Com relação ao Colégio Cardinalício, pouco a pouco o Papa vai lhe dando um perfil menos eurocêntrico e mais universal e com o peso que precisam ter as Igrejas do Hemisfério Sul, onde radica a maioria dos católicos na atualidade. Ademais, o Papa Francisco tem desvinculado o cardinalato do ápice de uma carreira eclesiástica, nomeando cardeais não bispos, como também bispos auxiliares ou bispos não necessariamente de sedes que costumam ser ocupadas por cardeais.

---

221. LEGRAND, H. The ministry of the Pope: primacy and collegiality in Vatican II. *In*: FABRI DOS ANJOS, M. (org.). *Bispos para a esperança do mundo*: uma leitura crítica sobre caminhos de Igreja. São Paulo: Paulinas, 2000, p. 99-127.

222. Cf. PAPA FRANCISCO. *Constituição Apostólica Episcopalis communio*. Op. cit.

6.1.2 O modelo de Igreja do segundo milênio

Durante o primeiro milênio, predominou o modelo eclesiológico neotestamentário, que o Concílio Vaticano II resgatou – a universalidade ou catolicidade da Igreja acontecendo na Igreja local, com uma eclesiologia pluriforme e um pluralismo teológico. Já durante o segundo milênio, de forma diversa da Igreja do período patrístico, que é em geral urbana (pois a Igreja está fundada nas cidades romanas), no período medieval ela será predominantemente rural. No primeiro, a maior parte dela é oriental, com maior pujança no norte da África, na Ásia Menor e na Grécia. No segundo, será mais ocidental e, depois do cisma ortodoxo em 1054, quase que exclusivamente ocidental.

No segundo milênio, haverá a passagem de um cristianismo bem estruturado socialmente ao redor do bispo (Igreja local) para um cristianismo fragmentado em paróquias rurais distantes, organizado em torno ao presbítero. O bispo terá seu papel pastoral diminuído e sua função sociopolítica valorizada. Diante do descalabro da administração civil do moribundo Império Romano, sobretudo do que resta das cidades invadidas pelos bárbaros, o bispo assumirá a função de *defensor civitatis*, encarregado de responsabilidades temporais: exercício do poder judicial, colaboração na administração e na economia da região, um papel militar e aconselhamento dos príncipes. A identidade, antes eucarística e sacramental das comunidades eclesiais, agora dispersas nas periferias e na zona rural, vai se dar em torno ao presbítero, que, por sua vez, terá sua identidade associada à presidência da Eucaristia.

Com isso, o centro de unidade se desloca da diocese, ligada ao modelo político da cidade antiga, para a paróquia, associada ao feudo medieval, onde o presbítero terá que assumir a função que era do bispo na Igreja antiga. O bispo terá muito da figura do príncipe, e o presbítero, do senhor feudal. O bispo ficará restrito à gestão jurídico-prática de sua própria diocese, que praticamente passa a ser uma sucursal de Roma, e o bispo será um vigário do papa. A universalidade da Igreja irá confundir-se com a particularidade romana, que se expande e se impõe sobre as demais particularidades. Sobretudo depois da Reforma Protestante, para a Igreja da contrarreforma, "católico" será sinônimo de romano.

6.1.3 Consequências da reforma do Vaticano II para a eclesiologia

A concepção de Igreja do Vaticano II tem consequências desafiantes para a inter-relação Igrejas locais, conferências episcopais e o primado. Em primeiro lugar, significa o fim do centralismo romano e a exigência de reforma da Cúria Romana e do próprio ministério petrino, que Paulo VI tentou realizar; cujo desafio e cuja necessidade João Paulo II reafirmou em *Ut Unum Sint*; e que Francisco está empenhado em fazer, como frisou explicitamente desde a primeira hora de seu pontificado, na *Evangelii Gaudium*: "Dado que sou chamado a viver aquilo que peço aos outros, devo pensar também numa conversão do papado". E continua: "O Papa João Paulo II pediu que o ajudassem a encontrar 'uma forma de exercício do primado que, sem renunciar de modo algum ao que é essencial da sua missão, abra-se a uma situação nova'. Pouco temos avançado neste sentido. Também o papado e as estruturas centrais da Igreja universal precisam ouvir este apelo a uma conversão pastoral" (*EG* 32).

A aplicação da eclesiologia do Vaticano II passa também pela redefinição do papel do Sínodo dos Bispos e das conferências episcopais, que, além de terem mais autonomia, precisam exercer também um papel magisterial[223]. *Medellín*, expressando essa preocupação, diz que "a Segunda Conferência deseja que se confira às Conferências Episcopais faculdades mais amplas em matéria litúrgica, a fim de poder realizar melhor as adaptações necessárias" (*Med* 9,10)[224]. Sempre pareceu incômoda a forma de presença da Cúria Romana nas conferências gerais, como em *Puebla* e *Santo Domingo*, participante com 40 membros, com direito a voto, praticamente um terço do total dos membros votantes da assembleia, num continente com mais de mil bispos[225]. Do mesmo modo, vê-se também como desproporcional o

---

223. ANTÓN, A. *Conferencias episcopales: instancias intermedias?* Op. cit., p. 198.

224. Cf. SCATENA, S. A Conferência de Medellín. Op. cit., p. 71-82.

225. BRIGHENTI, A. Elementos para uma crítica histórica do Documento de Santo Domingo. Op. cit.; sobre a questão, cf. tb. BRIGHENTI, A. Conferências gerais e questões disputadas. Op. cit.; BRIGHENTI, A. A metodologia de trabalho da Conferência de Santo Domingo. Op. cit.

papel dos núncios apostólicos na nomeação dos bispos em relação às conferências nacionais, sem falar no poder de decisão de certos dicastérios romanos, na promulgação de textos elaborados pelas próprias conferências, sobretudo em matéria de liturgia e doutrina. O modo como tinham acontecido as visitas *ad limina* dos bispos à Cúria Romana expressava também o centralismo romano, nas quais certos dicastérios explicitamente se colocam como organismos supradiocesanos, intermediários entre as Igrejas locais e o papa, em lugar de organismos promotores da unidade das Igreja locais, entre si e com o primado. O próprio Celam nem sempre foi respeitado na função própria que tem de promotor da solicitude entre as Igrejas do continente. Certas conferências episcopais nacionais, depois de suas assembleias ordinárias, precisavam ir a Roma apresentar um informe da agenda tratada e das decisões tomadas.

Em segundo lugar, o resgate da totalidade da Igreja na particularidade das Igrejas locais implica a configuração da diocese como Igreja autóctone, com rosto próprio, inculturada em seu próprio contexto. O Papa Francisco tem dado passos na perspectiva de uma maior autonomia das Igrejas locais, particularmente em matéria de direito matrimonial e com relação à acolhida de casais em segunda união. A Igreja, quanto mais encarnada em cada cultura, tanto mais universal e católica é; e, ao inverso, quanto mais encarnada numa única cultura e se fazendo presente desse modo nas demais culturas, tanto menos católica e universal ela é. Entretanto, por conta da centralização da gestão na Igreja, pouco se tem avançado no campo da inculturação da fé, em especial da liturgia, assim como na configuração de novas estruturas e ministérios. O mesmo acontece na autonomia das Igrejas locais, em questões que bem poderiam ser de sua alçada, tal como tem feito ultimamente o Papa Francisco.

6.2 A questão de fundo: a teologia do ministério episcopal

Algo visível na Igreja, hoje, é o eclipse do *sensus fidei* ou do *sensus fidelium*, como também de uma opinião pública na Igreja, o que contradiz a eclesiologia normativa neotestamentária e da tradição da Igreja primitiva.

6.2.1 A cisão entre sinodalidade e colegialidade

O eclipse do *sensus fidelium* significa operar uma cisão entre sino-dalidade e colegialidade; em outras palavras, significa conceber o Colégio dos Bispos como um grupo de pessoas que tem um poder "sobre" as Igrejas locais, prescindindo da comunhão das Igrejas entre si[226].

Essa ruptura aconteceu pela passagem da ordenação episcopal de sacramental a sacramentalista, ou seja, quando ela se reduziu a uma transmissão por graça da *sacra potestas* entre aqueles que a dão e aquele que a recebe, sem que a assembleia da Igreja local exerça aí qualquer função, e também sem que haja de fato uma Igreja local. Com isso, enfraqueceu-se a ligação recíproca entre o bispo e a sua Igreja. O Código de Direito Canônico de 1917 irá abolir todo direito de participação por parte de uma Igreja na escolha do seu bispo (*"eos libere nominat Romanus Pontifex"*, can. 329,2). É como se o bispo se tornasse membro do colégio mais pela nomeação pelo papa do que por sua ordenação no seio de uma Igreja local, o que leva o colégio a exercer um poder "sobre" a Igreja, e não um poder "na" Igreja. O poder se torna mais importante do que a comunhão. Isso dá margem à nomeação de bispos sem Igreja local, o que é um contrassenso eclesiológico. É o caso dos chamados "bispos titulares", bispos sem Igreja, na prática legitimando um episcopado de dignidade funcional ou até pessoal[227].

O Código de Direito Canônico de 1983, apesar da nova eclesiologia do Vaticano II[228], continua distante da grande tradição eclesiológica, cujo conceito central em relação à colegialidade episcopal era a *communio ecclesiarum*. Continua-se concebendo o colégio como um grupo de pessoas que existe anteriormente à consideração da Igreja como *communio ecclesiarum* e, por assim dizer, é independente da comunhão delas. Em outras palavras, explicita-se o que são leigos e

---

226. Aqui, seguirei de perto a posição de H. Legrand em "The ministry of the Pope" (op. cit.).

227. Na última edição do *Annuario Pontificio*, pode-se verificar que 43% dos bispos da Igreja Católica não governam realmente uma diocese, enquanto somente 17% deles são eméritos.

228. Cf. PHILIPS, G. *L'Eglise et son mystère au IIe Concile du Vatican*. Op. cit.

clérigos, o papa, o Colégio dos Bispos, o Sínodo dos Bispos, os cardeais, a Cúria Romana e os núncios, antes de se ter estabelecido o que é uma Igreja local e o que é a comunhão das Igrejas[229].

Que isso se mantenha ainda no novo código deve-se, em grande medida, ao fato de o Vaticano II não ter explicitado suficientemente a articulação entre *collegium episcoporum* e *communio ecclesiarum*. A *Lumen Gentium*, no n. 22, diz como é que alguém se torna membro do colégio: "O novo membro do corpo episcopal é constituído em virtude da consagração sacramental e mediante a comunhão hierárquica com a cabeça e com os membros do respectivo colégio". Mas ela silencia sobre o fato de que o novo bispo deva ser designado para uma Igreja local e, por causa disso, passa a ser membro do colégio[230].

6.2.2 O primado da sinodalidade eclesial sobre a colegialidade episcopal

Apesar das evidências teológicas, historicamente, pouco a pouco se foi operando uma ruptura entre sinodalidade eclesial e colegialidade episcopal. De maneira concreta, ela aconteceu quando se perdeu o sentido sacramental da ordenação episcopal. A "ordenação" passou a ser "sagração" episcopal, ou seja, foi reduzida à transmissão, por graça, da *sacra potestas*, entre aqueles que a conferem e aquele que a recebe, sem que a assembleia da Igreja local exerça nesse ato qualquer função. Às vezes, nem mesmo existe Igreja local, dado que alguém é ordenado bispo não para presidir uma Igreja, mas para legitimar um episcopado de dignidade funcional ou até para conferir-lhe prestígio no exercício de alguma função burocrática[231].

---

229. Como se pode constatar no Código de 1983, o Livro II apresenta sucessivamente o estatuto dos fiéis leigos e clérigos (Parte I), a suprema autoridade da Igreja, o romano pontífice e o Colégio dos Bispos (Parte II, Seção I), depois as Igrejas particulares e os bispos (Parte II, Seção II).

230. Cf. LEGRAND, H. La réalisation de l'Église en un lieu. Op. cit., p. 300.

231. Na Igreja antiga, quando as comunidades eclesiais foram impedidas de elegerem seus bispos, elas protestaram e muitas delas não acolhiam seu bispo imposto, fazendo aparecer um grande número de "bispos vagos", sem Igreja, que passaram a provocar desordem, pois ficavam buscando colocação em alguma delas.

Retomamos: com isso, a união recíproca entre o bispo e a sua Igreja, simbolizada no anel episcopal, foi se enfraquecendo, ao ponto de o Código de Direito Canônico de 1917 abolir todo direito de participação da Igreja local na escolha do seu bispo (*"eos libere nominat Romanus Pontifex"* – can. 329,2). É como se o bispo se tornasse membro do colégio mais pela nomeação por parte do papa do que por sua ordenação no seio de uma Igreja local, o que dá margem ao colégio exercer um poder "sobre" a Igreja e não um poder "na" Igreja. Em outras palavras, o poder se torna mais importante do que a comunhão, perdendo-se, com isso, o primado da sinodalidade eclesial sobre a colegialidade episcopal – ou, o que é pior, passa a haver o primado da colegialidade episcopal sobre a sinodalidade eclesial.

Entretanto, dado que o *colegium episcoporum* se situa no seio da *communio ecclesiarum*, o primado é da sinodalidade eclesial sobre a colegialidade episcopal. Em outras palavras, a colegialidade episcopal radica no seio de uma Igreja essencialmente sinodal. A Igreja é *congregatio fidelium* em virtude do batismo, o que faz da Igreja um povo todo ele profético, sacerdotal e régio. Mas, sobretudo por ser o povo de Deus como um todo o depositário da Revelação, da qual ele é também constitutivo[232], o Magistério da Igreja, seja do papa, seja dos bispos, não está separado da sinodalidade eclesial[233]. Afirma a *Dei Verbum* que incumbe "ao povo cristão inteiro, unido a seus pastores", a missão de perpetuar fielmente a Revelação (*DV* 10)[234]. A consequência é que todo fiel cristão, incorporado à comunidade eclesial em virtude do batismo, torna-se solidariamente responsável, com os demais batizados, por toda a Igreja (*LG* 12,17). Se assim não fosse, a Igreja não seria uma Igreja de Igrejas, mas uma mera casta de bispos.

---

232. Cf. *Dei Verbum*, 7.

233. CONGAR, Y. *Vraie et fausse réforme dans l'Église*. Paris: Cerf, 1968, p. 242.

234. Cf. ANTÓN, A. La comunidad creyente, portadora de la revelación. *In*: ACHÖKEL, A. *et al.* (org.). *Comentarios a la constitución Dei Verbum sobre la divina revelación*. Madrid: La Editorial Católica, 1969, p. 311-364 – aqui, p. 332-333.

6.3 Autonomia das Igrejas locais e desconcentração do poder na Igreja

Uma das questões de fundo presente na argumentação que limita a autonomia das Igrejas locais é uma concepção tal de universalidade da fé cristã que volatiliza as particularidades das Igrejas locais[235]. Na verdade, está-se negando a autenticidade de uma eclesialidade pluriforme ou a legitimidade de uma Igreja conformada por Igrejas autóctones. A consolidação de Igrejas autóctones segundo a eclesiologia do Vaticano II desafia uma "sã descentralização" (Papa Francisco) na Igreja ou, mais do que isso, uma desconcentração do poder em relação ao primado romano, que persiste na Igreja, mesmo com a reforma da Cúria Romana, operada pela Constituição *Praedicate Evangelium*. Isso implica, por um lado, promover a comunhão das Igrejas em um determinado país ou região, para além de uma mera assembleia de bispos, e, por outro, impulsionar processos de inculturação da fé e da Igreja, de tal modo que redunde em uma Igreja com rosto próprio, no seio da sinfonia de Igrejas autóctones, encarnadas em diferentes contextos.

6.3.1 Igreja de Igrejas e sinodalidade eclesial

Historicamente, o eclipse dos concílios particulares no primeiro milênio está em estreita relação com o crescimento e o fortalecimento do centralismo romano. Com relação às conferências episcopais, sejam elas nacionais ou continentais, em analogia aos concílios particulares, o resultado no longo prazo não será diferente. A questão de fundo é eclesiológica. Já fizemos referência à eclesiologia pré-conciliar e à eclesiologia do Vaticano II, particularmente em relação à Igreja local e ao primado romano. Há um abismo entre ambas, tanto que para K. Rahner, como já dissemos, nisso está a principal mudança operada pelo Concílio Vaticano II[236].

---

235. Cf. LEGRAND, H. La réalisation de l'Église en un lieu. Op. cit., p. 143-345.
236. Cf. RAHNER, K. Sobre el episcopado. *Escritos de Teología*, n. VI, p. 359-412, 1969.

Historicamente, durante o primeiro milênio, predominou o modelo eclesiológico neotestamentário – a universalidade da Igreja acontecendo na Igreja local, em uma eclesialidade pluriforme. Entretanto, em particular durante o segundo milênio, pouco a pouco se dará o giro para uma eclesiologia universalista ou universalizante. O centro de unidade na fé se desloca da diocese para a Igreja de Roma. A universalidade da Igreja irá confundir-se com a particularidade romana, que se expande e se impõe sobre as demais particularidades.

Ora, para o Vaticano II, a catolicidade não é uma uniformidade generalizada que se impõe sobre as particularidades, absorvendo-as e aniquilando-as. A universalidade da Igreja se deve não a uma única forma de ser, mas à mesma fé, à sua fonte trinitária e ao dom da salvação que Deus oferece a todo o gênero humano, presentes em cada Igreja local. Segundo os Atos dos Apóstolos, a unidade consiste em "ter o mesmo" em comum (At 2,42ss), ainda que de forma diferente, segundo os diversos contextos. Nessa perspectiva, a Igreja, como já dissemos, quanto mais inculturada ou mais encarnada em cada cultura, tanto mais é universal e católica. E inversamente, quanto mais encarnada numa única cultura e presente desse modo nas demais culturas, tanto menos católica e universal.

Ainda hoje inseridos em uma estrutura eclesial centralizadora, a implementação de uma Igreja sinodal em relação à comunhão entre as Igrejas locais esbarra na inadequação da conferência episcopal. Ela serve para fazer acontecer a colegialidade episcopal, mas não a sinodalidade eclesial. O organismo eclesial que agrupe Igrejas locais de uma determinada região, seja em âmbito nacional ou continental, precisa ser composto por representantes de todos os segmentos do povo de Deus. Hoje, a conferência episcopal acaba sendo um mero *corpus episcoporum*, por um lado professando reiteradamente sua comunhão com o papa e, por outro, subsidiando uma suposta autonomia do bispo em sua diocese. Assim, contribui tanto com um universalismo generalizante quanto com diocesanismos estreitos, em que o bispo se crê quase um papa em sua diocese[237].

---

237. Cf. ANTÓN, A. *Conferencias episcopales: instancias intermedias?* Op. cit.; MULLER, H. La conferencia episcopal y el obispo diocesano. *In*: LEGRAND, H.; MANZANARES, J.; GARCÍA Y GARCÍA, A. (ed.). *Naturaleza y futuro de las conferencias episcopales*. Sígueme: Salamanca 1988, p. 153-154.

Com relação à sinodalidade no âmbito de cada Igreja local, um grande desafio e imperativo é situar o bispo no seio do povo de Deus. Em uma Igreja sinodal, o bispo precisa estar estreitamente unido ao povo de Deus em sua diocese, como membro da Igreja, ainda que a presida em sua diocese. E quando faz presença no seio de um organismo promotor da sinodalidade entre Igrejas locais, precisa fazê-lo com outros membros do povo de Deus, para que o discernimento e a tomada de decisões sejam expressão do *sensus fidelium* das Igrejas congregadas. A conferência episcopal não pode ser o organismo de expressão da comunhão das igrejas locais. Como dissemos, ela faz acontecer a colegialidade episcopal, mas não a sinodalidade eclesial. No capítulo seguinte, trataremos do imperativo da sinodalização das conferências episcopais, condição para o exercício do *sensus fidelium* ou de uma Igreja sinodal. As conferências episcopais podem continuar existindo em uma Igreja sinodal, como também conferências de religiosos, de presbíteros e do laicato, mas não com a prerrogativa de discernir e decidir para todas as Igrejas locais. Urge, portanto, uma melhor articulação das Igrejas locais, seja em âmbito nacional, continental e também universal, através de um organismo eclesial e não meramente episcopal. Não por nada, o Papa Francisco, na Constituição *Episcopalis communio*, faz a passagem do Sínodo dos Bispos ao Sínodo da Igreja, com a inclusão em sua assembleia de representantes de todos os segmentos do povo de Deus, com voz e voto. No Brasil, belas iniciativas em âmbito nacional e regional, como a Assembleia do Povo de Deus, não podem ter um papel decorativo nos processos de tomada das decisões que concirnam a todos. Religiosos, leigos, presbíteros, diáconos, teólogos não podem ser tratados com desconfiança ou medo nem, sobretudo, ser excluídos dos processos de discernimento e tomada de decisões concernentes a todos.

Por sua vez, para uma Igreja sinodal, a promoção de uma Igreja de Igrejas não se restringe ao âmbito nacional, às fronteiras de uma nação. Em âmbito continental, como já vimos no capítulo 3, a Igreja na América Latina e no Caribe tem uma longa trajetória[238]. Desde a

---

238. Cf. BRIGHENTI, A. Do Concílio Plenário Latino-americano à primeira assembleia eclesial. Op. cit.

década de 1950, conta com o Celam, que esteve à frente da realização de cinco conferências gerais do episcopado até o momento presente. Inegavelmente, são iniciativas que contribuíram não só com a colegialidade episcopal. Por terem tido sempre um grande envolvimento do povo de Deus em seu processo de preparação e, sobretudo, em sua recepção, contribuíram também para o dinamismo da evangelização e a unidade da fé no continente, inclusive favorecendo uma maior integração de nossos povos, dado que uma Igreja sinodal não existe para promover comunhão só entre os católicos, mas destes com toda a humanidade. Entretanto, hoje, a preocupação com a integração latino-americana está muito mais na pauta dos governos de corte popular do que na agenda das conferências episcopais. É mais um dos *déficits* eclesiológicos das conferências episcopais em tempos de uma involução eclesial, ainda não estancada.

Fato importante na perspectiva de uma sinodalização das conferências episcopais e de uma comunhão mais efetiva das Igrejas locais do continente foi a realização da I Assembleia Eclesial da América Latina e do Caribe[239]. Seu significado desafia uma sinodalização das conferências episcopais, que podem espelhar-se também na Ceama, integrada por representantes de todo o povo de Deus, com a tarefa de congregar e impulsionar a comunhão e a participação das 105 Igrejas locais da região, que abrange nove países. Trataremos disso no capítulo seguinte[240].

6.3.2 Igreja de Igrejas e Igrejas autóctones

Na articulação de uma Igreja de Igrejas, organismos eclesiais e não meramente episcopais são mais aptos para a inculturação da fé nos diferentes contextos, seja em âmbito regional e nacional ou continental. A I Assembleia Eclesial da América Latina e do Caribe é uma experiência significativa. Na Igreja antiga, ademais da organização

---

239. Cf. BRIGHENTI, A. Primera Asamblea Eclesial de la Iglesia en América Latina. Op. cit.; BRIGHENTI, A. El alcance pastoral de la primera Asamblea Eclesial. Op. cit.

240. Cf. BRIGHENTI, A. Il sinodo per l'Amazzonia. Op. cit.

das Igrejas no seio de contextos particulares, também houve a preocupação com uma presença mais encarnada da Igreja nos contextos regionais, como fizeram os patriarcados de Jerusalém, Antioquia, Alexandria, Constantinopla e Roma, a denominada pentarquia, que durou até o cisma ortodoxo, em 1054.

Na Igreja da América Latina e do Caribe, os melhores frutos na perspectiva de uma inculturação da fé foram produzidos no âmbito continental, embora a preocupação por uma Igreja com rosto próprio tenha demorado muito a sensibilizar os bispos da região. No subcontinente, em um primeiro momento, a fé cristã chegou sob o regime do padroado, dentro dos parâmetros do modelo pré-tridentino da Península Ibérica. Depois, com a independência das colônias, foi implantado o catolicismo tridentino ou romanizado. Em ambos os casos, tratava-se de uma *Igreja-reflexo*[241], primeiro da Igreja do colonizador, depois da particularidade romana, uma Igreja monocultural, exógena às culturas locais. Houve vozes e práticas evangelizadoras que buscavam recuperar a eclesiologia do primeiro milênio, mas foram periféricas e colocadas sob suspeita.

A primeira iniciativa de um despertar para a legitimidade e a urgência de Igrejas pluriculturais, com rosto próprio, surgiu 400 anos depois da primeira evangelização. Como já vimos, em 1899 o Papa Leão XIII convocou o primeiro e único Concílio Plenário da América Latina, para celebrar os 400 anos de evangelização do continente. Um dos frutos dele foi a decretação, por parte do papa, da criação de conferências episcopais nacionais em todos os países. Mas a acolhida foi nula.

Outro passo da Igreja no continente na configuração de um rosto próprio deu-se no final da Segunda Guerra. Setores da Igreja na América Latina sentiram a necessidade de uma ação da Igreja no continente mais coordenada e de conjunto, que iria desembocar na I Conferência Geral do Episcopado da América Latina e do Caribe, realizada no Rio de Janeiro, em 1955. O fruto mais importante dela foi a criação do Celam.

---

241. Cf. LIMA VAZ, H. C. de. Igreja-reflexo vs Igreja-fonte. Op. cit.

A Igreja na América Latina iria dar um passo importante na perspectiva de uma Igreja com rosto próprio, de fato, com a realização da II Conferência Geral de Medellín, em 1968, que se propôs a fazer uma "recepção criativa" do Concílio Vaticano II. Em torno a Medellín, começa um gradativo processo de edificação de uma Igreja com rosto próprio, plasmado na profética e audaz opção pelo pobres, num continente e num mundo onde a brecha entre ricos e pobres não cessa de crescer; numa evangelização libertadora, resposta a perguntas reais, aterrissando a escatologia na história; na simultaneidade da conversão pessoal e das estruturas como condição à eficácia do amor, num mundo marcado pela injustiça estrutural; num novo modelo de Igreja – pobre e em pequenas comunidades – como sinal e instrumento do Reino de Deus no coração da história; na necessidade de uma reflexão teológica articulada com as práticas, em especial dos mais pobres, como forma de encarnação da mensagem revelada numa realidade marcada pela injustiça e pela opressão etc.[242].

Entretanto, com o final do pontificado de Paulo VI (1978), tem início um processo, ainda em curso, de involução em relação ao concílio, com forte repercussão sobretudo sobre a América Latina. Como já dissemos, a Conferência de *Puebla* (1979) seria um freio à renovação de *Medellín*, e *Santo Domingo*, praticamente o estancamento da denominada tradição latino-americana. *Aparecida* foi uma grata surpresa, pois reafirma a renovação do Vaticano II e resgata *Medellín*, embora sua recepção, como também a recepção do magistério do Papa Francisco, esteja sendo comprometida pela contraposição de movimentos conservadores e restauracionistas de um passado sem retorno.

As conferências episcopais nacionais, com raras exceções, pouco têm se empenhado em promover a inculturação da fé, Igrejas com rosto próprio, tanto que permanece inteira tarefa da inculturação da liturgia nas ricas tradições culturais de nossos povos, hoje eclipsada pela "volta ao fundamento", da tradição tridentina. A configuração institucional, a forma de organização pastoral, o perfil de bispo, presbítero e leigo para

---

242. Cf. BRIGHENTI, A. A Igreja na América Latina e a "recepção criativa" do Concílio Vaticano II. Op. cit.; Cf. BRIGHENTI, A. Una Iglesia consecuente con los signos de los tiempos. Op. cit.

os tempos de hoje, assim como uma reflexão teológica contextualizada, capaz de retroalimentar os processos pastorais das comunidades eclesiais inseridas em um contexto marcado pela injustiça etc., são alguns dos desafios de uma tarefa pendente, na qual conferências eclesiais, mais do que conferências episcopais, poderiam jogar um papel decisivo.

6.4 Em uma Igreja de Igrejas, para uma Igreja sinodal, redes de pequenas comunidades

Para uma Igreja de Igrejas, no interior da Igreja local, para que haja realmente uma Igreja comunhão, sinodal, é preciso uma Igreja rede de pequenas comunidades. Afirma a *Lumen Gentium* que a Igreja é comunidade congregada daqueles que, crendo, voltam seu olhar a Jesus, autor da salvação e princípio da unidade e da paz, a fim de que ela seja para todos e para cada um o sacramento visível dessa salvadora unidade (*LG* 9).

A "volta às fontes" bíblicas e patrísticas proposta pelo Vaticano II, uma das mudanças marcantes do Concílio e sinal de descontinuidade com a situação de então, foi o resgate de uma Igreja comunhão, com a consequente superação de uma "Igreja massa". Com a nova autocompreensão da Igreja como "povo de Deus", deu-se a passagem, pelo menos na eclesiologia, do binômio "clero-leigos" para o binômio "comunidade-ministérios", com o surgimento da "pastoral orgânica e de conjunto" e a criação dos secretariados diocesanos de pastoral, conselhos e assembleias, equipes de coordenação dos diferentes serviços e níveis da Igreja – enfim, dos planos de pastoral, fruto de processos participativos. Foram passos importantes na perspectiva de uma Igreja sinodal.

Na América Latina, a recepção da concepção da Igreja como "povo de Deus" foi mais longe. Pergunta-se: como ser Igreja povo, inserida no mundo, e Igreja comunidade, sem ser Igreja de "pequenas comunidades", inseridas profeticamente na sociedade, na perspectiva da opção preferencial pelos pobres? A resposta da Conferência de *Medellín* (1968), superando a paróquia tradicional[243], foi a proposi-

---

243. BRIGHENTI, A. Paróquia. *In*: PASSOS, J. D.; LOPES SANCHEZ, W. *Dicionário do Vaticano II*. Op. cit., p. 712-716.

ção da organização da Igreja em "comunidades eclesiais de base" (as CEBs), reconhecidas como "focos de evangelização e célula inicial da estruturação eclesial" (*Med* 6,1). É a Igreja compreendida e vivida como eclesiogênese[244].

Hoje, tendo passado mais de meio século da renovação conciliar, alguns segmentos da Igreja, na contramão do modelo eclesial neotestamentário e da renovação conciliar no campo da eclesiologia, têm ressuscitado a velha Igreja barroca: uma Igreja massa, visibilidade, prestígio e poder. Em lugar de multiplicar o número das pequenas comunidades, em muitos lugares se prefere aumentar o tamanho dos templos. Em contrapartida, *Aparecida* voltou a insistir no imperativo de uma paróquia "comunidade de comunidades", a exemplo das CEBs, como condição para uma Igreja sinodal e sacramento de um Reino de fraternidade, justiça e paz.

6.4.1 Da Igreja da casas (**domus ecclesiae**) às paróquias massivas

Os primeiros cristãos haviam entendido muito bem que a fé cristã é "eclesial", isto é, a vivência em comunidade da vida e da obra de Jesus, que é o Reino de Deus. Quem aderia a Jesus e à Boa Nova se juntava com os companheiros de fé, conformando pequenas comunidades, que se reuniam nas casas – a *domus ecclesiae*; a "Igreja doméstica". Na realidade, os primeiros cristãos viviam a fé em pequenas comunidades não porque eram poucos. Inclusive, quando o número de pessoas da comunidade crescia, em lugar de aumentar o tamanho da casa, repartiam a grande comunidade, criando outras pequenas comunidades. No fim da era apostólica, só em Roma, havia mais de 40 dessas Igrejas pequena comunidade.

Como atestam os Atos dos Apóstolos, as pequenas comunidades permitiam aos cristãos serem assíduos na oração e na partilha, tendo tudo em comum (At 2,42). Não que as primeiras comunidades não tivessem defeitos e problemas, mas foi por causa desse modelo

---

244. Cf. BOFF, L. *Eclesiogênese*: a reinvenção da igreja. São Paulo: Record, 2008.

de Igreja que, naquele tempo, tivemos um cristianismo da mais alta qualidade, historicamente, presente de maneira análoga nas CEBs. A prática da caridade por parte dessas pequenas comunidades causava admiração até ao imperador. As escolas de catecumenato geravam cristãos convertidos, com espírito de pertença e profetismo. E o sangue dos mártires era semente de novos cristãos (Tertuliano).

Com a anexação do cristianismo à sorte do Império Romano e as "conversões" em massa, rapidamente, ainda no século V, quase isso se perdeu. As pequenas comunidades incharam com a introdução na Igreja de cristãos não convertidos. Da Igreja nas casas, passa-se para as paróquias, grandes templos, nos quais a assembleia dos irmãos vira massa anônima. Os fiéis, antes membros ativos de comunidades, passam a ser clientes, que só vêm à Igreja para receber os sacramentos. A maioria dos ministérios, inclusive o diaconato, desaparece. A Igreja passa a ser os bispos e os padres, que comandam a massa dos cristãos. Com isso, a vida cristã tende a se restringir ao espaço intraeclesial, a atos de culto. É a denominada por *Medellín* "pastoral de conservação" (*Med* 6,1), que reinará do início da Idade Média até à renovação do Vaticano II.

6.4.2 Da paróquia massiva a uma Igreja rede de pequenas comunidades

Para uma Igreja comunidade, o Vaticano II propôs renovar a paróquia: "O múnus de Pastor não se reduz ao cuidado individual dos fiéis, mas abarca como tarefa própria a formação de uma autêntica comunidade cristã" (*PO* 6d). Tal como fizemos referência antes, a Igreja na América Latina foi mais ousada. Ela assumiu o desafio de reconfigurar a paróquia a partir das CEBs (*Med* 15,10). Uma comunidade eclesial, para ser realmente comunidade, precisa ter tamanho humano, condição para a ministerialidade e a corresponsabilidade de todos.

Para *Medellín*, não é a paróquia a unidade eclesial mais básica, mas as CEBs, denominadas a "célula inicial da estruturação eclesial" (*Med* 15,10). Para *Aparecida*, as CEBs: são "fonte e semente de variados serviços e ministérios, a favor da vida, na sociedade e na Igreja" (*DAp* 179); descentralizam e articulam as "grandes comunidades" impessoais ou massivas em ambientes simples e vitais, tornando-se espaço promotor de resgate da identidade, dignidade e autoestima; abrem espaço aos excluídos – os pobres –, sejam eles marginalizados por razões econômicas, étnicas, etárias, de gênero ou culturais; unem fé e vida, colando a religiosidade à materialidade da vida, consciente de que Deus quer a vida a partir do corpo; enfim, as CEBs fazem dos leigos protagonistas da evangelização, tal como preconizou *Santo Domingo*.

6.4.3 Renovar ou reconfigurar a paróquia?

Como se pode perceber, o desafio para uma Igreja "comunidade de pequenas comunidades" é muito maior do que simplesmente "renovar a paróquia"[245]. Renovar a paróquia poderia significar, a partir dela, criar "grupos" na matriz e nas capelas, sem que se chegue a configurar uma Igreja rede de pequenas comunidades. Grupos e movimentos não são comunidade, são grupos. Podem e até precisam existir, mas desde que seus membros estejam dentro da comunidade eclesial ou, mais concretamente, no seio de pequenas comunidades em rede.

Na realidade, o verdadeiro desafio consiste em "reconfigurar" a paróquia, no sentido de repensá-la a partir das CEBs ou das pequenas comunidades, inseridas profeticamente no seio da sociedade. A questão de fundo não é da ordem da organização apenas, mas é também eclesiológica. A paróquia, fruto do resultado de um processo na perspectiva de sua "reconfiguração", até pode continuar sendo chamada de "paróquia", mas terá outro rosto, totalmente distinto, será uma outra figura da Igreja no seio da Igreja local, fruto do resgate do modelo normativo neotestamentário da *domus ecclesiae*.

Numa sociedade fundada no "triunfo do indivíduo solitário", reconfigurar a paróquia em comunidade de pequenas comunidades não é uma tarefa fácil. O Papa Francisco, em *Evangelii Gaudium*, fala de uma "crise do compromisso comunitário" (*EG* Cap. II). Vida em comunidade, na atualidade, é algo contracultural, que encontra resistência, quase generalizada, também na Igreja. Entretanto, o cristianismo é portador de uma diferença, que precisa fazer diferença. Isso implica fidelidade, e não simplesmente se pautar pela facilidade.

---

245. Cf. BRIGHENTI, A. Paróquia. Op. cit.

7
A ASCENSÃO E O OCASO DA CONFERÊNCIA EPISCOPAL **COMO ORGANISMO SINODAL**

Na abordagem da sinodalidade, entre as realidades obrigatoriamente a serem revisitadas, estão as conferências episcopais, sejam elas nacionais, sejam continentais. Como costuma acontecer na Igreja com quase todas as inovadoras iniciativas, também elas começaram a existir um século antes de sua instituição e sua regulamentação formal por Pio X. Historicamente, na Igreja, as práticas têm se antecipado, em muito, à teoria.

As conferências episcopais nacionais, expressão do exercício da colegialidade episcopal, são um sujeito eclesial relativamente recente, até porque os Estados nacionais só nasceram na esteira dos ideais democráticos, consolidados pela Revolução Francesa, de 1789. Nascidas da livre iniciativa dos bispos em seus países para fazer frente aos desafios pastorais decorrentes da ereção das novas circunscrições civis, em pouco tempo as conferências episcopais nacionais ganharam proporção e importância, contribuindo para a dinamicidade e a organicidade da ação pastoral em âmbito nacional, bem como para a configuração de uma Igreja com rosto próprio.

Entretanto, no contexto do processo de involução eclesial frente à renovação do Concílio Vaticano II, as conferências episcopais nacionais tiveram seu estatuto teológico questionado, buscando atribuir-lhes um papel meramente pragmático e funcional[246]. Frente a isso, teólogos da

---

246. RATZINGER, J.; MESKORI, V. *Informe sobre la fe*. Madrid: Herder, 1985, p. 68.

envergadura de Y. Congar, K. Rahner, A. Antón e H. Legrand, atores e reconhecidos intérpretes do Concílio Vaticano II, reagiram e nos legaram uma fundamentação teológica das conferências[247], ancorada na tradição da Igreja, especialmente no período patrístico. Mas, apesar das evidências do ponto de vista eclesiológico e da tradição, nada impediu uma nova regulação jurídica das conferências episcopais e a exigência de uma reforma de seus estatutos dentro de determinados parâmetros, que ficaram longe de uma Igreja sinodal.

Uma das consequências da negação do estatuto teológico das conferências episcopais nacionais foi a ocasião para certos bispos diocesanos encontrarem um álibi para reforçar seu fechamento na Igreja local, seja em relação à conferência nacional, seja no governo da diocese frente ao povo de Deus, do qual eles também são membros. Usa-se a afirmação do Vaticano II da catolicidade da Igreja em cada Igreja local, para centralizar o governo na pessoa do bispo. A afirmação do Vaticano II de que não existe Igreja nem anterior nem exterior às Igrejas locais e de que a catolicidade está presente em cada Igreja local, nesses segmentos, é usada para legitimar certa "episcopalização" da Igreja local. Ou seja, por um lado, o bispo busca governar sua diocese sem a participação do povo de Deus e, às vezes, sem a participação de seu presbitério; por outro, prescinde-se de iniciativas e de diretrizes de ação, emanadas em âmbito supradiocesano, como as conferências episcopais.

Uma abordagem teológico-pastoral das conferências episcopais nacionais, na perspectiva da eclesiologia do Concílio Vaticano II, implica situá-las no âmbito da colegialidade episcopal e confrontá-la com a sinodalidade eclesial. Elas fazem acontecer a colegialidade episco-

---

247. Cf. ANTÓN, A. *Conferencias episcopales: instancias intermedias?* Op. cit.; ANTÓN, A. El estatuto teológico de las conferencias episcopales. *In*: LEGRAND, H.; MANZANARES, J.; GARCÍA Y GARCÍA, A. (ed.). *Naturaleza y futuro de las conferencias episcopales*. Op. cit., p. 233-268; LEGRAND, H.; MANZANARES, J.; GARCÍA Y GARCÍA, A. *Le Conférences episcopales*: theologie, statut canonique, avenir. Paris: Cerf, 1988; CONGAR, Y. *Collège, Primauté... Conférences episcopales*: quelques notes. *Esprit et Vie*, n. 96, p. 385-390, 1986; CONGAR, Y. Autonomie et pouvoir centrale dans l'Église vu par la théologie catholique. *Kanon*, n. 4, p. 130-144, 1980; RAHNER, K. Sobre el concepto de « ius divinum » en su comprensión católica. *Escritos de Teología*, n. V, p. 247-274, 1964.

pal, mas não a sinodalidade eclesial, quando são a instância de decisão relativa à vida de todo o povo de Deus. As conferências surgem com a ereção dos Estados nacionais, em analogia com os concílios regionais na Igreja antiga, e hoje, com o imperativo da sinodalidade, elas estão desafiadas a se sinodalizar, abdicando de seu caráter exclusivamente episcopal e configurando-se como conferência eclesial, expressão do exercício do *sensus fidelium*.

7.1 Sinodalidade e colegialidade no itinerário da Igreja

Diante do imperativo de uma Igreja sinodal, as conferências episcopais – como organismo de discernimento e tomada de decisão sobre o que diz respeito a todo o povo de Deus –, ou se sinodalizam, ou perdem sua função. A colegialidade episcopal não pode configurar-se à margem da sinodalidade eclesial[248]. Entretanto, dado que o Vaticano II, na definição do *collegium episcoporum*, não tenha feito uma consideração explícita sobre a *communio ecclesiarum*, há margem a pensar que a colegialidade possa prescindir da sinodalidade[249]. Ora, a Igreja é essencialmente sinodal, o que não significa que ela esteja em sínodo permanente. Mas os concílios são realizações ou atos concretos do ser sinodal da Igreja, ao qual está vinculado o Colégio dos Bispos[250]. É sob essa perspectiva que se deve enfocar a natureza das conferências episcopais nacionais ou continentais. Como a Igreja é essencialmente sinodal, o colégio precisa expressar e exercer a solicitude por todas as Igrejas, através de organismos que assegurem o exercício da colegialidade episcopal, no seio da sinodalidade eclesial. Ontem, foram os concílios particulares; hoje, são as conferências episcopais nacionais ou continentais, como no caso da América Latina e do Caribe.

---

248. Cf. LYONNET, S. A colegialidade episcopal e seus fundamentos escriturísticos. *In*: BARAÚNA, G. (org.). *A Igreja do Vaticano II*. Petrópolis: Vozes, 1965, p. 821-838.

249. Essa cisão é produzida quando o colégio é concebido como um grupo de pessoas que tem o poder sobre a Igreja universal, prescindindo da comunhão das Igrejas entre si.

250. ANTÓN, A. *Conferencias episcopales: instancias intermedias?* Op. cit., p. 273.

7.1.1 O ser sinodal da Igreja

Conciliariedade, sinodalidade, catolicidade e colegialidade são modos do ser da Igreja, que remetem ao próprio sentido do termo "igreja" (Εκκλησία, "assembleia"). Sabemos que o termo *assembleia*/Εκκλησία não só não é uma designação de Jesus, como nem mesmo o é de seus discípulos. É uma atribuição de Paulo às comunidades cristãs nascentes, tomada do vocábulo que a democracia grega empregava para expressar o modo de discernir e decidir – em *ekklesía* (assembleia). Paulo tinha consciência da radical novidade do cristianismo, a proposta de um modo de vida fraterno e solidário, visibilizado em pequenas comunidades de irmãos de fé, sacramento para toda a humanidade. Uma democracia inclusive mais abrangente do que a democracia grega, da qual não participavam os escravos e as mulheres, por exemplo. No seio da *ekklesía* de Jesus, não há judeu nem grego, nem escravo ou livre, pois todos são filhos de Deus e irmãos[251].

7.1.2 Colegialidade e sinodalidade

Foi no seio dessa sinodalidade que a Igreja viu nascer o exercício da colegialidade dos bispos, para superar os obstáculos que foram se apresentando em seu caminhar. Tudo diz respeito a todos, mesmo que a Igreja seja uma comunidade organizada, com diferentes ministérios. Não há assuntos "reservados aos bispos", ainda que estes tenham seu lugar específico e reuniões próprias. Ao contrário, a comunidade eclesial tem um papel decisivo inclusive na eleição de seus bispos ou presbíteros. Sinodalidade e colegialidade estão intimamente imbricadas, tanto que esses mesmos ministérios, de presidência, não nasceram como ministérios monárquicos. Prova disso é que a designação desse ministério no seio de uma comunidade eclesial aparece sempre em plural – bispos/presbíteros (επίσκοπος, πρεσβυτερος) conscientes de que a apostolicidade da Igreja se remete ao "colégio" apostólico, do qual eles são sucessores. É interessante notar que o termo "leigo" vai justamente aparecer na Igreja no século III, quando a comunidade

---

251. COMBLIN, J. A Igreja e os carismas segundo São Paulo. *In*: Movimento Também Somos Igreja. Santiago: 2009, p. 2-3.

eclesial passou a ter não uma classe de cristãos (os batizados), mas duas: os clérigos e aqueles que não são clérigos – os leigos[252].

A sinodalidade e a colegialidade episcopal têm como expressão mais genuína na Igreja nascente[253] o denominado "concílio de Jerusalém", reunido para dirimir o conflito deflagrado em Antioquia, entre os cristãos oriundos do judaísmo mais conservador e os pagãos que aderiam à fé cristã. Aí não há oposição, dicotomia ou separação dos apóstolos com os demais membros das diferentes comunidades eclesiais, ainda que estes tenham seu lugar e papel específico. Eles falam e decidem no Espírito como pessoas que presidem comunidades e delas são seus porta-vozes. Como muito bem resgatou o Concílio Vaticano II, o sujeito da Igreja é todo o povo de Deus, pois ele, como um todo, é o sujeito da Revelação. A mensagem de salvação e a missão evangelizadora não é algo que recai sobre o povo de Deus ou sobre uma Igreja já constituída em si mesma e que, num segundo momento, torna-se evangelizadora. A Revelação e a evangelização são realidades intrínsecas e constitutivas da própria Igreja, de modo que a colegialidade e a decorrente função magisterial não pode estar fora desse contexto[254]. Expressão da sinodalidade da Igreja é o *sensus fidei* ou o *sensus fidelium*, de onde decorre a legitimidade de uma "opinião pública" na Igreja, reconhecida inclusive pelo direito canônico[255].

7.2 A analogia entre concílios provinciais e conferências episcopais

O exercício da colegialidade dos bispos, através do novo *coetus episcoporum* que são conferências episcopais nacionais, está estreitamente unido à sinodalidade da Igreja, tal como atesta seu itinerário histórico. Para K. Rahner, os concílios particulares, sejam eles provinciais, regionais ou plenários, que foram se realizando espontaneamente na história em ordem à solicitude pastoral das Igrejas, constituem

---

252. Cf. CONGAR, Y. *Jalons pour une théologie du laïcat*. Op. cit., p. 390s.

253. Cf. DI BERARDINO, A. Percursos de koinonia nos primeiros séculos cristãos. *Concilium*, n. 291, p. 46-61, 2001.

254. ANTÓN, A. *Conferencias episcopales: instancias intermedias?* Op. cit., p. 388-389.

255. GUTIERREZ, J. L. El principio de subsidiariedad y la igualdad radical de los fieles. *IusCan*, n. 11, p. 437-443, 1971.

a pré-história das futuras conferências episcopais ou seu fundamento remoto[256]. Em outras palavras, há uma analogia entre aqueles concílios e o surgimento desse novo *conventus episcoporum* denominado conferências episcopais nacionais.

7.2.1 O surgimento dos concílios provinciais e regionais

Os concílios provinciais e regionais foram os primeiros organismos colegiais que surgiram de forma espontânea entre bispos e suas Igrejas, na primeira metade do século IV. Antes disso, as Igrejas se ajudavam mutuamente, através das denominadas "cartas apostólicas", uma literatura de edificação mútua. São conhecidas e chegaram até nós, por exemplo, as cartas de Clemente de Roma à Igreja de Corinto ou as sete cartas de Inácio de Antioquia a sete Igrejas de então. Dadas as necessidades prementes e a comprovada eficácia dessas assembleias, os concílios se difundiram rápido, antes mesmo do I Concílio Ecumênico de Niceia, em 325, bem como do reconhecimento do primado universal de jurisdição do bispo de Roma. Desse período, chegaram até nós, por exemplo, as atas dos concílios de Elvira (em torno do ano 300), Ancira (310-314), Neocesareia (antes de 325) e Arles (314).

No I Concílio Ecumênico de Niceia (325), reconheceu-se a importância dos concílios particulares ou provinciais e se determinou sua realização semestral. Entretanto, a norma não foi cumprida, sobretudo porque se estava acostumado a reunir-se no ritmo das necessidades, sem falar nas dificuldades de locomoção e na oposição do povo por ver seu bispo ausente de sua Igreja, às vezes por longo tempo, sobretudo no período das grandes controvérsias doutrinárias. Diante do fato, o Concílio Arles II (442-506) deixou a cargo do metropolita a determinação de sua periodicidade. Na África, optou-se pela realização anual do concílio provincial, em Cartago. Recomendando a mesma periodicidade está o Concílio de Ágde (506), assim como o bispo de Roma Hormisdas (514-523). A norma permaneceu universalmente vigente do século VI ao século XV, tal como atesta o Concílio de Latrão (1215)[257].

---

256. ANTÓN, A. *Conferencias episcopales: instancias intermedias?* Op. cit., p. 274.

257. Ibid., p. 276. Cf. tb. LEGRAND, H.; MANZANARES, J.; GARCÍA Y GARCÍA, A. *Le Conférences episcopales.* Op. cit., p. 329.

7.2.2 O ocaso dos concílios provinciais e regionais na Idade Média

Entretanto, registros históricos dão conta de que não houve sequer uma província eclesiástica que, durante a Idade Média, tenha realizado concílios anualmente. Frente a isso, o Concílio de Constança rebaixou a periodicidade para três anos – também não cumprida. Mais tarde, o Papa Martinho V, assim como os Concílios de Basileia, Lateranense IV e Trento, reafirmaram a norma, mas também em vão. Do século XV ao século XVIII, período em que esteve vigente a norma de realização de concílios provinciais a cada três anos, as ditas assembleias praticamente caíram em desuso[258].

As razões, além daquelas já aludidas, por um lado, devem-se ao pouco peso da figura do metropolita diante do crescente centralismo romano[259]. Os sínodos diocesanos vão se mostrar mais ativos e produtivos. Por outro lado, devem-se à atitude reacionária dos monarcas civis frente a essas assembleias, a menos que estejam sob seu controle, assim como a desconfiança do papa e da cúria frente a todo tipo de assembleia regional de bispos, sobretudo em regiões com tendência à formação de uma Igreja nacional[260]. Na verdade, o surgimento dos Estados nacionais vai eclipsando a importância das províncias eclesiásticas, porquanto são circunscrições de um tempo com outra organização civil. Surge a necessidade de um outro tipo de organização. Mas, enquanto ela não aparece, diante do abandono quase total dos concílios regionais e dada a escassa função da província eclesiástica, tenta-se preencher esse vazio com reuniões do clero ou exclusiva de bispos, para além das fronteiras da própria província.

7.3 O surgimento das conferências episcopais

Dois fatores foram decisivos para o surgimento das conferências episcopais nacionais: no âmbito eclesial, a decadência progressiva dos concílios, fruto do gradativo processo de concentração do governo da

---

258. ANTÓN, A. *Conferencias episcopales: instancias intermedias?* Op. cit., p. 277.

259. CONGAR, Y. Autonomie et pouvoir central dans l'Église vus par la théologie catholique. Op. cit.

260. ANTÓN, A. *Conferencias episcopales: instancias intermedias?* Op. cit., p. 278.

Igreja no papa e na Cúria Romana, bem como o consequente eclipse do metropolita e, com ele, das províncias eclesiásticas; no âmbito civil, está a emancipação dos Estados nacionais, uma organização nova, dentro dos princípios democráticos oriundos da Revolução Francesa. Com isso, os bispos se depararam com novos desafios pastorais, oriundos de dentro e fora da Igreja, que tanto as províncias eclesiásticas quanto o papa e a Cúria Romana se mostravam incapazes de responder. Por iniciativa própria, ditada pelas necessidades e pela preocupação com a solicitude das Igrejas, os bispos começam a se reunir no âmbito dos Estados nacionais nascentes.

7.3.1 A crise do conciliarismo e o centralismo romano

Na aurora da segunda metade do segundo milênio, a crise do conciliarismo[261] e a Reforma Protestante aconteceram. A reação primeira da Igreja de Roma foi reforçar o poder do papado, frente à ampla autonomia dos episcopados nas províncias. O Concílio de Trento, em seu espírito de contrarreforma, reafirmará essa tendência centralizadora do papa e da Cúria Romana. Até então, o papa era mais um *primus inter pares*, cabeça do colégio, do que uma instância centralizadora[262]. Agora, rompe-se o binômio papa-bispos, e o primado romano passa a constituir uma instância superior, tanto no governo como na doutrina. Em consequência, o direito eclesiástico passa a ser formulado pelo papa e pela cúria e é promulgado como legislação única e uniforme para toda a Igreja[263]. Os próprios sínodos nas Igrejas locais, e muito mais as reuniões de bispos nas províncias, passam a ser cada vez mais controlados e determinados por Roma. Tal controle irá estender-se inclusive sobre os institutos religiosos[264]. Com isso, a figura do metropolita, até então uma instituição de grande eficácia, é esvaziada pelo centralismo romano.

---

261. Na sua acepção mais restrita, o conciliarismo pode ser definido como uma doutrina eclesiológica que, no Ocidente, afirma a superioridade do concílio ecumênico sobre o papa.

262. Cf. SCHATZ, K. *La primauté du pape*. Op. cit.

263. Cf. DORTEL-CLAUDOT, M. *Églises locales, Églises universelle*. Op. cit.

264. ANTÓN, A. *Conferencias episcopales: instancias intermedias?* Op. cit., p. 39.

Na esfera civil, fator importante que contribuiu para o eclipse dos concílios particulares foi a ingerência do braço secular nas reuniões de bispos, buscando controlá-los. Os governantes à frente dos Estados nacionais temem que os bispos eclipsem seu domínio sobre a Igreja. Na esfera eclesial, está o receio de Roma de que os concílios provinciais reforcem a tendência, presente em várias das novas nações, de constituir Igrejas nacionais.

A intenção dessas medidas é reforçar a unidade da Igreja Católica para fazer resistência à Reforma Protestante e, posteriormente, à Revolução Francesa, mas com grande prejuízo para a eclesiologia e o direito canônico vigente. Isso deu margem à influência do ultramontanismo, que iria culminar com o dogma do primado romano e da infalibilidade do papa, aprovado no Concílio Vaticano I (1860), fora do contexto eclesiológico no qual o esquema *de Ecclesia* originariamente os havia exposto[265].

7.3.2 O surgimento de um novo organismo da colegialidade episcopal

Como dissemos, o aparecimento de reuniões de bispos em âmbito nacional coincide com a decadência dos concílios particulares e o surgimento dos Estados nacionais. Há, no novo contexto, desafios oriundos de problemas deixados pela Revolução Francesa, que exigiam programas de ação pastoral definidos conjuntamente pelas Igrejas locais de uma nação. Poderiam ter pensado em concílios nacionais, é verdade, mas eles necessitavam de decisões mais ágeis, sem os entraves de toda aquela formalidade jurídica, que eles conheciam muito bem. Ademais, precisavam se reunir em curto prazo e mais de uma vez ao ano, pois se está no seio de uma sociedade em transformações muito mais rápidas do que o ritmo da cristandade medieval e de Roma.

Assim sendo, é equivocado equiparar as conferências episcopais com as várias formas de Igreja nacionais, que surgiram nos Estados absolutistas, por duas razões: primeiro, porque essas novas reuniões de bispos em âmbito nacional jamais questionaram sua comunhão com a Sé Apostólica de Roma; segundo, porque essa nova organiza-

---

265. AUBERT, R. *Vatican I, L'Orante*. Op. cit., p. 247.

ção de bispos nunca se considerou submetida ao poder temporal[266]. De modo algum, portanto, pode-se tomar as conferências episcopais como continuadoras dos movimentos episcopalistas do século XVIII. As correspondências dos papas da época o comprovam[267].

Ademais, a conferência episcopal nacional também não significa uma mera descentralização em relação a Roma. Nela, antes de tudo, o bispo diocesano encontra um espaço de discernimento com seus colegas e ajuda no exercício de seu ministério, concatenando a ação pastoral local com as iniciativas de outras dioceses, em perspectiva nacional, o que contribui para uma maior eficácia da evangelização e para o bem de toda uma nação[268]. E pelo fato de uma conferência episcopal nacional estar presente em uma unidade territorial com características socioculturais e religiosas próprias, nas quais estão radicadas várias Igrejas locais, colabora também para uma maior eficácia da evangelização e para uma Igreja com rosto próprio. É natural que o bispo diocesano sinta-se incapaz de afrontar problemas nacionais com ações circunscritas apenas no âmbito local, dado que a sociedade civil está articulada em âmbito nacional. Por sua vez, a diversidade da realidade entre as nações justifica uma justa autonomia frente a todo tipo de centralismo universal e propicia um legítimo pluralismo local.

7.3.3 Do surgimento ao funcionamento e à oficialização das conferências episcopais

As reuniões de bispos em âmbito nacional foram se dando à medida que a realidade dos Estados emergentes exigia discernimento e decisões do conjunto das Igrejas locais. As primeiras foram: a Conferência dos Bispos da Bélgica, em Malinas (1830)[269]; a da Alemanha, em Colônia (1848); a da Alemanha e da Áustria, em Wurtzburgo (1848); a da Áustria (1849); a da Hungria (1849); a da Irlanda (1854); a dos Estados Unidos (1860); e a da Suíça (1863).

---

266. FELICIANI, G. *Le conferenze episcopali*. Op. cit., p. 144.
267. ANTÓN, A. *Conferencias episcopales: instancias intermedias?* Op. cit., p. 49.
268. Ibid., p. 50.
269. SIMON, A. *Réunions des évêques de Belgique 1830-1867*. Lovaina; Paris: Cerf, 1960, p. 167ss.

Sob um novo formato, a função dessas assembleias de bispos se assemelha à dos concílios particulares, embora já os bispos não estejam estreitamente agindo em sintonia com o povo de Deus em sua Igreja local, tanto que passam a ter apoio de Roma, sobretudo a partir do pontificado de Leão XIII. Este foi um grande incentivador e promotor das conferências episcopais nacionais, tanto que no Concílio Plenário da América Latina, realizado em Roma (1899), Leão XIII decreta a criação de conferências em todos os países. O efeito, entretanto, foi nulo, dadas a falta de consciência de muitos episcopados e as dificuldades de locomoção, sem falar também nos subsequentes entraves resultantes da oficialização das conferências episcopais por parte de Roma.

Foi o Papa Pio X quem deu institucionalidade e regulamentação jurídica às conferências episcopais nacionais, as quais passam a ter, finalmente, caráter oficial. O papa as situa em relação de estreita analogia com os concílios particulares, aludindo inclusive a uma parcial substituição dos concílios particulares pelas conferências episcopais nacionais[270]. Entretanto, o medo do novo e o centralismo romano as fazem perder a autonomia que as viu nascer. Através de um decreto, determina-se que, antes de uma conferência reunir-se, deve-se informar Roma e lhe enviar, posteriormente, as atas de cada sessão de trabalho, bem como as decisões tomadas[271]. Ora, isso não ocorria em relação aos concílios particulares. Mais tarde, por ocasião da I Conferência Geral dos Bispos da América Latina, realizada no Rio de Janeiro em 1955, vai-se mais longe: as conferências gerais só podem acontecer quando a Sé Apostólica decida convocá-la; a agenda é definida pela Santa Sé; um delegado pontifício será um dos presidentes da conferência; membros da Cúria Romana serão membros da conferência com direito a intervir nas sessões; e as conclusões da assembleia devem ser aprovadas por Roma[272].

---

270. FELICIANI, G. *Le conferenze episcopali*. Op. cit., p. 165.

271. Cf. PIO X. Decr. De relationibus dioecesanis et visitatione SS. Liminum (31.12.1909). Op. cit.

272. O primeiro e último Concílio Plenário da América Latina deveu-se muito à abertura do Papa Leão XIII. Entretanto, certa desconfiança da Igreja no continente está manifesta não só nos requisitos centralizadores para sua realização, como também na posterior criação da Comissão para a América Latina (CAL), um organismo diretamente ligado à Congregação dos Bispos.

7.4 As conferências episcopais questionadas em seu estatuto teológico

Os anos de dinamismo e maior autonomia das conferências episcopais vão do final do Vaticano II até à realização do sínodo de 1985, realizado para celebrar os 20 anos do concílio.

7.4.1 A negação do estatuto teológico das conferências episcopais

Às vésperas desse sínodo, o então Cardeal Joseph Ratzinger, prefeito da Congregação para a Doutrina da Fé, atribui às conferências episcopais um papel meramente pragmático e funcional. Afirmava ele, na ocasião:

> As conferências episcopais não têm uma base teológica, não fazem parte da estrutura imprescindível da Igreja tal como a quis Cristo; somente têm uma função prática, concreta [...] Nenhuma conferência episcopal tem, enquanto tal, uma missão magisterial; seus documentos não têm um valor específico, exceto o valor do consenso que lhes é atribuído por cada bispo[273].

O questionamento do estatuto teológico das conferências episcopais se funda na eclesiologia reinante na Igreja durante o segundo milênio, superada pelo Concílio Vaticano II: existe uma Igreja universal que precede e acontece nas Igrejas locais, da qual o papa é o representante e o garante. Tal concepção de Igreja dispensa toda e qualquer instância intermediária entre a Igreja de Roma e as Igrejas locais. Já a eclesiologia conciliar, como vimos, em sua volta às fontes bíblicas e patrísticas, afirma a catolicidade da Igreja em cada Igreja local, em comunhão com as demais Igrejas. Não há Igreja nem anterior nem exterior às Igrejas locais. Para o Vaticano II, a diocese é "porção" do povo de Deus, não "parte" (a porção contém o todo, a parte não). Nela está "toda a Igreja", pois cada Igreja local é depositária da totalidade do mistério de salvação, ainda que ela não seja a "Igreja toda", pois nenhuma delas esgota esse mistério.

---

273. Cf. RATZINGER, J.; MESKORI, V. *Informe sobre la fe*. Op. cit.

A Igreja "una" é "Igreja de Igrejas", conjugando autonomia e comunhão com as demais, presidida pelo bispo da Igreja de Roma. A sinodalidade é intrínseca ao ser da Igreja; enquanto "assembleia", sinodalidade é o nome dela. No modelo eclesial neotestamentário, as Igrejas que vão nascendo não se constituem em "Igrejas de", materializando uma suposta Igreja universal que as precede, mas "Igrejas em", a mesma e única Igreja, que está toda (inteira) em cada Igreja local, que se configura, não como uma filial ou cópia de uma suposta "Igreja mãe", mas uma Igreja diferente, com rosto próprio, culturalmente nova, universal nas particularidades.

7.4.2 A colegialidade episcopal inserida no seio da sinodalidade eclesial

Para responder ao questionamento do estatuto teológico das conferências episcopais nacionais, é preciso remeter-se ao exercício da colegialidade episcopal, que por sua vez não é algo que se dá à margem da sinodalidade eclesial[274]. A colegialidade se dá não no sentido vertical – na comunhão do Colégio dos Bispos, como o papa. Por um lado, o bispo preside uma Igreja local, da qual ele é também membro e, portanto, precisa exercer seu ministério de modo sinodal com todo o povo de Deus, presente em sua Igreja. Por outro, sua Igreja, enquanto Igreja de Igrejas, situa o bispo no seio de um único colégio, presidido pelo bispo da Igreja de Roma, na solicitude das Igrejas, de modo sinodal. Em outras palavras, é na comunhão do bispo com seu povo e de sua Igreja com as demais Igrejas locais que acontece, por um lado, a sinodalidade eclesial e, por outro, a legitimidade do bispo e de sua Igreja.

Assim, sinodalidade eclesial e colegialidade episcopal são modos do ser eclesial, constitutivos do seu ser, que remetem ao próprio sentido do termo "igreja" (do grego Εκκλησία, "assembleia"). No modelo eclesial normativo neotestamentário, tudo na Igreja diz respeito a todos os membros da comunidade eclesial, mesmo que a Igreja seja uma comunidade organizada, com diferentes ministérios. Historicamente,

---

274. Cf. LYONNET, S. A colegialidade episcopal e seus fundamentos escriturísticos. Op. cit.

até o século III e no Egito ainda durante todo o século IV, a comunidade eclesial como um todo era sujeito na Igreja e tinha um papel decisivo nela, inclusive na eleição de seus bispos ou presbíteros[275]. É uma questão de lógica: se todos os batizados são membros da Igreja, ou são plenamente membros, ou não são. O termo "leigo" só irá aparecer na Igreja no século III, quando justamente começa o processo de uma gradativa cisão entre ministérios ordenados e não ordenados, entre sinodalidade eclesial e colegialidade episcopal. No seio da comunidade eclesial, em lugar de um único gênero de cristãos – os batizados –, passaram a existir duas classes de pessoas: os clérigos e "aqueles que não são clérigos", os leigos[276]. Em consequência, entre outros, a comunidade eclesial perderá seu direito de eleger seus próprios bispos ou presbíteros.

Na eclesiologia resgatada das fontes pelo Concílio Vaticano II, o sujeito da Igreja é todo o povo de Deus, pois os batizados, como um todo, são o sujeito que acolhe a Revelação. A mensagem de salvação e a missão não são algo que recai sobre o povo de Deus ou sobre uma Igreja já constituída em si mesma e que, num segundo momento, torna-se atuante. Revelação e atuação são realidades intrínsecas e constitutivas da própria Igreja, de modo que a colegialidade e a decorrente função magisterial não podem ser concebidas fora do contexto da sinodalidade eclesial[277]. Expressão da sinodalidade da Igreja é o *sensus fidei* ou o *sensus fidelium*. Eclipsar o *sensus fidelium* significa operar uma cisão entre sinodalidade eclesial e colegialidade episcopal. Em outras palavras, é conceber o colégio como um grupo de pessoas que tem poder "sobre" a Igreja e não "na" Igreja, como se os bispos não fossem também membros da Igreja que presidem e de um colégio que os vincula à solicitude das Igrejas como um todo[278].

---

275. "Nenhum bispo imposto" é um princípio do período patrístico, que as Igrejas prezam muito. Quando se começou a descumprir a regra, apareceram os denominados "bispos vagos", isto é, sem Igreja. Cf. GONZÁLEZ FAUS, J. I. *Nenhum bispo imposto*: as eleições episcopais na história da Igreja. São Paulo: Paulus, 1996.

276. CONGAR, Y. *Jalons pour une théologie du laïcat*. Op. cit., p. 390s.

277. Cf. ANTÓN, A. *Conferencias episcopales: instancias intermedias?* Op. cit., p. 388-389.

278. Cf. LEGRAND. H. The ministry of the Pope. Op. cit.

7.4.3 As conferências episcopais são de direito eclesiástico, mas fundadas no direito divino

Foi na vivência da sinodalidade que a Igreja nascente foi criando formas de exercício da colegialidade dos bispos, segundo as necessidades que foram se apresentando na obra da evangelização, fossem elas de caráter doutrinário, pastoral ou administrativo. No passado, como instâncias intermediárias entre a Igreja local e a comunhão das Igrejas, nasceram os concílios particulares e provinciais. De forma analógica, nos últimos tempos, dado o surgimento dos Estados nacionais e a emergência de desafios pastorais que ultrapassam as fronteiras da Igreja local, nasceram as conferências episcopais nacionais, embora não tão sinodais como eram os concílios. Seja como for, tal como os concílios particulares e regionais, as conferências episcopais são de direito eclesiástico, mas fundadas no direito divino, pois são expressão de diferentes instâncias ou organismos de um mesmo e único colégio, que opera no seio de uma Igreja essencialmente sinodal. Os concílios, sínodos e assembleias de conferências episcopais são realizações ou atos concretos do ser sinodal da Igreja, ao qual está vinculado o Colégio dos Bispos[279].

Em resumo, na Igreja, sinodalidade e colegialidade precisam estar intimamente imbricadas. Os próprios ministérios de presidência das Igrejas locais, espelhados no Colégio dos Apóstolos, não nasceram de modo monárquico[280], mas sinodal. Na Igreja primitiva e ainda em boa parte do período patrístico, a designação de bispo aparece sempre no plural – bispos/presbíteros (ἐπίσκοπος, πρεσβυτερος). Os cristãos eram conscientes de que a apostolicidade da Igreja se remete ao "colégio" apostólico, do qual os bispos/presbíteros constituem um colégio de seus sucessores, com a missão de presidir uma Igreja toda ela sinodal.

---

279. ANTÓN, A. *Conferencias episcopales: instancias intermedias?* Op. cit., p. 273.
280. Normalmente, nas Igrejas primitivas havia um grupo ou uma equipe de bispos/presbíteros que presidia a Eucaristia nos domingos, por rodízio.

7.5 O imperativo de uma sinodalização das conferências episcopais

Para uma Igreja sinodal, um grande desafio é "sinodalizar" as conferências episcopais na perspectiva da sinodalização do Sínodo dos Bispos efetuada pelo Papa Francisco. O Sínodo da Amazônia, por exemplo, para dinamizar e gerir a ação evangelizadora no território amazônico de modo sinodal, criou não uma conferência episcopal, mas uma "conferência eclesial" – a Ceama. O Celam, que historicamente já organizou cinco conferências gerais dos bispos do continente, por ocasião dos 15 anos de *Aparecida* realizou, não uma "VI Conferência Episcopal", mas a I Assembleia Eclesial da América Latina e do Caribe. Não há outro caminho: as conferências episcopais nacionais, que historicamente têm se autoconcebido como o organismo da tomada de decisões em âmbito nacional, terão também elas que se "sinodalizar". Quando se trata de ocupar-se da solicitude das Igrejas locais do país, terão que ser menos uma assembleia de bispos e mais uma assembleia representativa do povo de Deus como um todo, tendo em vista o segundo o princípio da Igreja no primeiro milênio – "o que concerne a todos precisa ser discernido e decidido por todos"[281]. Trata-se de inserir a colegialidade episcopal no seio da sinodalidade eclesial, inclusive o Magistério da Igreja, para que seja uma expressão mais explícita do *sensus fidelium*.

7.5.1 Tirar consequências da reforma do Sínodo dos Bispos

Desde a primeira hora de seu pontificado, o Papa Francisco pensou na efetivação de uma Igreja mais sinodal, incluída uma reforma do Sínodo dos Bispos, que deixou de ser um "sínodo de bispos" para virar um "Sínodo da Igreja". Em setembro de 2018, promulgou a Constituição Apostólica *Episcopalis communio*, fazendo do Sínodo, segundo ele, "um canal proporcionado mais à evangelização do mundo atual do que à autopreservação" da Igreja (n. 1), assim como mais intimamente ligado ao *sensus fidei* de todo o povo de Deus, no seio do qual o bispo,

---

281. BRIGHENTI, A. A sinodalidade como referencial do estatuto teológico das conferências episcopais. *Atualidade Teológica*, v. 24, p. 197-213, 2020.

além de mestre, passa a ser também "discípulo, quando sabendo que o Espírito é concedido a cada batizado, coloca-se à escuta da voz de Cristo, que fala através de todo o Povo de Deus" (n. 5). Em consequência, há a necessidade de o sínodo ser menos de bispos e "tornar-se cada vez mais um instrumento privilegiado de escuta do Povo de Deus", integrado também por "pessoas que não detêm o múnus episcopal" (n. 6). Assim, "aparecerá cada vez mais claro que, na Igreja de Cristo, vigora uma profunda comunhão entre os Pastores e os fiéis" (n. 10).

À luz da *Episcopalis communio*, as conferências episcopais nacionais e continentais não podem continuar sendo um organismo que representa as Igrejas de um país ou de um continente. Quando se trata de discernir e decidir o que concerne a todo o povo de Deus, este precisa estar representado em um organismo que seja eclesial, e não meramente episcopal.

7.5.2 O caminho aberto pela primeira assembleia eclesial da Igreja na América Latina

O novo perfil de sínodo foi colocado em prática no Sínodo da Amazônia[282], em 2019, com um amplo processo de escuta nas Igrejas locais, com a metade dos participantes da assembleia sinodal em Roma sendo não bispos, e destes, metade era de mulheres. O documento final foi votado, sendo o papa um dos membros votantes da assembleia; entre as decisões, esteve a criação de um organismo de comunhão das Igrejas locais na região – não uma conferência episcopal, mas uma Conferência Eclesial da Amazônia (a Ceama). Esse novo organismo levou à realização, na América Latina, não de uma sexta conferência de bispos, mas à primeira *assembleia eclesial* da Igreja no continente.

A primeira assembleia eclesial não só foi realizada de modo sinodal, como também fez da sinodalidade um de seus principais desafios pastorais[283]. A Igreja na América Latina e no Caribe colo-

---

282. BRIGHENTI, A. El Sínodo de los obispos en reforma? Op. cit.; BRIGHENTI, A. Sínodo da Amazônia: o evento e seus resultados. *REB*, v. 79, p. 591-614, 2019.
283. BRIGHENTI, A. Sinodalidade *made* in América Latina. Op. cit.; BRIGHENTI, A. Do Concílio Plenário Latino-americano à primeira assembleia eclesial. Op. cit.

ca-se na esteira do "sonho eclesial" do Papa Francisco no Sínodo da Amazônia de "uma cultura eclesial marcadamente laical" (*QAm* 94). É o antídoto do clericalismo, superado pelo Vaticano II, mas que voltou triunfante nas décadas de "involução eclesial" que precederam o atual pontificado. Entre os 231 desafios definidos pela assembleia e propostos como programa de ação da Igreja para os próximos anos, 49 deles dizem respeito à sinodalidade, e entre os 41 desafios condensados pela assembleia dos 231, 5 estão referidos à sinodalidade[284].

O modo como a primeira assembleia eclesial foi realizada, tanto seu processo de preparação como o evento final, mostra que uma Igreja sinodal não é uma quimera do primeiro milênio ou uma utopia irrealizável. A assembleia inseriu a colegialidade episcopal no seio da sinodalidade eclesial, e o laicato, com uma forte marca feminina, foi tomado como verdadeiro sujeito eclesial. Era a expressão do exercício do princípio reinante na Igreja do primeiro milênio: "tudo o que diz respeito a todos precisa ser discernido e decidido por todos". Há diferentes ministérios na Igreja, mas todos oriundos do batismo e exercidos por discípulos missionários de Jesus Cristo, enquanto membros do povo de Deus, no seio da comunidade eclesial e a seu serviço. Mesmo os que presidem ou coordenam serviços nos diferentes âmbitos da Igreja, não decidem sozinhos ou comandam a comunidade; antes exercem o "ministério da comunhão", que harmoniza a corresponsabilidade de todos e a diversidade dos carismas no serviço a todos.

---

284. BRIGHENTI, A. Primera Asamblea Eclesial de la Iglesia en América Latina. Op. cit.

8
O DISCERNIMENTO COMUNITÁRIO EM UM
PROCESSO SINODAL

Discernir é próprio de quem é sujeito nas ações que realiza, fruto de decisões que implicam conhecer a realidade, iluminá-la a partir do horizonte a que se está voltado e definir as ações mais adequadas e consequentes com os desafios de seu contexto. O mesmo se aplica ao discernimento em um processo sinodal na Igreja, com o diferencial que sempre precisa ser um discernimento comunitário, entre todos os batizados, sob o dinamismo do Espírito que a constitui.

Em se tratando do discernimento em um processo sinodal, o sujeito é a comunidade eclesial em seu todo, dado que "o que concerne a todos deve ser discernido e decidido por todos" (princípio corrente na Igreja do primeiro milênio). E enquanto comunidade eclesial, tendo o Espírito Santo como sua alma (comunidade pneumática), é Ele o protagonista do discernimento comunitário, o que implica buscar sintonizar nossos critérios de decisão com suas moções. Em outras palavras, trata-se de um discernimento da comunidade eclesial no Espírito, sob sua luz e seu dinamismo, deixando-se conduzir por Ele. Isso não significa cair em espiritualismos e fideísmos, pois o Espírito age "através" e não "apesar" de nós, o que implica relacionar fé e razão ou teologia e ciências, pois se é verdade que a fé não é um ato "da" razão, para ser digna do ser humano, não pode prescindir de ser um ato "de" razão.

Evocar o diálogo entre fé e razão no discernimento em um processo sinodal significa recorrer à mediação das ciências, tanto no discernimento da realidade (mediações das ciências humanas e socioanalíticas) como no discernimento dos desígnios de Deus sobre a realidade discernida pela interpretação da Palavra revelada (ciências hermenêuticas), assim como na projeção da ação evangelizadora decorrente (mediações da práxis).

Dada a complexidade de um discernimento adequado em um processo sinodal, é importante apoiar-se em uma possível pedagogia ou um método do discernimento. Entretanto, se por um lado o discernimento comunitário não pode estar relegado ao espontaneísmo das pessoas implicadas, por outro discernir não é a mera aplicação de uma técnica previamente concebida. Discernir comunitariamente na Igreja é antes um modo de ser cristão, de viver a fé em comunidade, de ser Igreja, que conjuga responsabilidade eclesial e moções do Espírito, escutando-o e deixando-se conduzir por uma fé confiante e consciente. Sem discernimento sinodal, não há Igreja comunhão e participação.

A abordagem do discernimento comunitário em um processo sinodal tem vários componentes implicados. Primeiro, é preciso situar o discernimento em relação ao discernimento individual e comunitário, assim como em relação ao discernimento no meio eclesial, em um contexto de fé de uma Igreja que se autocompreende como povo de Deus. Segundo, em se tratando de um discernimento eclesial, o sujeito do discernimento comunitário é a comunidade de fé como um todo, o povo de Deus, tendo como alma o Espírito que a constitui, dinamiza e ilumina; concretamente, trata-se da "porção" do povo de Deus presente em uma determinada comunidade eclesial, que pode estar no âmbito local, regional, nacional, continental e da Igreja inteira[285]. O objeto a discernir é a vida da comunidade eclesial inserida no mundo – processos pastorais, organização e estruturas da Igreja, assim como os sinais dos tempos que interpelam a Igreja em sua missão no mundo. As mediações do discernimento comunitário num processo sinodal, a ser levado a cabo em clima de fé e oração, conjugam Palavra revelada com a sabedoria popular e o conhecimento acadêmico, assim como o magistério e a teologia. A metodologia precisa ser mais uma pedagogia em contexto, na

---

285. COMISIÓN TEOLÓGICA INTERNACIONAL. *La sinodalidad en la vida y en la misión de la Iglesia*. Op. cit., p. 64.

qual, de forma indutiva, partindo da realidade iluminada pela fé, a comunidade eclesial busca discernir a vontade de Deus e traduzi-la em ações que sejam respostas aos desafios que se apresentam, condição para que a Igreja continue sendo comunhão e participação, em vista da missão no mundo.

8.1 Discernimento individual, discernimento comunitário e sinodalidade

Comecemos definindo o que se entende por discernimento, discernimento individual e discernimento comunitário e relacionando o discernimento comunitário em relação ao discernimento em um processo sinodal, no seio de uma comunidade eclesial, uma comunidade de fé, que tem o Espírito como sua alma. Também é importante ter presente dois riscos que rondam o discernimento comunitário na atualidade: um discernimento espiritualista, de corte pietista ou emocionalista, e um discernimento racionalista, na esteira do endeusamento da razão, que levou à onipotência do sujeito moderno, agora em crise.

8.1.1 Discernir é mais do que ouvir

Em um processo sinodal, o discernimento está relacionado com "escutar", que é mais do que simplesmente "ouvir" a todos individualmente[286], fazer uma síntese das diferentes contribuições e votar, em que ganha a maioria. Às vezes, o Espírito fala pela minoria em vez de pela maioria. "Escutar", em primeiro lugar, significa ouvir as pessoas e também o Espírito, que sustenta a Igreja enquanto comunidade pneumática; em segundo lugar, "escutar" significa relacionar o que se ouviu das pessoas com o que se ouve da Palavra revelada, sempre havendo critério de juízo no discernimento da vontade de Deus. Sem discernimento e, mais concretamente, sem que seja comunitário, não há percurso sinodal, pois se trata de buscar sintonizar opiniões, pontos de vista e reflexões com o que o Espírito diz para a Igreja naquele momento e contexto, apoiados na luz da Palavra revelada.

---

286. LUCIANI, R. Del Sínodo sobre sinodalidad a la sinodalización de toda la Iglesia: hacia una reconfiguración eclesial a la luz de la sinodalidad. *Iglesia Viva*, n. 287, p. 97-121, 2021 – aqui, p. 111.

O discernimento começa por fazer ressoar em nós as vozes daqueles que se ouviu e a voz do Espírito, que sempre nos leva a ver melhor, à verdade. Ouvir a Palavra de Deus anda de mãos dadas com ouvir os irmãos. E, ao ouvir os irmãos, não deve limitar-se a escutar os incluídos na comunidade eclesial e os mais proeminentes. A exemplo de Jesus, atenção especial deve ser dada à escuta dos distantes, dos invisibilizados, das pessoas simples, dos pequenos, das mulheres, dos pobres e excluídos. Eles também são parte do Corpo de Cristo. O Papa Francisco fala de sair para as periferias – não só as geográficas, mas também as existenciais: as periferias do mistério do pecado, da dor, da injustiça, da ignorância e da prescindência religiosa, do pensamento, de toda miséria.

Para um discernimento comunitário em um processo sinodal, como se trata de um discernimento no Espírito, é preciso muito mais do que uma boa capacidade de reflexão e análise, conjugada com a busca de um sentido comum. Implica o dom do Espírito, que é preciso pedir e cultivar. Pede-se na oração, ao colocar-se continuamente na presença de Deus, na meditação da Palavra; e cultiva-se no desenvolvimento e na prática de uma capacidade espiritual, que nos abra à graça de acolher o que Deus nos quer dar. É essa capacidade espiritual que nos leva continuamente a examinar o que há dentro de nós – desejos, ansiedades, medos, expectativas – e o que está acontecendo fora de nós – os sinais dos tempos –, para reconhecer os caminhos da realização da vontade de Deus em nós, na Igreja e no mundo.

Em resumo, o discernimento comunitário em um processo sinodal não é uma autoanálise pretensiosa, uma introspecção egoísta, mas uma verdadeira saída de nós mesmos para escutar o Espírito nos irmãos de fé e companheiros de comunidade, em vista da vivência e da realização da missão à qual Deus nos chamou em sua Igreja, no mundo. O documento preparatório do sínodo sobre a sinodalidade faz eco desse processo: "Em um estilo sinodal se decide por discernimento, sobre a base de um consenso que nasce da comum obediência ao Espírito"[287].

---

287. SECRETARIA DO SÍNODO. *Documento preparatorio del Sínodo 2021-2023*: por una Iglesia sinodal. Comunión, participación y misión. Cidade do Vaticano: Sínodo dos Bispos, 2021, p. 30.

8.1.2 Discernimento individual e discernimento comunitário

Mesmo que em um grupo sejam sempre pessoas que discirnam, o discernimento comunitário é mais do que a soma do discernimento dos indivíduos que o compõe. Também nesse caso, o todo é mais do que a soma das partes. O discernimento comunitário se remete a um discernimento conjunto, no qual, pelo diálogo e pela interlocução entre todos, vai-se tecendo um consenso para além dos posicionamentos individuais[288]. No discernimento comunitário, cada membro do grupo é desafiado a ir mais além de seus posicionamentos pessoais e mesmo de suas possibilidades, dado que a verdade está sempre para além do que um indivíduo ou mesmo uma comunidade possa compreender. Assim, por um lado, na base do discernimento comunitário está o discernimento individual de cada membro da comunidade, mas, por outro, esse é apenas trampolim para o discernimento de outro sujeito, coletivo, que é o grupo ou a comunidade.

Vendo juntos, vê-se melhor; discernir de maneira comunitária nos permite compreender em um nível de profundidade maior, inatingível individualmente. Em termos culturais, dado o individualismo reinante, estamos mais propensos ao discernimento individual e desestimulados ao discernimento comunitário. Entretanto, ainda que o discernimento comunitário, hoje, seja algo de certa forma contracultural, vale a pena criar um ambiente favorável de interação, confiança mútua e diálogo, pois ele é capaz de criar as condições para o discernimento comunitário, fundamental para impedir a fragmentação do tecido social. Para isso, a maior dificuldade está na abertura à diversidade. Entretanto, em um mundo cada vez mais diversificado, estamos todos desafiados a acolher os diferentes e a nos enriquecer com as diferenças.

8.1.3 Discernimento comunitário e discernimento sinodal

Numa comunidade de fé, o discernimento comunitário tem uma conotação especial, pois se trata de um ato eclesial, de um discernimento sinodal, no qual, além do agir conjunto das pessoas, entra tam-

---

288. LUCIANI, R. Del Sínodo sobre sinodalidad a la sinodalización de toda la Iglesia. Op. cit., p. 115.

bém a fé e a atuação do Espírito. Por isso, o discernimento sinodal é mais do que um mero discernimento comunitário, na medida em que é um discernimento cujos atores são pessoas de fé, interagindo entre si e na interlocução com o Espírito, que é a alma da Igreja.

Historicamente, até na Igreja, sobretudo no segundo milênio, caiu em desuso o discernimento comunitário e imperou o discernimento individual, expressão do clericalismo que reinou na concepção da Igreja como hierarquia. Em consequência, houve um déficit de sinodalidade, em que a própria colegialidade episcopal se colocou à margem da sinodalidade eclesial, levando ao eclipse do *sensus fidelium* e à redução do próprio Magistério da Igreja ao Magistério Pontifício[289].

No discernimento sinodal, há uma inter-relação entre a experiência pessoal com Deus e a experiência comunitária, entre comunidade eclesial e o perscrutar do Espírito na vida pessoal e comunitária, uma vez que cremos com os outros e naquilo que os outros creem (cremos "em" Igreja). Para assumir a sinodalidade como um modo de "ser" e de "agir" da Igreja, o discernimento comunitário é uma condição *sine qua non*. Sem ele não haverá nem convergência nem possibilidade de chegar a decisões verdadeiramente eclesiais, da comunidade como um todo[290].

8.1.4 Dois extremos a evitar: o discernimento espiritualista e o discernimento racionalista

O discernimento sinodal, assim como as comunidades eclesiais, está exposto a dois riscos: o discernimento espiritualista e o discernimento racionalista.

O discernimento espiritualista é tributário de um procedimento fideísta, pietista ou intimista, que consiste em supor que apenas colocar-se sob o dinamismo do Espírito basta para discernir seus desígnios. De maneira ligeira, sem reflexão, sem debate, sem estudo e sem a escuta

---

289. VITALI, D. Sinodalità della Chiesa e collegialità episcopale. *In*: BATTOCCHIO, R.; TONELLO, L. (ed.). *Sinodalità*: dimensione della Chiesa, pratiche nella Chiesa. Pádua: Edizioni Messaggero, 2020, p. 312.

290. BORRAS, A. Votum tantum consultivum: les limites ecclesiologiques d'une formule canonique. *Didaskalia*, n. 45, p. 161, 2015. Cf. NOCETI, S. Elaborare decisioni nella Chiesa: una riflessione ecclesiologica. *In*: BATTOCCHIO, R.; TONELLO, L. (ed.). *Sinodalità*. Op. cit., p. 253.

uns dos outros, atribui-se a Deus o que muitas vezes são desejos ou até interesses individuais, que são ditados, quando não impostos, aos demais. Aqui pode entrar também o emocionalismo, tributário de certos pentecostalismos estreitos, que comprometem a capacidade de pensar e refletir criticamente, como uma fé adulta exige. Com a crise da razão moderna, emerge com força a "inteligência emocional", a razão débil, as razões do coração, a razão experiencial; deixa-se pautar pelo sentimento e pelas sensações, na falsa convicção de que o corpo nunca engana.

No outro extremo, está o discernimento racionalista, tributário de um endeusamento da razão, que tende a crer na objetividade total da ciência, em que a visão do sujeito coincidiria com a coisa. Desconhece-se, por um lado, que a razão está limitada aos fenômenos e, por outro, que ela não funciona a não ser interpretando, dado que todo conhecimento está condicionado pelo sujeito (subjetividade), pelo interesse (pressupostos) e pelo lugar (contexto) de toda prática, incluída a prática teórica. Historicamente, o racionalismo desembocou na onipotência do sujeito no seio do projeto civilizacional moderno em crise, em sua pretensão de possuir a verdade, quando na realidade é ela que nos possui, por nos transcender infinitamente.

8.2 A comunidade eclesial como o sujeito do discernimento comunitário

Discernimento comunitário em um processo sinodal se remete à comunidade eclesial como seu sujeito[291]. Isso implica um conceito e uma prática adequados do que significa ser comunidade de fé, assim como do modo como se concebe a presença do Espírito na Igreja. E, em se tratando de Igreja, para poder falar de comunidade eclesial, é preciso ter presente seu tamanho, um tamanho humano, que, para ser sujeito, precisa fazer acontecer a participação, o discernimento e o poder de decisão de baixo para cima, da base para âmbitos mais amplos.

---

291. BRIGHENTI, A. *Teologia pastoral*: a inteligência reflexa da ação evangelizadora. Petrópolis: Vozes, 2021, p. 224-225. SECRETARIA DO SÍNODO. *Documento preparatorio del Sínodo 2021-2023*. Op. cit., p. 9. Cf. LUCIANI, R. Hacia una eclesialidad sinodal: ¿una nueva comprensión de la Iglesia Pueblo de Dios? *Horizonte*, n. 59, 2021.

8.2.1 Comunidade e comunitarismo

O sujeito de um discernimento comunitário sinodal é a comunidade eclesial, mas sem cair em comunitarismos, que anulam as pessoas enquanto indivíduos, em lugar de potenciá-las. Nesse caso, não há lugar para o profetismo, para as iniciativas individuais, para a diversidade, pois a unidade é confundida com uniformidade. As subjetividades são subjugadas pelo desvirtuamento do comunitário em uma massa manipulada, seja por atos autoritários, seja por envolvimento. A comunidade, em lugar de sujeito, torna-se objeto, destinatária de uma decisão, em última instância, tomada por alguns para outros executarem. Há participação na execução, mas não há participação livre no processo de discernimento e na tomada de decisões. O popular, aqui, adquire conotações populistas, pois a comunidade tem a sensação de estar decidindo, quando na verdade se lhe está impondo, por envolvimento ou manipulação, um resultado alheio a seu livre discernimento e consentimento.

Comunidade-sujeito em um discernimento sinodal é composta por todos os membros do povo de Deus: por indivíduos no seio de comunidades eclesiais[292] – no seio da qual cada um vai discernir, não sozinho ou como mero receptor do que lhe é determinado por alguns em nome da comunidade, mas verdadeiramente "com" os demais. A comunidade é mais do que a soma de seus membros, pois, na medida em que cada um está "com" os outros, o outro não só o distingue dos demais como de certa forma também o constitui em uma relação de alteridade gratuita. Vai-se atuar juntos, na medida em que cada um tem sua iniciativa particular, mas sempre tendo presente os demais.

O que faz o comunitário e constitui uma comunidade-sujeito é a inter-relação entre as pessoas, fruto de um encontro e um verdadeiro diálogo[293]. O diálogo, por se situar no âmbito do efetivo ou do performativo, vai além de um caráter meramente informativo. Em lugar de ficar no "ouvir", entra-se em uma inter-relação de escuta e diálogo.

---

292. LUCIANI, R. Del Sínodo sobre sinodalidad a la sinodalización de toda la Iglesia. Op. cit., p. 116.

293. LOUBIÈRES, L. *Discernimento comum e tomada, de decisões em uma Igreja sinodal*. Boston College, Formación Contínua (Cuaderno de uso interno).

Na escuta, não há destinatários na comunicação, mas interlocutores, na medida em que se vai tecendo um discernimento comunitário através do consenso das diferenças. O "interlocutor" assume a experiência do "locutor", que por sua vez se dirige a terceiros, gerando entre eles uma realidade nova, cada um sintonizando para além da perspectiva própria inicial. Em outras palavras, o discernimento comunitário em um processo sinodal leva ao consenso dos diferentes, sem aniquilá-los. Leva a uma unidade dos diferentes e de sua diversidade. Leva, muitas vezes, a fazer consenso em torno àquilo que não foi percepção da maioria, mas que passa a entender que ali está o Espírito que sopra "onde, quando e através de quem Ele quer", muitas vezes pela minoria. Sem isso, mata-se o profetismo na Igreja.

8.2.2 O Espírito Santo como constitutivo da Igreja

O discernimento comunitário em um processo sinodal, em se tratando de Igreja, constitutivo de uma comunidade-sujeito, juntamente com seus membros, é o Espírito Santo. Não é uma presença postiça, de fora para dentro, pelo apelo da comunidade para a legitimação e o apoio ao que ela mesma decidiu, uma espécie de nestorianismo pneumático. Ao contrário, é uma presença que age a partir de dentro, dado que o Espírito, enquanto alma da Igreja e constitutivo dela, é o protagonista. Essa é a fórmula da conclusão do "concílio" de Jerusalém: "Pareceu bem ao Espírito Santo e também a nós que [...]" (At 15,28-29). Em um processo de discernimento comunitário sinodal, o protagonista é sempre o Espírito Santo, no qual a comunidade pneumática reconhece nele a fonte da verdade.

8.2.3 Âmbitos eclesiais em inter-relação de baixo para cima

A Igreja é "Igreja de Igrejas" locais e, no seio delas, comunidade de comunidades. Para haver comunidades-sujeito, é preciso que tenham tamanho humano e que sejam comunidades pequenas, condição para a interação e o diálogo efetivo entre seus membros[294]. Não

---

294. LUCIANI, R. Del Sínodo sobre sinodalidad a la sinodalización de toda la Iglesia. Op. cit., p. 116.

há corresponsabilidade sem a devida autonomia, fundamental para as pessoas poderem ser sujeito e, consequentemente, responsáveis. *Medellín* define as "comunidades eclesiais de base como a célula inicial da estruturação eclesial" (*Med* 6,1). Comunidades-sujeito estão relacionadas com o exercício do poder na Igreja, que, para ser um poder-serviço (*exousia* e não *potestas*), precisa ser exercido de baixo para cima, em uma relação de subsidiariedade. E há idas e voltas para garantir que a representatividade da participação em âmbitos mais amplos (regional, diocesano, nacional, continental, universal) não seja falseada nem se perca de vista o real da realidade das comunidades eclesiais na base, onde todo processo sinodal começa e regressa para continuar seu fluxo contínuo.

Em resumo, discernimento comunitário em um processo sinodal implica que a comunidade eclesial seja seu sujeito. Mas ela só será sujeito se a vivência de uma fé eclesial se der em pequenas comunidades, que permitam a corresponsabilidade de todos e com a devida autonomia para poder ser instância de decisão. E como na Igreja o poder precisa ser um poder-serviço, a condição é que o processo se dê numa relação de subsidiariedade entre os âmbitos eclesiais, de baixo para cima, a partir da CEB.

8.3 A vida da Igreja no mundo como o objeto do discernimento comunitário

O princípio do primeiro milênio reinante na Igreja – "o que diz respeito a todos deve ser discernido e decidido por todos" – remete ao objeto do discernimento comunitário em um processo sinodal, que é o que diz respeito a todos na Igreja – isto é, os processos pastorais, a organização e as estruturas da Igreja, sua relação com a sociedade em que está inserida, enfim, tudo o que desafia a comunhão, a participação e a missão da Igreja no mundo[295].

---

295. Cf. LUCIANI, R. Lo que afecta a todos debe ser tratado y aprobado por todos. Hacia estructuras de participación y poder de decisión compartido. *Revista CLAR*, n. LVIII/1, p. 59-66, 2020.

8.3.1 A vida da Igreja

Em grandes linhas, o objeto a discernir é a vida da Igreja inserida no mundo, começando pela situação da própria comunidade eclesial. Ali estão pessoas, dentro e fora da Igreja; os processos pastorais em curso e seu planejamento; a organização da pastoral e sua gestão pelos primeiros responsáveis; enfim, os clamores, necessidades, desafios, interpelações para a missão da Igreja, que vêm de dentro e de fora dela, assim como as respostas que vêm sendo dadas pela ação pastoral. Significa olhar para a própria comunidade eclesial na inter-relação com a paróquia, a Igreja local e nos âmbitos regional, nacional, continental e da Igreja inteira, e sem descuidar de um olhar atento ao contexto no qual a comunidade eclesial está inserida. O propósito é superar o risco de uma Igreja autorreferencial, fechada sobre si mesma, sem profetismo e serviço ao mundo. Em se tratando de um processo sinodal, é importante ter presente como são tomadas as decisões, como se dá o planejamento e a execução da ação projetada ou como acontece a correspansabilidade de todos por tudo na Igreja.

8.3.2 A Igreja como instituição

Objeto, igualmente, do discernimento comunitário em um processo sinodal é a Igreja como instituição: seus ministérios e ministros no exercício de suas funções; seu perfil e sua atualidade para responder às necessidades atuais; as estruturas que dão suporte ao ser e à ação da Igreja e que são responsáveis por sua configuração histórica, como seus organismos de representação. Pode haver estruturas obsoletas, ultrapassadas, caducas, que obstaculizam a comunhão na participação. Pode ainda haver uma Igreja piramidal, clericalista, excludente do laicato nos processos de tomada de decisões, na contramão da eclesiologia do Concílio Vaticano II – a Igreja como povo de Deus. Envolve ver em que medida a instituição é suporte para o carisma, e não uma camisa de força, ou como é concebido o caráter divino de uma instituição circunscrita à precariedade do presente ou à concretude da história.

8.3.3 Os sinais dos tempos

Mas há ainda outro objeto importante. O Concílio Vaticano II lembrou que a Igreja está no mundo e existe para a salvação dele; que o mundo é constitutivo da Igreja; e que o Espírito sopra onde, quando e em quem Ele quer. Também ressaltou que especial interpelação do Espírito vem de fora da Igreja, pelos "sinais dos tempos"[296], o que exige abrir-se ao mundo, ter atenção à história, deixar-se interpelar pela realidade circundante e aprender com a sociedade que nos rodeia. É necessário ter presente que as grandes causas da humanidade são sempre as causas do próprio Evangelho, dado que o povo de Deus peregrina no seio de uma humanidade toda ela peregrinante e que o destino do povo de Deus não é diferente do destino da humanidade.

Os sinais dos tempos interpelam a Igreja, a começar pelo seu lugar de presença no mundo, nem acima nem abaixo, mas precisamente em seu seio. Interpelam o teor de sua ação, em que medida ela é resposta às necessidades reais e convergência para a vida em plenitude para toda a humanidade. Os sinais dos tempos interpelam a Igreja em sua forma de presença no mundo, enquanto sinal e instrumento do Reino de Deus na concretude da história. Em resumo, os sinais dos tempos sempre interpelam a Igreja a ter presente, como diz o concílio, que tudo o que diz respeito ao ser humano, como não é alheio a Deus, não é alheio à Igreja e à sua missão no mundo.

Discernir os sinais dos tempos não é um mero procedimento empírico e espontaneísta. Como são sinais que se dão no tempo, na história, no contexto em que se está inserido, requerem as mediações analíticas que fazem ponte entre a fé e a realidade, ou seja, as ciências que se ocupam do tempo ou da história. A teologia exerce nesse particular um papel importante.

---

296. BRIGHENTI, A. *O método ver-julgar-agir*: da Ação Católica à Teologia da Libertação. Petrópolis: Vozes, 2022, p. 185-186.

8.4 As mediações do discernimento comunitário em um processo sinodal

Deus age não "apesar" de nós, de maneira direta e invasiva da liberdade humana, mas "através" de nós. Deus sempre nos chega mediado pelo humano ou por sua criação. Por isso há dois extremos no discernimento, já mencionados: de um lado, o espiritualismo, em que se crê que o discernimento nos é dado ou comunicado de fora e que o papel do ser humano é apenas de "receptor", ou seja, de não atrapalhar ou impedir que o Espírito aja; de outro lado, está o racionalismo, em que se parte do princípio que o discernimento é uma faculdade da razão, capaz de chegar à verdade – "tudo pela razão e nada fora da razão" –, sendo uma espécie de idealismo, de crença na razão absoluta, que em última análise a confunde com o Absoluto. O positivismo foi uma das pretensões da razão absoluta e uma das expressões da onipotência do sujeito, no seio do projeto civilizacional moderno em crise, em grande medida, precisamente por causa disso.

8.4.1 Um ambiente comunitário de fé

Em um discernimento comunitário em contexto sinodal, a mediação mais importante é a oração no Espírito, capaz de criar o ambiente de fé na comunidade eclesial, que a torna apta a recorrer à luz da Palavra revelada e de interpretá-la no contexto da comunidade de fé. O ambiente de fé e oração é a mediação principal para discernir no Espírito, que é a alma da Igreja. O discernimento em um processo sinodal se apoia na centralidade da Palavra, interpretada no seio da comunidade eclesial[297]. O contexto comunitário de fé precisa estar presente durante todo o processo de discernimento, não como ato pontual ou momentâneo, mas como o modo de ser da comunidade eclesial no processo de discernimento. Precisa ser criado e continuamente alimentado, para que se mantenha durante todo o processo.

---

297. RAMBLA, J.; LOZANO, M. (ed.). *Discernimiento comunitario apostólico*: textos fundamentales de la Compañía de Jesús. Barcelona: Centre d'Estudis Cristianisme i Justícia, 2019 (EIDES, 89-90), p. 24-25.

8.4.2 A hermenêutica da Palavra como hermenêutica da dialética

Nesse contexto eclesial, em sintonia com a presença do Espírito e agindo nele é que se vai discernir a situação da vida da Igreja, à luz da Revelação. Há, entretanto, duas hermenêuticas possíveis, mas apenas uma adequada e capaz de fazer do discernimento comunitário uma atualização da Palavra no contexto de hoje.

Uma hermenêutica inadequada é limitar-se a fazer uma "hermenêutica da hermenêutica", isto é, apenas a transferir o sentido de ontem para o contexto de hoje, sem que a situação atual tenha sido levada em conta na leitura da Palavra. O sentido de ontem é aplicado sobre o contexto de hoje de modo dedutivo, verticalista, previamente determinado em relação às interpelações do contexto de hoje. Trata-se de uma hermenêutica descontextualizada, a-histórica, acrítica dos condicionamentos a que estão sujeitos os intérpretes de um texto que, por ser Palavra viva, apesar de ser temporal na forma, é atemporal em seu conteúdo.

Já uma "hermenêutica da dialética" é capaz de atualizar o texto do contexto e do pré-texto de ontem para o contexto e o pré-texto de hoje, ampliando o sentido do texto pelas luzes que o contexto de hoje emite sobre a Palavra de sempre. Pré-texto é a realidade sócio--histórica e religiosa na qual o texto foi plasmado, e o contexto são os interlocutores que a codificaram da inspiração recebida, e tanto os de ontem como os de hoje se debruçam sobre a explicitação do sentido do texto. Numa hermenêutica da dialética, há não apenas uma atualização do texto, como também a ampliação de seu sentido, dado que este é sempre contingente aos sujeitos, ao lugar e ao interesse de toda prática, incluída a prática teórica, como sua interpretação.

8.4.3 O saber popular

Nesse contexto eclesial de fé, em que se recorre às luzes da Palavra para o discernimento comunitário da vida da Igreja, há outras mediações imprescindíveis. No âmbito de uma reflexão analítica, está a mediação importante do saber popular, a sabedoria das pessoas simples, dos pobres e dos iletrados. É um saber não acadêmico, mas nem por isso um saber acientífico ou anticientífico, pois é também dotado de um *logos* crítico. É a sabedoria da vida, decantada nos aprendizados da vida pessoal e comunitária, alicerçado no discernimento de hoje e na tradição dos antepassados.

Aqui está também a contribuição dos movimentos populares e outros grupos, em torno a pautas étnicas, culturais, religiosas, de relação com a natureza etc. Normalmente, é um saber invisibilizado nos meios eruditos e acadêmicos, por mover-se em outro campo epistemológico que o da racionalidade moderna, que tende a não reconhecer o que lhe é tido como uma forma de pensar ingênua, mitológica e equivocada.

8.4.4 O saber acadêmico

Mediação não menos importante é o saber acadêmico, fruto da pesquisa, do debate e da validação que acontecem nos meios universitários. Aqui está a contribuição das ciências humanas e sociais, mas também da economia e das ciências da natureza, que ajudam a ver a realidade a partir dos fatos, dos fenômenos ou dos indicadores coletados da realidade ou do contexto. Daí a importância de haver intelectuais do meio universitário involucrados nos processos eclesiais, sejam eles membros da comunidade em que se lhes reconheça seu talento, sejam convidados.

O discernimento comunitário em um processo sinodal não pode ser amador, empirista, improvisado, sobretudo em se tratando da inserção da Igreja na complexidade de seu contexto cultural, econômico e social. Apesar dos limites da ciência, não há razões de dispensá-la de um procedimento em que está em jogo a contribuição da Igreja em sua missão evangelizadora, prolongamento da obra da salvação.

8.4.5 O Magistério da Igreja

Como mediação para o discernimento comunitário em um processo sinodal, na escuta da Palavra no contexto da tradição eclesial está a contribuição do Magistério da Igreja. Há o referencial dos concílios, do Magistério Pontifício, assim como do Magistério da Conferências Episcopais, sejam elas continentais ou nacionais[298], sem esquecer os

---

298. LUCIANI, R.; NOCETI, S. Colegialidad, sinodalidad y eclesialidad: un camino para profundizar en la recepción del Vaticano II. *Vida Nueva*, n. 3220, p. 28, 2021.

processos diocesanos, registrados na memória de uma trajetória a ser tomada em conta na leitura da Palavra no contexto de hoje.

Não se deve perder de vista, entretanto, que há também uma evolução na compreensão da verdade no magistério, por estar inserido na contingência da história. Junto com a "obediência" ao Evangelho como critério último, está o magistério que o guarda, mas que precisa ser mantido vivo e atual para o "hoje" da salvação. O magistério é uma baliza importante na difícil e complexa tarefa de atualizar o sentido da Revelação no caminhar da Igreja com a humanidade. Por isso, precisa estar estreitamente unido à contribuição do ministério dos teólogos e aos resultados da pesquisa teológica.

8.4.6 A teologia e o ministério do teólogo

Desde a primeira hora da Igreja, os cristãos sentiram a importância da mediação da teologia, que ganhou impulso e qualidade a partir da época patrística. Um processo sinodal não pode prescindir dos teólogos e teólogas, da pesquisa teológica, do pensamento crítico a partir dos processos pastorais, do esforço de inter-relacionar fé e cultura, fé e contexto histórico como tal. Não se pode ter medo das ciências, da pesquisa aberta e livre, do debate, da consciência crítica, do dissenso. Isso ajuda o magistério e o faz crescer.

Como sua função não é repetir o magistério, mas ser antes sua instância crítica, por vezes há dificuldades no exercício do ministério do teólogo na Igreja. Em certos momentos, há tensões e mesmo fricções, que acabam em punições, nem sempre acertadas. Que a Igreja seja ao menos tão lenta em condenar como é lenta em abençoar. Introduzir o ministério dos teólogos e teólogas na vida da Igreja é a condição para uma fé crítica e consequente com os desafios que o contexto de cada época apresenta. Daí também, da parte dos teólogos, a importância de estar inseridos dos processos pastorais e serem atores nos processos de discernimento comunitário sinodal. Uma teologia órfã de Igreja não contribui para uma Igreja sinodal.

8.5 Princípios pedagógicos para o discernimento comunitário em um processo sinodal

O discernimento comunitário, sobretudo em um processo sinodal, é mais um exercício ou uma aprendizagem na prática do que uma técnica a aplicar. Implica experiência, habilidade, percepção, sabedoria, um *habitus*, e não simplesmente a execução de uma metodologia previamente definida. Além de um bom método ser sempre uma pedagogia em contexto, a própria pedagogia do discernimento comunitário é aberta e dinâmica, como o são as pessoas ou uma comunidade de fé.

Do ponto de vista pedagógico, algumas condições são necessárias para que o discernimento aconteça de modo satisfatório, sobretudo em um processo sinodal, que tem suas exigências específicas. Trata-se de condições que bem podem ser também princípios a partir dos quais é possível desencadear um processo de discernimento comunitário, que preencha os requisitos de uma Igreja sinodal.

8.5.1 A intervenção de todos os interessados

Uma dessas condições ou princípios é a intervenção e a participação de todos os interessados no processo de discernimento comunitário, bem como a tentativa de interessar os desinteressados. Uma Igreja sinodal precisa ir ao encontro de todos e todas. Quando as portas não estão abertas a todos, deixa de ser um processo sinodal. E como é inclusivo de todos, precisa ser preparado para assegurar a participação ativa e plena da comunidade eclesial, o seu sujeito por excelência. Como a sinodalidade é um processo permanente, o antes (a preparação) é sempre mais importante do que o "durante", pois, se não houve um "antes", não haverá um "depois", continuidade.

De preferência, deve-se ir ao encontro e convidar a participar também os afastados e mesmo os que deixaram a Igreja. Trata-se de sensibilizá-los, motivá-los, convidá-los e acolher a todos os que vierem, para que haja uma comunidade eclesial inclusiva e aberta à participação de todos. É preciso criar as condições para que se volte a ser quem realmente deveríamos ser como Igreja: o povo de Deus em caminho, discernindo juntos para onde o Espírito nos convida a ir[299].

---

299. LUCIANI, R. Del Sínodo sobre sinodalidad a la sinodalización de toda la Iglesia. Op. cit., p. 114.

8.5.2 Um verdadeiro diálogo entre todos

Em seguida, é preciso que todos os participantes tenham presente os elementos que constituem um verdadeiro diálogo entre todos. Além de criar as condições para que cada um possa se sentir acolhido e animado a falar, o diálogo implica capacidade de escuta, de modo que o diferente e suas diferenças possam fazer diferença em cada um dos interlocutores.

Diálogo não é o cruzamento de monólogos, uma via de mão única, mas sim interação entre o que cada um diz, tendo presente o que o outro disse, o que leva a mudar o que se ia dizer antes de escutar os demais. O diálogo acontece no transcurso do ato comunicativo, no presente dos presentes, no processo de escuta, que é sempre interlocução. Diálogo implica aprender com o outro, deixar-se surpreender, ser capaz de admiração, ter humildade para não ver a verdade sempre do próprio lado e o erro do outro lado.

8.5.3 A disposição para conviver com o conflito

Outra condição para um discernimento comunitário sinodal é a disposição para conviver com o conflito[300], uma vez que a abertura aos diferentes e suas diferenças gera tensão. Mas é a diversidade que dá dinamismo à unidade. O conflito gerado pelo encontro de diferenças desafiadas a acolher o diferente leva a alterações no próprio ponto de vista, seja pela mudança, seja pela ampliação do sentido conhecido.

Já o confronto fecha cada um em seu próprio ponto de vista e busca impô-lo aos demais. O conflito constrói e desafia os interlocutores ao consenso, já o confronto fragmenta e dispersa. O conflito enriquece; o confronto empobrece. Por isso, para um bom desenvolvimento de um processo sinodal, é importante preparar a comunidade para saber conviver com o conflito, sem perder a capacidade de diálogo e a determinação em buscar sintonizar para além do próprio posicionamento, dado que as partes precisam conformar um todo, que é sempre superior à soma das partes.

---

300. BRIGHENTI, A. *Teologia pastoral*. Op. cit., p. 234-235.

8.5.4 A fidelidade à realidade enquanto fidelidade ao Evangelho

Do ponto de vista pedagógico, outra condição para um discernimento comunitário exitoso é a fidelidade à realidade enquanto fidelidade ao Evangelho. Todo compromisso pastoral brota de um discernimento da realidade. "A realidade é mais importante do que a ideia" é um dos princípios do Papa Francisco. Como o Evangelho é salvação para nós hoje, só será uma Boa Nova se for fator de transfiguração do que está desfigurado no contexto em que vivemos.

Em uma cultura marcada pelo virtual, há o risco de se perder de vista o real da realidade. Quando o virtual não for extensão do real, ele desvirtua, aliena, e a ação da Igreja deixa de ser consequente com os desafios reais, tornando-se a-histórica. Por isso, em um processo sinodal, a escuta uns dos outros precisa estar mediada pela realidade vivida em comum, à luz da Palavra, que sempre leva a encarnar-se no contexto em que se vive. O que não é assumido não é redimido – esta é a máxima de Irineu de Lyon.

8.5.5 Consolação e desolação como indicadores no discernimento

Pedagogicamente, há também indicadores que podem contribuir no discernimento comunitário da vontade de Deus. Trata-se de discernir o que é moção do Espírito em relação a outras respostas que não convergem com a vontade de Deus sobre nós e nosso contexto. Nessas respostas podem estar presentes vontade, medo, comodismo, ingenuidade, falta de senso crítico, o espírito dominante do mundo e o próprio mistério da iniquidade ou do mal.

Pedagogicamente, num discernimento comunitário, o ponto de partida é sempre a realidade, os dados concretos, relacionados com as alternativas de resposta que se nos apresentam, e uma revisão orante para identificar em quais alternativas está a presença do Espírito. Um dos indicadores mais básicos é ver que tipo de emoção cada possível resposta desencadeia em nós. Segundo Inácio de Loyola, são basicamente duas as emoções: a consolação e a desolação.

Para distinguir uma emoção da outra, é preciso perguntar-se as razões pelas quais alguém se sente dessa ou daquela maneira. Isso se faz pessoalmente, depois se partilha com os demais, e, juntos, busca-se o consenso em torno à resposta consoladora que nos parece convergente com as moções do Espírito, as quais não necessariamente são as da maioria. A comunidade está em consolação quando os participantes estão verdadeiramente engajados na escuta ativa. Isso vai gerando, pouco a pouco, uma visão compartilhada, uma verdade, um consenso que energiza os participantes à medida que a conversação se desenrola. Surge um sentimento de maior unidade, aceitação, inclusão e valorização entre os membros. Já sinais de desolação se manifestam no desengajamento da escuta ativa e da fala intencional, com bloqueios na interlocução; em movimentos de medo, hesitação, diminuição da confiança e abertura; enfim, quando o individual começa a sobrepor ao bem comunitário.

8.6 Passos metodológicos do discernimento comunitário em um processo sinodal

Num processo de discernimento comunitário sinodal, os princípios pedagógicos precisam descer ao nível de passos metodológicos. Trata-se de traçar um caminho, a ser percorrido pela comunidade eclesial, que lhe permita discernir sua situação como Igreja em contexto e tomar as decisões adequadas de maneira convergente com as moções do Espírito. Como é a comunidade como um todo o sujeito do discernimento, é ela mesma que vai discernir a respeito dela própria. O resultado almejado não é algo que vem de fora para ser acolhido, mas precisa brotar de dentro dela mesma, fruto da convergência da vontade da comunidade com a vontade de Deus, ou seja, da convergência de duas liberdades – a liberdade de Deus em dar o que tem a oferecer, e a liberdade da comunidade em fazer seu o dom oferecido.

8.6.1 Possível itinerário metodológico de um discernimento comunitário sinodal

Metodologicamente, apesar de seus limites, não há outra alternativa melhor para um processo de discernimento do que o modo de proceder da racionalidade moderna, uma racionalidade histórica, contextual, indutiva e crítica, recebida também no seio da teologia moderna, que superou o método da teologia medieval, precisamente a-histórica, universalizante e dedutiva. De maneira didática, J. Cardijn plasmou essa nova maneira de pensar o método *ver-julgar-agir*, praticado em processos de discernimento comunitário em seus três momentos, ainda que às vezes com outros nomes. Na "conversação no Espírito", como se costuma nomear o discernimento no processo sinodal, a trilogia é desmembrada em outros momentos, que, longe de anular, concretizam o método da Ação Católica.

a) Ver-julgar-agir

O método *ver-julgar-agir* é a trilogia da Ação Católica especializada, gestada por J. Cardijn no seio de sua obra, a JOC[301]. São três momentos intrinsecamente ligados entre si, de forma dialética, articulados a partir do polo do *agir*. Trata-se de *ver* e *julgar* para *agir*, sendo o *agir* a melhor introdução ao *ver*. O momento do *julgar* é, basicamente, o momento de discernir o *ver*, em vista do *agir*. É fundamental que seja um *julgar* não espiritualista ou racionalista, mas precisamente mediado pela Palavra, lida no contexto da comunidade eclesial – leitura esta feita a partir da realidade, tendo presente também os sinais dos tempos e estando apoiada no magistério e na teologia. O itinerário metodológico da Ação Católica está amplamente presente no Magistério da Igreja, em especial a partir da *Gaudium et Spes*, tanto nos processos pastorais como na própria reflexão teológica.

O discernimento comunitário, sempre relacionado com os momentos do *ver* e do *agir*, está direcionado mais concretamente para o momento do *julgar*. O *ver* diz respeito ao momento da *escuta*, da tomada de consciência da situação da comunidade eclesial inserida no mundo, das interpelações dos sinais dos tempos e das demandas do contexto sociopastoral. O momento do *agir* já é o esforço de fazer

---

301. Cf. BRIGHENTI, A. *O método ver-julgar-agir*. Op cit.

aterrissar o que se discerniu do *ver* no procedimento do *julgar*, traduzido em iniciativas concretas a serem levadas a cabo pela comunidade eclesial e, eventualmente, em parceria com outros atores, para tornar presente o Reino de Deus no mundo.

b) Reconhecer-interpretar-escolher

A linguagem para expressar esses três momentos pode mudar segundo os lugares e os contextos em que são aplicados. Nos meios eclesiais, particularmente nos processos sinodais, às vezes, a trilogia aparece como *reconhecer-interpretar-escolher*. Analógico ao *ver*, o *reconhecer* é entendido como o momento para debruçar-se sobre a realidade, suas interpelações, os clamores, as necessidades de evangelização ou o que o Espírito está dizendo no contexto no qual se está inserido. Análogo ao *julgar*, o *interpretar* é entendido como o momento do discernimento comunitário propriamente dito, do discernimento sinodal ou espiritual, em que se busca compreender, à luz da Palavra, a realidade reconhecida. Por fim, análogo ao *agir* está o *escolher*, entendido como o momento de responder às interpelações da realidade reconhecida à luz da Palavra, definindo as ações a serem levadas a cabo pela ação evangelizadora.

c) Recordar-reler-recolher

Outra maneira similar para expressar os três momentos de um possível itinerário do discernimento comunitário em um processo sinodal é encontrado em alguns outros lugares, sendo designados como *recordar-reler-recolher*. Análogo ao *ver*, fala-se de *recordar*, entendido como fazer memória do caminhar da comunidade eclesial, das experiências vividas, dos obstáculos encontrados e conquistas realizadas, assim como das interpelações e dos questionamentos que se apresentam e clamam por discernimento e resposta. Análogo ao *julgar*, está o *reler*, entendido como uma segunda leitura da realidade, agora à luz da Palavra, uma leitura pelo viés da ótica da fé, em que se busca identificar as interpelações do Espírito em ordem a um posicionamento e uma resposta da comunidade eclesial por sua ação pastoral. Por fim, análogo ao *agir* está o *recolher*, entendido como a tradução das interpelações do Espírito em ações concretas, como frutos do Espírito no processo de discernimento feito pela comunidade eclesial.

8.6.2 A dinâmica do discernimento comunitário

O discernimento comunitário em um processo sinodal, enquanto ação eclesial, na comunhão do Espírito que é a alma da Igreja, sem dúvida é mais assertivo e profundo do que o discernimento individual, ainda que sempre com seus limites. Por mais que se aprimorem as condições e os meios para um verdadeiro diálogo, o discernimento comunitário não está isento de riscos, como tudo o que é humano, ainda que perpassado pela graça e sob o dinamismo do Espírito. Estamos suscetíveis a toda sorte de condicionamentos e pressupostos, muitos deles inconscientes, que acabam influenciando nossas decisões.

Um sério "discernimento dos espíritos" diminui os riscos, mas não os impede, o que não desqualifica a importância do discernimento comunitário. Pelo contrário, a consciência de seus limites nos leva a constantemente tentar aprimorá-lo. Mas anormal, constatados os limites, é não se corrigir. No processo de discernimento, nada impede que juízos, escolhas ou decisões sejam revistas, seja durante o discernimento, seja depois dele, pois o que se busca sempre é fazer convergir nossa vontade com a vontade de Deus, na procura constante da verdade que nos possui e, portanto, sem a pretensão de possuí-la em algum momento.

Há diversas maneiras de desenvolver a dinâmica ou o modo concreto de fazer um discernimento comunitário em um processo sinodal. Juntando as diferentes experiências e ordenando os diferentes componentes em uma ordem lógica no tempo, a partir do método *ver-julgar-agir*, poderíamos condensá-los em cinco passos:

1) Criação de um clima de oração e entrada em comunhão com o Espírito

É o Espírito que nos ensina todas as coisas e nos conduz à Verdade. Portanto, não há discernimento eclesial possível sem oração, sem ouvir as moções do Espírito, que nos levam a convergir nossa vontade com a vontade de Deus. Por isso, um processo de discernimento começa com a criação de um clima de oração na comunidade eclesial, que deve perdurar durante todo o processo, pois é ela o sujeito do discernimento no Espírito. A Palavra de Deus é a melhor mediação para criar esse clima de oração, que pode ser escutada, rezada e cantada. Sua escuta implica o silêncio, externo e interno, seguido da contemplação, que nos abre a acolher o que Deus nos quer mostrar e dar. É importante evitar um clima espiritualista ou emocionalista, que nos impede de nos colocarmos consciente e criticamente diante de Deus e se presta a toda sorte de instrumentalizações e manipulações. A comunidade de fé vai discernir na fé.

2) Revista dos dados levantados no processo de escuta

O discernimento sempre se faz a partir de dados concretos sobre a vida da Igreja no mundo, seu objeto. Trata-se de trazer presente o que se recolheu no processo de escuta, no momento do *ver*; ter presente a importância da leitura analítica dos dados levantados pelas mediações do saber popular e do saber acadêmico, feita em seu momento. Envolve nunca partir do dado bruto, visto a olho nu, sem ele ter passado pelo crivo da razão crítica. Agora, neste segundo passo, é o momento de um *rever*, de fazer memória do escutado, do constatado, do que emergiu do esforço de exteriorizar e verbalizar a situação que se vive como cristãos no mundo. Não é o momento de acrescentar percepções desconectadas do caminho percorrido, a não ser para aprimorá-lo, mas de reavivar a memória do já visto, da acolhida de uma realidade que interpela e exige tomada de posição. Aqui podem intervir agentes ligados ao saber popular e ao acadêmico, para ajudar a ter presente o real da realidade a ser discernida na fé.

3) Primeira rodada de conversação no Espírito: as situações que interpelam

Os dois primeiros passos preparam a etapa de uma conversação no Espírito, elemento central no discernimento comunitário, em três rodadas. Trata-se de uma forma de conversação estruturada, com regras que assegurem a participação de todos os membros da comunidade, de forma equitativa. É o momento de cada um falar, sem que haja interação entre as intervenções ou debate de ideias ou argumentações. O objeto da partilha pessoal aos demais membros da comunidade são as realidades do vivido e experienciado no processo de escuta, que interpelam um discernimento e um posicionamento enquanto comunidade. Trata-se de identificar situações que interpelam a Igreja, a comunidade eclesial e a ação evangelizadora, a partir das luzes do Evangelho. Aqui é importante que entrem no processo agentes que façam a mediação de uma leitura da realidade à luz da Palavra, lida com as balizas do magistério e a reflexão crítica da teologia. É preciso cuidado para não cair em espiritualismos ou em uma leitura psicologicista da Palavra. A contribuição de agentes no âmbito das ciências teológicas, sem dúvida, garante as condições para a partilha individual no discernimento da realidade escutada, mais consequente com a força penetrante das luzes do Evangelho.

4) Segunda rodada de conversação no Espírito: o que mais sobressaiu na partilha pessoal

Tendo presente o que cada membro da comunidade eclesial partilhou a partir de seu discernimento pessoal, começa agora o discernimento comunitário propriamente dito, pela decantação da diversidade de contribuições, em busca do convergente ou o significativo entre o dito por cada um e as moções do Espírito, segundo o juízo da comunidade como um todo. Aqui é importante fazer eco do clima de oração criado no primeiro momento, para discernir no Espírito, que age não fora de nós, mas a partir de dentro, na interioridade de cada um, agora tendo presente o que disseram os demais. O critério de discernimento das moções do Espírito em relação ao objeto em causa, que é o vivido pela comunidade eclesial em seu contexto sociopastoral, é a emoção que desencadeia o que se ouviu na partilha de cada um, em termos de "consolação" e "desolação"; mas sem dispensar a mediação do magistério e da teologia no discernimento da realidade vista. Aqui, cabe evitar o risco de emocionalismo. Por isso, ao identificar consolações e desolações, deve-se sempre procurar ver as razões pelas quais se tem esta ou aquela emoção frente ao escutado. É preciso combinar docilidade à graça e senso crítico. A fé não é um ato "da" razão, mas precisa ser um ato "de" razão para ser digna do ser humano.

5) Terceira rodada de conversação no Espírito: o que parece convergente entre a percepção da comunidade e as moções do Espírito

Na terceira rodada da conversação no Espírito, a partir do que sobressaiu na segunda rodada, a comunidade vai procurar definir o que parece convergente entre a percepção da comunidade e as moções do Espírito, seguindo o critério da eclesialidade – a convicção consoladora de que aquilo que se define pareceu bem ao Espírito Santo e à comunidade reunida na fé, sob seu dinamismo. O convergente é fruto da coerência constatada entre diferentes alternativas com o que se sente consolador, a partir dos sentimentos e desejos mais profundos da comunidade de fé. Para isso, é importante pesar os argumentos, em termos de vantagens e desvantagens, ganhos e perdas, entre o que é bem de todos e os possíveis interesses de grupos etc. Aqui também, na conversação, recorre-se às contribuições do magistério e da teologia, que pode contemplar debates e discussões, uma vez que se trata de afinar os critérios para se chegar à verdade, que sempre nos ultrapassa.

Tal como o processo de escuta, que pode demorar um largo tempo, segundo as condições das comunidades eclesiais envolvidas, da mesma forma o discernimento comunitário do que foi visto não se faz com uma ou outra reunião. As três rodadas de conversão no Espírito podem exigir muitos encontros da comunidade, sobretudo quando ela não for tão pequena, dado que essa etapa consiste em ouvir a todos e em cada um ter interação com os demais. Tão complexo como ver a realidade é discerni-la à luz da fé. E se falhas no *ver* põem em risco o *agir*, não menos grave é negligenciar o *julgar*, pois é ele que dá o rumo – que precisa ser sempre a vontade de Deus, discernida no Espírito.

9
O MINISTÉRIO DO TEÓLOGO E A TEOLOGIA EM UMA IGREJA SINODAL

A teologia, para ser cristã, precisa ser sinodal, pois uma teologia que não se articule a partir das práticas das comunidades eclesiais inseridas no mundo, não presta um serviço ao povo de Deus e à humanidade. Assim sendo, como a teologia faz parte do itinerário de uma fé eclesial, nem toda teologia, ainda que se diga ancorada na fé, é autêntica teologia. Para ser autêntica, precisa estar estreitamente vinculada à fé da Igreja a serviço da humanidade. Se a teologia não serve à Igreja e à sua missão no mundo, não serve para os cristãos.

Do ponto de vista eclesial, uma teologia autêntica depende, de um lado, das práticas eclesiais em perspectiva transformadora e, de outro, da inserção do teólogo numa comunidade eclesial concreta. Assim sendo, o lugar da teologia não é a academia, mas a comunidade congregada dos fiéis, inserida na sociedade. A teologia é fruto da necessidade vital de se pensar teologicamente a experiência viva e concreta da comunidade eclesial. Primeiro vem a experiência comunitária da fé, depois vem a teologia como sua inteligência reflexa. A vida da comunidade eclesial é o "lugar natural" da teologia. Com isso, afirma-se não só a teologia como uma realidade inseparável da consciência viva da Igreja, como também a convicção reflexa de que a vida e a experiência de uma comunidade eclesial concreta precedem a teologia[302]. A experiência de fé das comunidades eclesiais dá o que pensar à teologia.

---

302. Cf. PALÁCIO, C. Trinta anos de teologia na América Latina: um depoimento. *In*: SUSIN, L. C. (org.). *O mar se abriu*: trinta anos de teologia na América Latina. São Paulo: Soter; Loyola, 2000, p. 51-64.

Consequentemente, a teologia não pode ser um privilégio de uns poucos. Todo cristão, para chegar a uma fé adulta, precisa "dar razões" à sua fé, no diálogo entre fé e razão, teologia e ciências, mensagem evangélica e culturas etc. Em outras palavras, todo cristão, para chegar à maturidade de sua fé, precisa de algum modo ser também teólogo[303]. O laicato, na Igreja, historicamente tem ficado à margem do saber crítico a respeito de sua fé, à margem da teologia e, por consequência, à margem do discernimento e da tomada de decisões. Sem teologia, diminui o senso de corresponsabilidade na Igreja, e o cristão fica impedido de exercer o *sensus fidelium*, uma das instâncias mais importantes da tradição eclesial.

Uma questão espinhosa em uma Igreja sinodal diz respeito à relação entre magistério e teologia. Na história da Igreja, a relação entre teólogos e magistério nunca foi tranquila ou de unanimidade, com exceções, como no caso do Concílio Vaticano II e da Conferência de *Medellín*, em que magistério e teologia não só convergiram como também coincidiram. Entretanto, confrontos entre magistério e teólogos são totalmente desnecessários e evitáveis, pois, em grande medida, devem-se seja a deficiências na reflexão teológica, seja a limites pessoais ou institucionais. A relação teologia-magistério traz em seu seio tensões inevitáveis e salutares. Nesse sentido, os confrontos empobrecem, mas os conflitos enriquecem. Também o magistério precisa da pesquisa, do debate, do diálogo, da construção de consensos entre as diferenças, inclusive sabendo respeitar o dissenso, mesmo expressando o desacordo.

9.1 Teologia e sinodalidade

A teologia não é uma reflexão metafísica sobre as verdades da fé ou sobre o ser da Igreja. Ela é, antes de tudo, a inteligência reflexa das práticas das comunidades eclesiais, inseridas profeticamente no mundo – "uma reflexão da práxis à luz da fé", conforme G. Gutiérrez[304]. A teologia nasceu colada à vida das comunidades eclesiais.

---

303. No seio da teologia latino-americana, sempre se insistiu nos três "Ps" da teologia: o nível "popular", o nível "pastoral" e o nível "profissional".

304. É a definição clássica da especificidade do método da teologia latino-americana, cunhado em: GUTIÉRREZ, G. *Teologia de la Liberación*: perspectivas. Lima: CEP, 1971. Esta obra logo foi traduzida na Itália (1972), nos Estados Unidos (1973), na Bélgica (1974) e na Alemanha (1975).

Uma autêntica teologia se articula desde a experiência comunitária da fé, no seio de comunidades eclesiais, fundada na Palavra e revelada através de *símbolos, conceitos* e *ações*. Historicamente, a teologia patrística, como *sapientia*, articulou-se privilegiando o nível simbólico, numa linguagem narrativa sobre experiências concretas da fé. A teologia escolástica, como *ciência*, articulou-se privilegiando o nível conceitual. Por sua vez, a teologia moderna, respaldada na emancipação da razão prática, privilegia a ação.

9.1.1 Do símbolo à **lectio**

Na época patrística, do símbolo se passou à *lectio divina*, que eleva a narrativa ao nível da contemplação, sem perder de vista o nível simbólico de uma teologia sapiencial, colada à experiência da fé[305]. Ser cristão não consiste em crer em certas verdades ou em acusar recepção de certos conteúdos, mas é antes de tudo um modo de viver, de dar testemunho de uma diferença que, por ter sido acolhida, faz diferença; ou melhor, uma diferença que é condição para acolher a diferença. Em seu tempo, os padres da Igreja não estão interessados numa sistematização dos artigos de fé, nem na elaboração de um sistema racional desses artigos. Durante muito tempo, a teologia estará ligada à ação evangelizadora da Igreja. O único objetivo da reflexão teológica é ajudar as comunidades a agir conforme os artigos da fé. Mesmo no interior da apologética, cujos principais representantes são Justino de Roma e Irineu de Lyon, a reflexão teológica não está interessada na disputa de ideias ou conceitos, mas é fundamentalmente uma teologia pastoral, na medida em que busca responder às ameaças históricas concretas à fé da Igreja. Não há dissensão de ideias, mas de concepção de condutas.

Além disso, a teologia cristã nascente no interior da apologética nos primeiros dois séculos do cristianismo não é feita por teóricos ou teólogos de academia. A dogmática cristã será plasmada com a ajuda da reflexão de pastores, sim, mas em torno ao debate no interior das comunidades eclesiais, de sínodos e concílios, cujo interesse é a fidelidade à conduta cristã oriunda da vida, da paixão, da morte

---

305. FLORISTÁN, C. *Teología práctica*. Op. cit., p. 126-128.

e da ressurreição de Jesus, no interior do Plano da Criação. A *lectio divina* expressa bem essa contemplação teológica da revelação de Deus na história: em um primeiro momento está a escuta da Palavra, vai-se ao texto (explicação gramatical); depois, aproxima-se dele com as questões postas pela vida, para detectar o que ele está dizendo para a situação concreta que se está vivendo (significação vital); finalmente, da vida confrontada com o texto, deduz-se de forma reflexiva suas implicações concretas para a vida pessoal e comunitária e para o mundo hoje. Dados os recursos culturais da época, a dialética texto--pré-texto-contexto carece de rigor analítico, mas não deixa de estar perpassada pela busca de sua articulação desde o polo da ação. Dessa reflexão, extraem-se "sentenças", que expressam o sentido do texto, não do ponto de vista racional e lógico, mas do histórico, através de "glosas" que o explicam e o atualizam.

9.1.2 Da **lectio** à **quaestio** e, desta, aos manuais

Por volta dos séculos XII e XIII, haviam proliferado tanto as "sentenças", recopiladas em livros, que apareceram diversas escolas dedicadas ao seu estudo. Fazendo uso do método dialético aristotélico, elas elevaram a teologia ao patamar de ciência – a escolástica. Aqui, vai acontecer um grave deslocamento, que só será recuperado no século XX, em torno ao Concílio Vaticano II, com seu retorno às fontes bíblicas e patrísticas. O ponto de partida da teologia escolástica não será mais a ação de Deus na história – a *lectio* –, mas a *quaestio*, ou seja, a proposta de temas ou questões para a *disputatio*, a fim de chegar à organização das sentenças num todo orgânico, compiladas nas chamadas *sumas*. Só que as sumas já não serão mera compilação das sentenças. Através da *quaestio* e da *disputatio*, são acrescentados conhecimentos e ideias de ordem racional, que farão a teologia alicerçar-se não mais sobre a ação, mas sobre a autoridade e a razão. Valorizam-se noções filosóficas abstratas, desde as quais se vai à revelação, para chegar a conclusões teológicas, que perdem de vista seu ordenamento à correta conduta (a ortopráxis) em favor do correto pensar (a ortodoxia). A suma mais importante será a de Tomás de Aquino, quem definirá a teologia como "ciência de Deus" ou *sacra doctrina*.

A partir do século XVIII, das sumas se passará aos manuais. Não muda a teologia ou sua perspectiva; ela apenas é simplificada, e mesmo empobrecida, em pequenos e resumidos manuais apologéticos. Não interessa a argumentação, mas sim as afirmações dogmáticas doutrinárias da fé. Esses manuais terão pouca Escritura, nada de história e muitos raciocínios silogísticos. A teologia, de reflexão sobre a ação, passa a ser especulativa, sem criatividade e sem diálogo com a história, desde o confronto das perguntas do cotidiano com a mensagem revelada. Para corrigir esse equívoco, ainda no seio da escolástica, surgiria um movimento de renovação teológica, sobretudo com Duns Escoto e Guilherme de Ockham, buscando recuperar a tradição franciscana e, por sua vez, irineana, mas sem sucesso. Isso não impediu que, mais tarde, ela fosse assumida, porém pela Reforma Protestante, na medida em que para Lutero a teologia não é especulativa, e sim prática, pois não se ocupa unicamente com as coisas de Deus, mas da relação entre Deus e a humanidade[306].

9.1.3 Dos manuais ao reencontro com a ação eclesial

No seio do catolicismo, seria preciso esperar o movimento em torno à preparação e ao evento do Concílio Vaticano II, para que a teologia voltasse a se reconciliar com a ação. Para isso, ela foi ajudada pela modernidade e, com muito esforço e a duras penas, conseguiu romper com a racionalidade essencialista e a-histórica medieval e, consequentemente, com a teocracia e o eclesiocentrismo. Foram de muita valia para a nova teologia – denominada "moderna", porquanto acusa recepção da racionalidade do projeto civilizacional moderno – a filosofia da história de Hegel, a emancipação da razão prática levada a cabo pelos filósofos da práxis, a filosofia vitalista de H. Bergson (1859-1941), a filosofia da ação de M. Blondel (1861-1949) e a hermenêutica como interpretação da história de W. Dilthey (1833-1911).

Do lado da teologia, esse reencontro da teologia com a ação deveu-se muito à Escola Kerigmática de Dunsbruck (J. B. Lotz, F. Lakner, H. Rahner e F. Dander), à Escola de Saulchoir, com a *Nouvelle*

---

306. Ibid., p. 128-133.

Théologie (M.-D. Chenu, L. Charlier, Y. Congar e J. Daniélou), bem como à contribuição de teólogos da envergadura de H. de Lubac, K. Rahner, E. Schillebeeckx, H. Küng e outros. Finalmente, essa nova perspectiva teológica será assumida pelo magistério através do Concílio Vaticano II. *Gaudium et Spes*, ao fazer da leitura dos "sinais dos tempos" o ponto de partida da reflexão teológico-pastoral, reconcilia a teologia com o método indutivo, incorporando à reflexão teológica as práticas das comunidades eclesiais, inseridas no mundo. Enfim, a práxis histórica passa a fazer parte integrante da inteligência da fé.

Com isso, a denominada teologia moderna, enquanto saber humano sobre a experiência de Deus, coloca-se em seu devido lugar. Em vez de "ciência de Deus", passa a ser a inteligência da fé de um povo em Deus. A passagem de um Deus essencialista e conceitual para o plano da experiência de fé faz da teologia uma ciência práxica, já que seu objetivo último é a realização histórica da esperança e do amor, na perspectiva do Reino escatológico. No seio dessa nova perspectiva, as teologias europeias, denominadas do genitivo (teologia da esperança, da ação, política, da revolução etc.) irão ressaltar ainda mais o caráter práxico da teologia – *spes quaerens intellectum*[307]. Alicerçada nelas, a teologia da libertação, ao autocompreender-se como reflexão "da" e "para a" práxis libertadora da fé, mergulha ainda mais profundamente no universo da ação, sobretudo ao fazer, da opção pelos pobres e do compromisso com o seu lugar social, condição e critério de autenticidade evangélica[308].

Se a teologia se articula na experiência da fé dos cristãos, engajados em comunidades eclesiais inseridas no seio da sociedade, consequentemente não há autêntica teologia fora do tecido eclesial e social. Em última instância, a teologia, embora deva guardar toda sua objetividade e sua criticidade enquanto inteligência da fé, está a serviço da evangelização, da missão da Igreja, da vivência da fé na vida pessoal e social e da encarnação do Evangelho nas culturas, no coração das pessoas e nas estruturas.

---

307. MOLTMANN, J. *Teologia da esperança*: estudos sobre os fundamentos e as consequências de uma escatologia cristã. São Paulo: Herder, 1971, p. 16 e p. 30.
308. FLORISTÁN, C. *Teología práctica*. Op. cit., p. 133-137.

9.2 Igreja sinodal, teologia e ministério dos teólogos

As razões, senão de frequentes conflitos, pelo menos de certa desconfiança entre teologia e magistério se remetem a uma tensão interna inerente à essência da própria teologia, que provém da inter-relação das três dimensões da reflexão teológica: a dimensão cognoscitiva da fé, a fé como experiência humana e a dimensão eclesial da fé. Abordemos, suscintamente, cada uma delas.

9.2.1 Teologia e dimensão cognoscitiva da fé

A teologia não é um ato "da" razão, mas não deixa de ser um ato "de" razão, pois a fé tem uma dimensão cognoscitiva. A tarefa da teologia é dar conta da esperança cristã àqueles que a pedem. Nesse particular, um primeiro ponto de tensão no interior da própria teologia diz respeito ao tipo de racionalidade que a sustenta: é a racionalidade pré-moderna, ou a moderna? Se a teologia quiser ser ciência, precisa aceder ao patamar da racionalidade moderna. Embora tenha sua autonomia, ela não está dispensada de comparecer, juntamente com as demais ciências, diante do "tribunal da razão"[309]. Também ela precisa perguntar-se sobre as condições para que uma argumentação seja científica. O "desencantamento weberiano" dá conta da ilusão da pretensão de objetividade total, por muito tempo reinante no seio do positivismo lógico. Pelo menos as ciências físicas e matemáticas nos livrariam da subjetividade. Mas, como advertiu K. Marx, se a visão do sujeito coincidisse com o objeto, vã seria a ciência. Os "mestres da suspeita" – Marx, Nietzsche, Freud – revelaram os limites da racionalidade científica. Kant e, mais recentemente, Popper revelaram os pressupostos pré-científicos inerentes ao procedimento metodológico de todas as ciências, fazendo delas um "racionalismo crítico", dada a consciência de que no início da atividade científica está uma "fé irracional" na razão[310] (H. Küng).

---

309. Cf. GESCHÉ, A.; SCOLAS, P. *La foi dans le temps du risque*. Paris: Cerf, 1997.

310. Cf. KÜNG, H. *Teología para la postmodernidad*. Madri: Alianza, 1989

Ao lado dos inevitáveis pressupostos inerentes ao método de qualquer ciência, está também a contingência de todo discurso científico. Como bem demonstraram Dilthey e Gadamer no seio da hermenêutica moderna, e mais recentemente T. Khun[311] e M. Foucault[312], há sempre a necessidade de uma teoria geral da sociedade para a validação dos enunciados científicos. Por isso, a unidade das ciências só é garantida pela comunicação entre elas, na perspectiva da "razão comunicativa" de J. Habermas[313].

As consequências disso para a teologia são claras: também ela é um produto humano, um saber "sobre" o Absoluto e não um saber Absoluto (*sacra theologia*). Assim sendo, o magistério não pode exigir dos teólogos o que eles não podem dar. Precisa conhecer e respeitar a ciência. E os teólogos, por sua vez, precisam proceder com humildade científica e honestidade intelectual. Nesse particular, como ciência se faz na academia, não deixa de ser uma anomalia o teólogo precisar do *nihil obstat* do magistério para poder fazer ciência nas academias da Igreja.

9.2.2 Teologia e fé como experiência humana

A rigor, o objeto da teologia não é Deus, mas a experiência humana da fé em Deus. Por isso, a teologia antes de tudo precisa perguntar-se sobre o fundamento da experiência de fé e se esta experiência pode ser explicada conceitualmente. Nesse particular, Agostinho fez uma distinção importante entre *fides qua* (a abertura incondicional do ser humano a Deus, concedida pelo próprio Deus; a fé com a qual se crê; o assentimento de uma realidade que lhe é dada) e *fides quae* (as proposições formuladas sobre o ato de fé; a fé que é acreditada; as formulações dos conteúdos da fé)[314].

---

311. Cf. KHUN, T. *A estrutura das revoluções científicas*. 7. ed. São Paulo: Perspectiva, 2003.

312. Cf. FOUCAULT, M. *As palavras e as coisas*: uma arqueologia das ciências humanas. São Paulo: Martins Fontes, 1985

313. CF. HABERMAS, J. *Teoría de la acción comunicativa vol. I*: racionalidad de la acción y racionalización social. Madrid: Taurus, 1987; HABERMAS, J. *Teoría de la acción comunicativa vol. II*: crítica de la razón funcionalista. Madrid: Taurus, 1987.

314. Cf. *De Trinitate XXX*, II, 5.

Essa distinção é importante tanto para a teologia como para o magistério, pois evoca dois níveis da verdade: a *verdade objetivante* (unidimensional, Deus mesmo, inalcançável pelo discurso científico) e a *verdade relacional* (pluridimensional, a experiência de encontro pessoal com Deus, o campo da verdade da ciência). Assim sendo, o objeto da teologia não é Deus, mas a experiência humana de fé do encontro com Deus, ou seja, as proposições sobre Deus. Da mesma forma, no âmbito do magistério cabe perguntar-se se os dogmas são "objetos" de fé ou "resposta" da fé. Na teologia pré-moderna, sem a consciência de todos os limites da racionalidade científica, pensava-se que os dogmas se limitavam a "expor" a fé evangélica e apostólica, sem nenhum "acréscimo cultural". Entretanto, Y. Congar demonstrou que os papas antimodernos, a partir de *Mirari vos* (1832) de Gregório XVI, fizeram teologia e, mais do que isso, fizeram uma determinada e limitada teologia. Pensando honradamente em defender a fé, defenderam com todos os meios uma determinada cultura[315].

Na *Donum Veritatis* (1990)[316], há ainda resquícios dessa postura ao afirmar que a natureza da teologia está definida pelo "objeto dado pela revelação, transmitida e interpretada na Igreja, sob a autoridade do magistério e colhida pela fé"[317]. A fé, aqui, não é um correlato imediato da revelação, mas uma aceitação que vem após um processo de interpretação, autenticado pelo magistério. É como se magistério e revelação constituíssem um único bloco e fossem um processo anterior ou antecedente à fé da Igreja. Ora, o magistério que interpreta e transmite a fé jamais pode substituir a experiência do mistério, de proximidade de Deus. A fé não é um mero assentimento intelectual de certas fórmulas dogmáticas.

---

315. Cf. CONGAR, Y. Les théologiens et l'Église. *In*: *Les quatre fleuves* n. *12*. Paris: Cerf, 1980, p. 11.

316. CONGREGAÇÃO PARA A DOUTRINA DA FÉ. *Donus Veritatis*: instrução sobre a vocação eclesial do teólogo, 24-05-1990. *AAS*, n. 82 p. 1552-1553, 1990.

317. Cf. ANTONCICH, R. El servicio intelectual a la verdad. Reflexiones en torno a la instrucción sobre la Vocación Eclesial del Teólogo. In: *Medellín* 65 (1991) 113-129, aqui, p. 123.

Como se pode constatar, por um lado também o magistério tem seus limites e suas obrigações, e sua missão não está isenta de riscos, ainda que a fragilidade não tire a autoridade, desde que esta esteja aberta a reconhecer seus limites. Por outro lado, os resultados da teologia são sempre provisórios, pois são formulações sempre aproximativas à fé cristã, consequência dos limites dos instrumentos de investigação. Daí a exigência incabida de pedir aos teólogos que "sirvam aos homens em sua sede de verdades totais, últimas e definitivas", como o fez João Paulo II num discurso aos teólogos de Salamanca[318].

9.2.3 A dimensão sinodal da teologia

É na relação teologia-Igreja que se encontra o ponto nevrálgico da tensão entre magistério e teologia. A vocação do teólogo não radica numa concessão ou derivação do magistério, mas na experiência de fé da comunidade eclesial. Para a teologia latino-americana, desde o início, isso pareceu claro: a vida da comunidade eclesial é o "lugar natural" da teologia. Com isso, afirma-se não só que a teologia é inseparável da consciência viva da Igreja, mas também a convicção reflexa de que a vida e a experiência de uma fé eclesial precedem a teologia. A teologia é sempre um "ato segundo" – uma *reflexão crítica sobre a práxis, à luz da fé"*, como diz G. Gutiérrez[319] – o esforço para transpor para o conceito a experiência vivida a partir da fé: o momento teórico da vida e do agir eclesial. Por isso, a teologia latino-americana constitui-se em uma teologia contextualizada original, não necessariamente pelo seu método e muito menos pelo seu produto final, mas antes pela experiência eclesial que a sustenta. O essencial desse paradigma teológico não é a teologia, mas as práticas transformadoras, a experiência encarnada da fé. É a partir daí que nasce a teologia como inteligência da fé, de maneira deliberada, intencional e reflexa *em*, *desde* e *para* o contexto dessa experiência de fé. A sua "particularidade" não está na teologia enquanto tal, nem em sua semântica, muito

---

318. Citado em FRANCO, R. *Teología y magisterio*: dos modelos de relación, In: *Estudios Eclesiásticos* 59 (1984) 3-25, aqui p. 12.

319. É a definição clássica da especificidade do método da teologia latino-americana, cunhado por G. Gutiérrez em *Teologia de la Liberación*. Op. cit.

menos em sua sintaxe, mas na experiência eclesial da qual ela vive e para a qual ela quer apontar caminhos que sejam resposta a desafios concretos. Em última instância, a teologia latino-americana inova em relação a outras teologias por mudar de lugar e de função.

Entretanto, as dificuldades na relação teólogos-bispos, na perspectiva da teologia latino-americana, começa na ambiguidade do conceito de "Igreja" nos documentos do magistério. Às vezes, parece que esta corresponde somente à hierarquia. Outras vezes, ao referir-se à "Igreja universal", na realidade está se restringindo à Igreja latina. No fundo, há subjacente pelo menos dois modos de relação entre magistério e teologia, que se remetem a dois modelos eclesiológicos antagônicos.

9.3 Modos de relação entre teologia, Igreja e magistério

O modo de relação entre teologia, Igreja e magistério basicamente se configura em dois modos que se remetem aos períodos pré e pós-conciliar. Também nesse particular, o Vaticano II, ao resgatar uma Igreja sinodal, situa a teologia e o magistério no seio da sinodalidade eclesial, redefinindo seus papéis e sua relação.

9.3.1 O modo tributário de relação da eclesiologia pré-conciliar

No período pré-conciliar, até a Constituição Apostólica de Pio XII – *Sedes sapientiae* – de 1956, predomina o modelo eclesiológico do século XII, quando o jurídico passa a ser um elemento preponderante de unidade e coesão da Igreja[320]. Para Pio X, por exemplo, a Igreja é uma sociedade desigual, conformada por dois gêneros de cristãos: os pastores e as ovelhas. Aos pastores corresponde todo o direito e toda a autoridade de iniciativa e de direção. À multidão das ovelhas cabe obedecer e deixar-se guiar docilmente pela hierarquia. O papa é considerado a fonte imediata de todo poder de jurisdição. Trata-se de uma Igreja pouco ou nada sinodal.

---

320. CONGAR, Y. *L'Église de St. Augustin à l'époque moderne*. Paris: Desclée de Brouwer, 1970, p. 145.

Nesse modelo, a teologia é uma função derivada e dependente da Igreja hierárquica, em última análise do magistério do papa. Consequentemente, suas conclusões não têm o caráter autêntico que tem o magistério. Está excluída qualquer possibilidade de caráter autônomo da teologia, ainda que se lhe atribua um caráter científico. Na *Sedes sapientiae*, afirma Pio XII que, "como o depósito da revelação foi submetido somente ao magistério para sua interpretação" e este é capaz de fazê-lo "segundo o sentido e a mente da própria Igreja", saibam os teólogos que eles "desempenham seu ofício não em nome próprio e por próprio direito, mas em nome do magistério supremo e por sua autoridade e, portanto, sob sua vigilância e moderação. Desse magistério recebem uma espécie de ofício canônico". Assim, "dá-se aos teólogos o poder de ensinar, não para comunicar aos alunos suas opiniões arbitrárias, mas para transmitir-lhes as doutrinas seguríssimas da Igreja"[321]. Em consequência, o "sacro magistério" se converte para a teologia na "norma próxima e universal de verdade"[322], não só nas definições *ex cathedra*, mas também nas "constituições, decretos da Santa Sé, encíclicas dos Romanos Pontífices e as constituições e decretos mais recentes"[323].

Dentro desses parâmetros, a teologia não reúne as mínimas condições para ser considerada uma reflexão científica, até porque nesse modelo de Igreja não há lugar para uma reflexão crítica ou mesmo para o *sensus fidei* ou o *sensus fidelium*. A função da teologia é repetir o magistério. Na realidade, não há confiança nas ciências modernas, sobretudo nos meios modernos de pesquisa, suspeitos de subjetivismo, em oposição à tradição escolástica, tida como objetiva, conforme atesta Pio XI: "A característica do tomismo é a de ser antes tudo objetivo [...] são construções do espírito que correspondem ao real das coisas" (*DS* 2876). Ora, isso já não é mais teologia, mas filosofia, e uma filosofia discutível.

---

321. *AAS*, n. 48, p. 362, 1956.
322. *AAS*, n. 42, p. 567, 1950.
323. Ibid.

9.3.2 O modo de relação no seio da eclesiologia do Vaticano II

O Concílio Vaticano II significou uma reviravolta na eclesiologia medieval reinante, concebendo a Igreja como o povo de Deus, dentro do qual a hierarquia tem um caráter mais funcional e de serviço do que necessariamente de poder. O papa é situado no seio do Colégio dos Bispos, e a fonte de unidade da Igreja não é o magistério, mas o Espírito Santo, quem dispensa a diversidade dos carismas.

No modo de relação entre magistério e teólogos no seio da eclesiologia conciliar, a eclesialidade da teologia adquire um sentido diferente, um caráter sinodal. O ministério do teólogo, dom do Espírito, é uma função que se insere na comunidade eclesial como um todo e como um serviço para o bem de toda a Igreja. Nesse particular, mais congruente com a eclesiologia conciliar do que a *Donum Veritatis* está um discurso de João Paulo II, proferido a cientistas e estudantes universitários na Catedral de Colônia, no dia 15 de novembro de 1980[324]. O discurso começa retomando Alberto Magno, para quem a ciência é absolutamente livre e só tem como norma a verdade. E mais, a teologia enquanto ciência se inclui, sem restrições, no âmbito das ciências em geral, com a mesma liberdade e os mesmos limites de todas as ciências. Frisava ele que a filosofia e a teologia "são esforços limitados", que só podem expor a verdade "em uma estrutura orgânica que permanece aberta". E junto com a liberdade, reconhece ele também a provisoriedade dos resultados e a impossibilidade de dar respostas acabadas. Consequentemente, a ciência, incluída a teologia, "precisa permanecer aberta e tem de ser plural".

Fundado nessas premissas, afirmou o papa em Colônia, no início de seu pontificado, que a Igreja deseja uma pesquisa teológica autônoma, com função distinta do magistério, ainda que ambos estejam ao serviço comum à verdade da fé e ao povo de Deus. Segundo o papa, conflitos e tensões entre teologia e magistério, tal como ocorrem entre Igreja e ciência, podem derivar do capricho, o que é sempre danoso.

---

324. Reproduzo aqui, em grande medida, os registros feitos por R. Franco da obra de M. Seckler: *Im Spannungsfeld Von Wissenschaft und Kirche*, Freiburg-Basel-Wien, 1980. *In*: FRANCO, R. *Teología y magisterio*. Op. cit., p. 19-20.

Mas há uma tensão salutar e inevitável que deriva da limitação da razão e dos próprios métodos disponíveis. A teologia não é uma "função delegada" do magistério, mas uma ciência livre na aplicação de seus métodos e de suas análises, embora sempre tenha que pressupor a fé vivida pela comunidade dos fiéis. Consequentemente, "o teólogo ensina em nome e pelo mandato da comunidade de fé eclesial". Nessa mesma perspectiva, *Donum Veritatis* dirá: "A missão canônica dada pelo Pastor ao teólogo não marca o começo de seu carisma, mas somente seu reconhecimento oficial, pois os carismas são dados pelo Espírito Santo". Para o papa, a fidelidade ao testemunho da fé e ao magistério "não alienam o teólogo de seu trabalho nem o privam de sua irrenunciável autonomia" (*DV* 23).

É nesse sentido que já Tomás de Aquino falava de dois magistérios na Igreja – o Magistério dos Bispos e o Magistério dos Teólogos –, com funções distintas, é evidente. Cabe ao teólogo fazer propostas para a compreensão da fé, mas elas devem ser submetidas à totalidade da Igreja, para eventualmente serem corrigidas e ampliadas num diálogo fraterno e para se chegar ao consenso de toda a comunidade de fé. Em resumo, no contexto das condições da ciência moderna, a teologia só pode ser fragmentada, plural e hipotética. Não é a teologia que possui a verdade; é a verdade que a possui.

9.3.3 Três questões de fundo de conflitos entre teologia e magistério

Frente a esses dois modelos tão distintos de relação entre teologia e magistério, se o modelo conciliar é o que se presume estar vigente, por que, então, continuam atitudes de desconfiança em relação aos teólogos e tantos atos de controle das instituições nas quais atuam?

Independentemente dos mal-entendidos, fruto de caprichos e de uma Igreja pecadora, os conflitos entre magistério e teólogos na América Latina, além das tensões naturais inerentes à teologia, envolvem pelo menos três questões de fundo. A primeira diz respeito a não levar em conta o suficiente o caráter científico da teologia, hoje elevada, em seus métodos e procedimentos, ao patamar da racionalidade moderna. Para ser ciência da fé, precisa de espaços de liberdade e autonomia em relação ao magistério, e este necessita estar consciente dos limites da ciência, cujos resultados são sempre provisórios e permanecem sempre abertos a novas aproximações de uma verdade que a ultrapassa de modo infinito. Há uma circularidade entre verdade e liberdade: a verdade liberta, e a liberdade conduz à verdade. Toda repressão da liberdade deforma a verdade. A repressão defende "sua verdade" ideologizada.

A segunda se situa no âmbito da teologia da Revelação, esta muitas vezes entendida como um "depósito" a ser meramente explicado e transmitido pelo magistério, com a colaboração dos teólogos. Nesse particular, é preciso ter presente como se dá o processo revelatório e em que sentido a Bíblia é Palavra de Deus. Também se deve ter consciência de que o fato de a Igreja ser depositária da plenitude da Revelação não significa que ela tenha exclusividade e tenha entendido tudo, sobretudo quando as verdades de fé nos chegam de modo humano e dentro dos limites do paradigma de uma época. Como dizia Agostinho: "Se compreendes, não é Deus".

A terceira questão de fundo reside no campo da hermenêutica, que remete ao modo de ser do ser humano, que não existe a não ser interpretando. A razão é interpretativa, dado que inevitavelmente nosso conhecimento da realidade está marcado pela finitude de perspectiva, de situação e de captação de sentido. Não possuímos nenhum saber absoluto, pois não dispomos de nenhuma posição privilegiada que nos dê acesso à realidade em si mesma. Todo conhecimento é uma aproximação da realidade, mediada pela linguagem, que busca captar a realidade, simbólica em essência. Em teologia, o que podemos ter da verdade são formulações provisórias, diversas e não necessariamente falsas. Aquilo que à primeira vista pode parecer falso, pode não passar de um "conflito de interpretações", sadio para a teologia, uma vez que ela precisa permanecer sempre "fragmentária, plural e hipotética". Como frisa a *Donum Varitatis*: "A discussão imparcial e objetiva, o diálogo fraterno, a abertura e a disposição de mudança das próprias opiniões podem garantir uma maior aproximação da verdade" (*DV* 11).

9.4 O primado do povo de Deus sobre os teólogos e o magistério

Como a Igreja é *congregatio fidelium* em virtude do batismo que faz de toda a comunidade eclesial um povo profético, sacerdotal e régio, mas sobretudo por ser o povo de Deus como um todo o depositário de uma Revelação, da qual ele é também constitutivo[325], consequentemente o magistério, seja do papa, seja dos bispos, assim como o ministério do teólogo não está separado do povo de Deus[326].

9.4.1 Igreja povo de Deus e magistério

Já frisamos que o sujeito da Igreja é todo o povo de Deus, ao qual também pertencem o papa e os bispos[327]. Há duas razões principais para isso: a primeira, porque o Vaticano II resgatou a base laical da Igreja, lembrando que do batismo brotam todos os ministérios no seio do povo de Deus; a segunda, pelo fato de esse povo ser também constitutivo da Revelação, dado que esta não caiu sobre uma Igreja já constituída. Igreja e Revelação são realidades intrínsecas. A Revelação é constitutiva da própria Igreja, assim como a Igreja é constitutiva da Revelação, porquanto esta é fruto de um diálogo de fé de um povo com Deus no Espírito, seguido do discernimento e da acolhida daquilo que Deus queria revelar. Ora, a função magisterial não está separada desse contexto[328].

Segundo a *Dei Verbum*, a Igreja inteira é depositária da mensagem revelada, a portadora da tradição apostólica. Por isso, incumbe "ao povo cristão inteiro, unido a seus pastores", a missão de perpetuar fielmente a Revelação (*DV* 10)[329].

---

325. Cf. *Dei Verbum* 7.
326. CONGAR, Y. *Vraie et fausse réforme dans l'Église*. Op. cit.
327. Cf. LUCIANI, R. Hacia una eclesialidad sinodal. Op. cit.
328. Cf. ANTÓN, A. *Conferencias episcopales: instancias intermedias?* Op. cit., p. 388-389.
329. Cf. ANTÓN, A. La comunidad creyente, portadora de la revelación. Op. cit., p. 332-333.

Na eclesiologia do Concílio Vaticano II, há um primado da comunidade cristã ou da totalidade do povo de Deus (*congregatio fidelium*) sobre não importar que categoria de pessoas que o compõem, incluído o magistério, seja do papa, seja dos bispos, incluído o ministério dos teólogos. Toda a comunidade eclesial é profética, sacerdotal e régia, três múnus que não são delegados por uma autoridade da Igreja, mas decorrentes do próprio batismo. Todo fiel cristão, em virtude do batismo, é incorporado à comunidade eclesial e torna-se solidariamente responsável, com os demais batizados, por toda a Igreja (*LG* 12,17).

A função magisterial, portanto, dá-se dentro do povo de Deus ou da comunidade eclesial, fruto de um mútuo dar e receber entre todos os membros da comunidade, no mútuo respeito pelo lugar que cada um ocupa na Igreja[330].

9.4.2 Um magistério uno, mas em diferentes níveis

O povo de Deus é um povo organizado. Diz o Vaticano II que a Igreja una e única se realiza nas Igrejas locais (*in quibus*), em comunhão com as demais Igrejas (*ex quibus*). Como a fé é católica, para assegurar a unidade, existe um magistério no âmbito da Igreja universal, mas não é o papa sozinho (*LG* 25c,d; *DV* 10b)[331]. O magistério universal é competência do primado, cabeça do Colégio dos Bispos, a ser exercido seja reunidos em concílio, seja em comunicação desde suas Igrejas locais. A eles cabe autentificar a fé da *congregatio fidelium*, na qual também eles estão inseridos.

Dado que a Igreja é "Igreja de Igrejas", por sua vez o bispo, em sua diocese, em virtude de se lhe haver confiado uma Igreja local e ter recebido a ordenação episcopal, exerce seu ministério, não apenas em sua Igreja, mas também participando da solicitude das Igrejas, *cum* e *sub sucessore Petri*, em comunhão com todos os demais membros do Colégio Episcopal. Como consequência, seu ministério não deriva do

---

330. ANTÓN, A. *Conferencias episcopales: instancias intermedias?* Op. cit., p. 390. Cf. tb. SESBOÜE, B. La notion de magistère dans l'histoire de l'Église et de la théologie. *In:* SESBOÜE, B. *Le magistère à l'épreuve*: autorité, vérité et liberté dans l'Église. Paris: Desclée de Brouwer, 2001, p. 17-61.

331. KASPER, W. *Teologia e Chiesa*. Bréscia: Queriniana, 1989, p. 290.

papa nem é outorgado por ele, mas recebe de Deus em função de sua nomeação para uma Igreja local e da ordenação e, portanto, é própria de direito divino. Historicamente, para expressar o caráter colegial de seu ministério, o Concílio de Niceia (325) definiu sua ordenação por pelo menos três bispos de Igrejas vizinhas, já que a ordenação incorpora o neo-ordenado bispo no *corpus episcoporum*. Na Igreja antiga, esse caráter colegial do ministério episcopal era ainda muito mais evidente, uma vez que não era um episcopado monárquico[332]. Por séculos era costume, em certas regiões, haver na Igreja local um grupo de bispos que inclusive presidiam a Eucaristia dominical por rodízio. O ministério que se denominará mais tarde "presbiteral", agora diferente do ministério episcopal, era exercido igualmente de modo colegiado, com uma equipe de presbíteros à frente de uma comunidade eclesial.

Dentro do povo de Deus, há portanto um magistério universal (o Colégio dos Bispos, *cum* e *sub Petri*, seu cabeça), o magistério do bispo em sua Igreja local e o magistério em instâncias intermediárias, que no passado eram os sínodos diocesanos e os concílios particulares. Entretanto, como já vimos, a partir de Trento, com a centralização do governo da Igreja no papa e na Cúria Romana, o consequente eclipse do metropolita e o esvaziamento da função dos concílios particulares, durante vários séculos na Igreja não existiu outro magistério que o do papa e do bispo diocesano[333]. Houve papas que pensaram, inclusive, na inutilidade dos próprios concílios plenários ou ecumênicos, dado que podiam, argumentavam, comunicar-se com certa facilidade com os bispos, seja por ocasião das visitas *ad limina*, seja a distância.

9.4.3 Igreja de Igrejas e magistério eclesial

A colegialidade episcopal precisa estar sempre situada no interior da sinodalidade eclesial, pois, dado que a Igreja é *congregatio fidelium*, o magistério não está separado do povo de Deus. Outro elemento fundamental a se ter presente é a catolicidade da Igreja na Igreja local ou a Igreja como "Igreja de Igrejas", o que situa o bispo

---

332. Cf. RAHNER, K. Sobre el episcopado. Op. cit.
333. MULLER, H. La conferencia episcopal y el obispo diocesano. Op. cit.

na perspectiva da solicitude das Igrejas, enquanto membro do Colégio dos Bispos. É sob esses dois critérios que se pode fundamentar a função magisterial nos diferentes *corpus episcoporum*.

Com base nesses critérios, por um lado, eclesiologicamente não se sustenta um conceito de unidade da Igreja que justifique um governo central o qual exija a imposição de uma uniformidade de doutrina e disciplina. Isso comprometeria a legítima diversidade e pluriformidade das Igrejas, enquanto "Igreja de Igrejas". A Igreja una e católica se realiza nas Igrejas locais (*in quibus*) e entre elas (*ex quibus*). Também não se sustenta uma tal autonomia do bispo diocesano que o isole dos postulados de comunhão com as demais Igrejas e integração com os demais bispos, irmãos no episcopado e membros do colégio.

A fundamentação teológica de um magistério de organismos de Igreja de Igrejas depende, portanto, da relação *in quibus* e *ex quibus* das Igrejas locais, incluída a Igreja de Roma e o ministério petrino, cabeça do Colégio dos Bispos. A relação entre a Igreja *una* e as *muitas* Igrejas está clara no Concílio Vaticano II (*LG* 23a). Assim sendo, por um lado, absolutizar *in quibus* significa conceber a Igreja Católica fragmentada nas Igrejas locais como Igrejas isoladas e, com isso, volatizar a catolicidade. A Igreja Católica, em vez de uma Igreja una, seria uma congregação de Igrejas. Por outro lado, absolutizar *ex quibus* significa anular a catolicidade das Igrejas locais, fazendo delas "parte" e não "porção" do povo de Deus, como afirma o concílio[334]. Ora, a porção contém o todo (a Igreja toda, ainda que não seja toda a Igreja); a parte, não[335].

---

334. Cf. ANTÓN, A. *Conferencias episcopales: instancias intermedias?* Op. cit., p. 385.

335. Segundo M. de França Miranda, "encontramos nos textos do Concílio Vaticano II tanto a expressão 'Igreja particular' (designando especialmente dioceses) como também o termo 'Igreja local' (designando dioceses, patriarcados e também comunidades em torno da eucaristia). O Novo Código de Direito Canônico preferiu a expressão 'Igreja particular' para designar a diocese, fato este lamentado por bons eclesiólogos, que preferem falar de 'Igreja local'. De fato, a raiz do termo 'particular' é *parte*, o que pode gerar uma compreensão equivocada da Igreja local como se esta fosse parte da Igreja Universal". Cf. DE FRANÇA MIRANDA, M. Igreja local. *Atualidade Teológica*, n. 34, p. 40-58, 2010 – aqui, p. 44. Cf. tb. LEGRAND, H. La réalisation de l'Église en un lieu. Op. cit., p.145s.

Com extrema prudência, o Concílio Vaticano II não emprega o termo "colegialidade", mas "Colégio" dos Bispos, entendido este como o conjunto do corpo dos bispos, que constituem com o romano pontífice (sua cabeça) uma comunhão hierárquica estável e indivisível. É preciso, entretanto, ter presente o que o concílio entende por "indivisível". Seria possível pensá-lo, por exemplo, como a atuação do Colégio dos Bispos inteiro, ou nada. O Vaticano II fala de duas "ações estritamente colegiais": quando exercida de modo solene no concílio plenário, ou fora dele, sempre que se dê o consentimento livre do sucessor de Pedro (uma vez que se trata de membros de um colégio *cum* e *sub Petri*). Nesse segundo caso, também a ação colegial pode dar-se de dois modos: quando o cabeça do colégio convida a uma ação colegial, ou quando aceita livremente a ação colegial dos bispos à frente das Igrejas locais (*LG* 22).

O Concílio Vaticano II define ainda outras "formas parciais" de atuação da colegialidade. A *Lumen Gentium* distingue entre "ato estritamente colegial", cujo sujeito é sempre o colégio inteiro (*LG* 22), e as diversas "formas parciais" dessa colegialidade, que se denomina de "efeito colegial", "união colegial" ou "solicitude de todas as Igrejas" (*LG* 23). As "formas parciais", entretanto, são fruto do "ato estritamente colegial", pois também se fundam no colégio ou na colegialidade episcopal. Segundo o concílio, o sujeito do efeito colegial é cada bispo, o qual, enquanto membro do colégio, rege sua Igreja como uma "porção" da Igreja universal, consciente do dever de estender a solicitude ao bem de toda a Igreja.

Sob essa base teológica, o Vaticano II, na *Christus Dominus*, aprova e recomenda agrupações de Igrejas locais, como as conferências episcopais nacionais (*CD* 38a). E sob essa mesma base, não é possível reservar a elas uma finalidade puramente pragmática e funcional. Elas, de modo algum, põem em questão a autoridade do primado, em comunhão com todo o corpo dos bispos (cabeça do colégio), tampouco a autonomia do bispo diocesano à frente de sua Igreja local. Não se pode perder de vista que, de um lado, o *ius divinum* do ministério petrino coexiste na Igreja com todos os membros do episcopado; e, de outro, o bispo diocesano não esgota o *ius divinum*, uma vez que a Igreja é "Igreja de Igrejas".

10
A SINODALIDADE NA PROJEÇÃO
E NA GESTÃO DA PASTORAL

A sinodalidade na Igreja articula três âmbitos inter-relacionados, segundo o documento *Por uma Igreja sinodal: comunhão, participação e missão*, publicado pela Secretaria Geral do Sínodo[336]. O primeiro é a sinodalidade como *a forma de ser e agir* na Igreja. Sinodalidade, antes de tudo, é o povo de Deus caminhando junto, na escuta da Palavra e do Espírito, reunindo-se em assembleias e outros organismos de comunhão e participação, na corresponsabilidade e na participação de todos os batizados. A Igreja é, por natureza, sinodal, e consequentemente tudo na Igreja precisa estar perpassado pela sinodalidade, a começar pelo agir, por sua missão evangelizadora, que também precisa ser sinodal, tanto em seu objeto como na forma de levá-la a cabo. Em segundo lugar, a sinodalidade implica a Igreja como *instituição*. Ela envolve a Igreja local/diocese e a comunhão entre elas nos âmbitos nacional, continental e universal, com suas estruturas ou seus organismos de participação. Como a sinodalidade envolve o ser da Igreja, sua configuração institucional, o modo de organizar-se e seus organismos precisam estar perpassados também pela sinodalidade. Sem tocar nas estruturas, no modo de a Igreja organizar-se e fazer-se presente institucionalmente, a sinodalidade não acontece. O terceiro âmbito onde acontece a sinodalidade diz respeito aos *processos de pastoral*, ou seja, o que a Igreja faz, suas ações ou prática pastoral, assim como o modo como ela faz – em outras palavras, como a ação é projetada e executada, que precisa ser sempre de modo sinodal (*EC* n. 27).

---

336. Cf. SECRETARIA GERAL DO SÍNODO DA IGREJA. *Por uma Igreja sinodal*: comunhão, participação e missão. Cidade do Vaticano: 2021.

Em última instância, a sinodalidade se remete ao *modus vivendi* e ao *modus operandi* da Igreja[337]. Esta, enquanto assembleia/*ecclesia*, tem na sinodalidade um componente de seu *ser* e do seu *agir*. E como o testemunho/*martiría* é o primeiro componente da fé cristã, é o *agir* que acaba constituindo o *ser* da Igreja (a Igreja continua se originando; a tradição progride), até porque, como atestam as Escrituras, "a fé sem obras é morta" (Tg 2,26) ou, como diz Paulo, "a fé opera pela caridade" (Gl 5,6). E mais que isso: dado que a fé cristã é eclesial e a Igreja é o povo de Deus, necessariamente o agir da Igreja precisa ser comunitário, sinodal.

Como consequência, uma ação pastoral não sinodal é intrinsecamente incongruente com a fé cristã, por mais importante que seja o que se faz. Mesmo quando impomos um bem, fazemos um grande mal. Deus não se impõe, Ele se propõe, e portanto, na Igreja, nada é imposto. Não temos na Igreja destinatários, mas interlocutores, pois o Evangelho é, em essência, comunicação, diálogo e interação desde a liberdade e o respeito à alteridade. É evidente que isso torna a sinodalidade mais difícil, sobretudo em nossos tempos de "crise do compromisso comunitário", como nomeado pelo Papa Francisco na *Evangelii Gaudium* (Cap. II). Uma pastoral sinodal implica uma ação projetada e executada na comunhão e na corresponsabilidade de todos os batizados, em comunidades eclesiais no seio da Igreja local e inseridas na sociedade, dado que a Igreja existe para a salvação do mundo.

Assim sendo, para um agir eclesial sinodal, é preciso ter presente três aspectos principais, que têm a ver com os três âmbitos da sinodalidade anteriormente mencionados, aos quais nos limitaremos aqui: o sujeito do agir eclesial na sinodalidade, a projeção da ação pastoral de modo sinodal e a gestão sinodal da ação pastoral. Com relação à projeção e à gestão da ação pastoral de maneira sinodal, três fatores fundamentais estão implicados. Primeiro, o sujeito do agir eclesial na sinodalidade precisa ser a comunidade eclesial como um todo, dada a corresponsabilidade de todos em tudo decorrente do batismo, o sa-

---

337. Cf. BRIGHENTI, A. A sinodalidade na projeção e na gestão pastoral. *Encontros Teológicos*, v. 37, p. 339-354, 2022.

cramento que conforma a Igreja como povo de Deus. Segundo, a projeção da ação pastoral de forma sinodal está condicionada ao discernimento comunitário e à decisão partilhada dos membros da comunidade eclesial no seio da Igreja local/diocese, onde se faz presente e acontece a Igreja toda, ainda que não seja toda a Igreja. Terceiro, em uma Igreja sinodal, a gestão da ação projetada também precisa dar-se de modo sinodal, apoiada em estruturas de comunhão e participação, como são as assembleias e os conselhos de pastoral, assim como as equipes de coordenação, seja de serviços pastorais, seja de âmbitos eclesiais, segundo o princípio da subsidiariedade.

10.1 O sujeito do agir eclesial na sinodalidade

Com relação ao sujeito do agir eclesial de modo sinodal, ele se assenta sobre dois pilares básicos da eclesiologia do Vaticano II: dado que a Igreja é a comunhão de todos os batizados, o sujeito do agir eclesial na sinodalidade é a comunidade eclesial como um todo; e dado que não existe Igreja nem anterior nem exterior às Igrejas locais, o agir sinodal da comunidade eclesial precisa dar-se sinodalmente no seio da Igreja local, e esta precisa agir em comunhão com as demais Igrejas locais.

10.1.1 A comunidade eclesial como o sujeito da ação pastoral

Para um agir sinodal da Igreja, a comunidade precisa ser o sujeito da projeção e da execução da ação pastoral. O sujeito da Igreja são todos os batizados, e, consequentemente, o sujeito da ação pastoral é a comunidade eclesial que os congrega, uma vez que não existe cristão sem Igreja.

Com o Vaticano II e o resgate da eclesiologia *povo de Deus*, deu-se a passagem do binômio *clero-leigos* para o binômio *comunidade-ministérios*[338]. A Igreja é uma comunidade toda ela ministerial. A assembleia dos batizados constitui o povo de Deus, um povo todo ele *profético*, *régio* e *sacerdotal*. É do mesmo e único batismo que derivam todos os ministérios, incluídos os ministérios ordenados. Os ministros ordena-

---

338. Cf. COMBLIN, J. *O povo de Deus*. Op. cit.

dos são membros do povo de Deus e servidores dos não ordenados, condição ilustrada pelo Papa Francisco com a imagem de uma pirâmide invertida, em contraposição à eclesiologia pré-conciliar de corte piramidal, a Igreja como "hierarcologia", no dizer de Y. Congar[339].

Portanto, o sujeito da pastoral é a comunidade eclesial enquanto comunhão dos batizados, na corresponsabilidade de todos em tudo. Quando uma comunidade é sujeito da pastoral, a comunhão na Igreja acontece não de maneira *vertical* (o leigo faz comunhão com o padre, o padre com o bispo e o bispo com o papa), mas de modo *horizontal*: comunhão entre todos os batizados na Igreja local, comunhão do padre e do bispo com seu povo e, partir da Igreja local, comunhão com as demais Igrejas locais, em especial com a Igreja de Roma, que tem seu bispo, o papa, quem preside a comunhão entre elas.

10.1.2 Comunidades eclesiais no seio da Igreja local

O sujeito de uma ação pastoral sinodal é a comunidade eclesial, mas no seio da Igreja local, onde a Igreja acontece de fato. Para K. Rahner, a principal mudança do Vaticano II foi a superação de uma "Igreja universalista"[340], através do resgate da Igreja local, ou seja, da concepção da diocese como "porção" e não "parte" do povo de Deus – "a Igreja Católica se faz presente na Igreja local" (*LG* 23).

Como mencionamos, na eclesiologia do Vaticano II, não há Igreja nem anterior nem exterior às Igrejas locais[341]. Em cada Igreja local está "a Igreja toda", ainda que não seja "toda a Igreja". Por um lado, em cada Igreja local está a Igreja inteira, dado que cada uma delas é depositária da totalidade do mistério de salvação, como são a Palavra de Deus e os sacramentos. Por outro lado, a Igreja local não é "toda a Igreja", pois nenhuma delas esgota esse mistério. A Igreja "una" é "Igreja de Igrejas", conjugando autonomia e comunhão com as demais Igrejas, presidida pelo bispo da Igreja de Roma[342].

---

339. Cf. BRITO, E. J. C. *O leigo cristão no mundo e na Igreja*. Op. cit.
340. Citado em KASPER, W. *A Igreja Católica*. Op. cit., p. 349.
341. Cf. ALMEIDA, A. J. de. Igrejas particulares na *Lumen Gentium*. Op. cit.
342. Cf. DORTEL-CLAUDOT, M. *Églises locales, Églises universelle*. Op. cit.

Assim sendo, uma Igreja local que se fecha sobre si mesma deixa de ser Igreja. Um bispo que isola sua Igreja local das demais Igrejas e não tem solicitude por elas coloca-se fora da Igreja. De igual modo, quando um bispo, enquanto membro do povo de Deus, põe-se acima do povo e decide por ele, e não com ele, coloca-se fora da comunhão da Igreja. Ora, o concílio fez os bispos *membros* do povo de Deus em suas Igrejas locais, não acima nem fora do povo, mas a seu serviço, com seu presbitério, da mesma forma que inseriu o papa no seio do Colégio Episcopal, como um *primus inter pares*[343].

Como se pode perceber, como já sinalizamos, a sinodalidade na Igreja se dá não de modo vertical, mas horizontal. Em uma Igreja sinodal, a comunhão é a comum união entre todos os batizados na Igreja local e a comunhão desta com as demais Igrejas locais. Também a comunhão do bispo na Igreja se dá de modo horizontal: ele está em comunhão com a Igreja na medida em que estiver em comunhão com o povo de Deus em sua Igreja local e, desde aí, em comunhão com os bispos das demais Igrejas, que constituem o Colégio dos Bispos, presidido na unidade pelo bispo de Roma. Em uma Igreja sinodal, a colegialidade episcopal está inserida no seio da sinodalidade eclesial, no exercício do *sensus fidelium* na Igreja local e entre elas, a partir da fé vivida em comunidades eclesiais concretas.

10.1.3 Comunidades eclesiais que resgatem a *domus ecclesiae*

No seio da Igreja local, comunidade eclesial não pode ser a paróquia tradicional, normalmente massiva e centralizada no padre e na igreja matriz. A exemplo da configuração eclesial normativa da época primitiva e patrística, as CEBs, que se remetem à *domus ecclesiae* (Igreja de casa), são uma mediação privilegiada para uma Igreja sinodal e comunidades-sujeito, que exige um tamanho humano.

A paróquia, historicamente, sempre esteve atrelada ao modelo da "pastoral de conservação", com o perfil de uma Igreja sacramentalizadora e de escassa evangelização. Por isso, para *Medellín*, "as CEBs

---

343. Cf. LEGRAND, H. O primado romano, a comunhão entre as Igrejas e a comunhão entre os bispos. *Concilium*, n. 353, p. 71-86, 2013.

são a célula inicial da estruturação eclesial" (*Med* 6,1) – a Igreja como eclesiogênese, pois não existe Igreja sem experiência concreta de vida fraterna, em pequenas comunidades. Comunidade implica tamanho humano, e o tamanho humano é pequeno. Assim foi a Igreja por séculos – a *domus ecclesiae*, uma Igreja de pequenas comunidades reunidas nas casas, até o surgimento da paróquia no século IV, quando perdemos o caráter eclesial doméstico.

Diz o informe de síntese da primeira sessão da Assembleia Geral do Sínodo que as CEBs são sinodais por natureza[344]. Primeiro, as CEBs são comunidades inclusivas dos esquecidos nas periferias – como diz o Papa Francisco, nas periferias da ignorância e da prescindência religiosa, das periferias do pensamento, da injustiça. As periferias são lugares privilegiados de encontro com Jesus Cristo vivo, que pode ser encontrado "nas vilas de miséria, nas favelas, nas periferias". Desde a periferia "se vê melhor", pois se vê a globalidade da realidade a partir dos "resíduos humanos" (*EG* 24), do reverso da história, vista e contada pelos vencidos; é a história invisibilizada, mas a verdadeira.

Nesse processo de reconfiguração da paróquia, entretanto, é preciso ter cuidado para não confundir "grupo" com "pequena comunidade". Grupos (de estudo, de espiritualidade, de casais, de jovens...) podem e até precisam existir, mas seus membros não estão dispensados de estar também eles engajados em pequenas comunidades eclesiais. O que faz uma comunidade eclesial é a vivência de seu tríplice múnus – o múnus profético, litúrgico e de serviço na Igreja e no mundo.

10.2 A projeção da ação pastoral de modo sinodal

A ação pastoral, sempre que imposta, ou quando não for uma ação projetada por todos os membros que integram o povo de Deus em uma Igreja local, deixa de ser sinodal para ser autoritária, decidida por alguns para outros executarem. Estamos, aqui, no âmbito do planejamento, que para ser sinodal precisa ser amplamente participativo, tanto na projeção da ação como em sua execução.

---

344. SECRETARIA DO SÍNODO. *Relatório de síntese*. Cidade do Vaticano, 2023, cap. 16.

10.2.1 A projeção da ação pela participação de todos

Na sinodalidade está implicada uma decisão partilhada entre todos – condição para todos serem sujeitos. E na projeção da pastoral há, basicamente, três formas de exercício do poder.

Uma das formas de exercício do poder na Igreja nada sinodal é projetar a ação pastoral "para" os outros. Trata-se de uma forma autoritária de conduzir a ação. Na Igreja, todo resquício de autoritarismo fere o espírito do Evangelho, sobre o qual ela está fundada. Projetar a ação pastoral "para" os outros é um modo de pensar a ação, que faz da comunidade objeto e não sujeito da pastoral. É o exercício de um *poder-dominação*, que estabelece entre as partes uma relação "sujeito-destinatário". Nesse caso, o planejamento é autoritário, verticalista, diretivo. O plano é elaborado por alguns, para os demais o executarem. É fruto da decisão de cúpulas, pois as pessoas que integram a comunidade eclesial não têm poder de decisão. O ato do planejamento, em lugar de inclusivo e participativo, é discriminante. A participação é reduzida à execução do planejado[345].

Uma segunda forma de exercício do poder nada sinodal é projetar a ação pastoral "com" os outros. É o exercício de um *poder-a-serviço*. Há participação nos processos de projeção e execução da ação, mas ela é controlada, cooptada, manipulada. A comunidade é ouvida, participa da fase de escuta e discernimento, mas não decide. Dá-se voz aos participantes do processo, mas eles são privados do voto. Na realidade, a participação se dá por uma "representação falseada", na medida em que, normalmente, além de cada um representar a si mesmo, também representa os interesses de quem o convocou de maneira autoritária. Nesse modo de exercício do poder, há a tentativa de manter a dependência para se manter no poder. Cede-se, para não ceder. Há abertura a uma determinada forma de participação, mas para conservar o poder de sempre. Em tal jeito de planejar, o sujeito é ainda o dominante. A comunidade continua sendo objeto da pastoral, a destinatária de determinados serviços impostos à participação de todos na execução[346].

---

345. BRIGHENTI, A. *Teologia pastoral*. Op. cit., p. 239.
346. Ibid.

Já na projeção da ação pastoral de modo sinodal, há o exercício de um *poder-serviço*. O sujeito da projeção e da execução da ação pastoral é toda a comunidade eclesial, numa relação *sujeito-sujeito*. Nesse caso, procura-se eliminar toda forma de dependência, promovendo a autonomia dos dependentes, para que possam ter cada vez mais poder. O processo de tomada de decisões é participativo. Há participação, de todos os interessados, no discernimento, nas decisões, na execução e nos resultados, num espírito de corresponsabilidade entre todos os batizados. A representatividade é efetiva, não falseada. No concernente à eclesiologia subjacente, há a superação do binômio *clero-leigos* pelo binômio *comunidade-ministérios*. No seio de uma Igreja toda ela ministerial e sinodal, o ministério da coordenação é o ministério de quem, a exemplo de Jesus que serve, promove a inclusão de todos no processo de tomada de decisões. As decisões são tomadas através do consenso de todos, expressão do *sensus fidelium*, sem o qual não há comunidade eclesial, não há Igreja[347].

10.2.2 Discernimento comunitário e decisão partilhada

Em uma Igreja sinodal, como o sujeito da Igreja não é o clero, mas a comunidade eclesial como um todo, há uma corresponsabilidade de todos os batizados em tudo. Há diferentes ministérios, mas todos no seio da comunidade eclesial e a seu serviço. Mesmo os que presidem, não decidem ou comandam a comunidade; antes exercem o "ministério da coordenação", isto é, coordenam a participação de todos, para o serviço de todos em tudo e a todos. Os que presidem harmonizam a diversidade em função da unidade da comunidade eclesial. A projeção da ação de modo sinodal por parte de comunidades-sujeito se alicerça em quatro princípios[348]:

> **a) Intervenção de todos:** No exercício da sinodalidade em uma comunidade-sujeito, todos os participantes têm o direito de participar do processo de projeção da ação pastoral – "Quem não teve o direito de participar no processo de tomada de decisão, não tem nenhum dever de participar da execução". Trata-se da participação de todos, com voz e voto, com palavra e poder de decisão. Por "todos" se entende pessoas, grupos, organismos e instituições envolvidas na vida pastoral de uma comunidade eclesial.

---

347. Ibid., p. 240.
348. Ibid., p. 241.

b) Discernimento comunitário: Na projeção da ação em uma comunidade-sujeito, o exercício da sinodalidade implica o discernimento comunitário. É no diálogo que se vai descobrindo e tecendo a verdade pelo consenso das diferenças. O diálogo leva a abrir-se aos diferentes e a aprender com as diferenças. O discernimento comunitário implica o debate e a disposição para conviver com o conflito, sem confrontações.

c) Decisão partilhada: Na projeção da ação em uma comunidade-sujeito de modo sinodal, ninguém decide por ninguém. Antes, cada um decide por si, tendo presente o bem dos demais; todos decidem, mas não sozinhos e só pensando em si mesmos; tomam-se decisões com os demais que integram o processo.

d) Ação desconcentrada: Mais do que descentralização do poder na Igreja, o exercício da sinodalidade implica a desconcentração do poder. Sem autonomia, não há responsabilização, não há sujeitos. Trata-se da autonomia das pessoas e dos âmbitos eclesiais. Há o exercício, de baixo para cima, de um poder-serviço, só delegando ao nível superior o que não se tem condições de realizar no nível inferior. O isolamento entre os níveis nega a sinodalidade.

10.2.3 Sinodalidade implica projeção da ação *ad intra* e *ad extra*

Dado que "evangelizar é tornar presente o Reino de Deus no mundo" (*EG* 176), a sinodalidade rompe com uma Igreja fechada sobre si mesma[349]. É expressão da comunhão *ad intra* e *ad extra*, entre os cristãos e com toda a humanidade, a serviço da Igreja e de uma sociedade inclusiva e fraterna.

A projeção da ação *ad intra* diz respeito à pastoral nos diferentes âmbitos da Igreja. A partir da referencialidade da Igreja local estão as ações a serem projetadas na comunidade eclesial e na paróquia, assim como aquelas a serem assumidas pela proposição de iniciativas entre dioceses, em âmbito regional, nacional, continental e universal. Está aqui implicado o povo de Deus nas Igrejas locais e suas organizações, como associações e movimentos laicais, demais obras ou instituições

---

349. Cf. MADRIGAL TERRAZAS, S. Sinodalidad e Iglesia sinodal: sus fundamentos teologales a la luz del Concilio Vaticano II. *Sal Terrae*, n. 107, p. 871-885, 2019.

da Igreja, assim como o serviço a ser prestado juntamente com outras denominações cristãs.

Já a projeção da ação *ad extra* diz respeito ao *caminhar* juntos dos cristãos com toda a humanidade. É a esfera *extra-ecclesia/ad extra* da atuação dos cristãos, seja como Igreja, seja como cidadãos, na sociedade organizada: no mundo da política, da cultura, da economia, das finanças, do trabalho, dos sindicatos e associações empresariais, das organizações não governamentais e da sociedade civil, dos movimentos populares, das minorias de vários tipos, dos pobres e excluídos etc. A comunhão entre os cristãos quer ser a vivência e o testemunho da realização do plano de Deus que é a comunhão de toda a humanidade, uma fraternidade universal, todos irmãos.

10.3 Requisitos básicos e princípios pedagógicos para uma ação sinodal

Para uma Igreja sinodal, há pelo menos três requisitos básicos a serem levados em conta na projeção e na gestão da ação pastoral.

10.3.1 Requisitos básicos

a) *Adesão a uma eclesiologia de comunhão e participação*: Uma eclesiologia de comunhão e participação é a base de um processo sinodal e constitui-se no ponto de partida e de chegada dele[350]. É preciso estar em sintonia com essa eclesiologia e estar disposto a caminhar nessa perspectiva, para interagir no processo e contribuir com ele. No horizonte dessa eclesiologia, o processo implica crer na força da participação, no discernimento comunitário, na força dos fracos, num trabalho em colaboração com todas as pessoas de boa vontade – em resumo, numa Igreja que tem na Trindade o modelo da melhor comunidade. Na esfera *ad intra*, está a convicção de uma Igreja toda ela ministerial, no exercício da corresponsabilidade que brota do mesmo batismo; na esfera *ad extra*, está uma Igreja em diálogo e serviço com o mundo, desde os mais pobres, para que seja a Igreja de todos.

---

350. BRIGHENTI, A. *A pastoral dá o que pensar*: a inteligência da prática transformadora da fé. 2. ed. São Paulo: Paulinas, 2011, p. 212.

b) *Compromisso pessoal com as consequências do processo*[351]: Por ser um processo sinodal e as decisões dependerem do discernimento comunitário, o caminhar é sempre imprevisível, aberto ao novo, às vezes desconcertante. Por isso, só é possível caminhar nessa direção com a disposição de abrir mão das próprias certezas, de deixar-se surpreender pela novidade permanente dos caminhos do Espírito. Diante do desconserto, cabem a fidelidade, a determinação, a persistência e o compromisso com as consequências do processo desencadeado. É preciso estar vigilante, pois nesses momentos podem vir à tona o medo e a falta de abertura ao risco, sempre inerentes ao itinerário da fé.

c) *Paciência histórica para caminhar ao ritmo dos participantes do processo*[352]: Pode haver inércia, mas geralmente, num processo sinodal, pecamos por pressa, sobretudo os que estão encarregados de sua animação e sua coordenação. Como na natureza, também aqui os frutos dependem da paciência das sementes, da espera da estação propícia para germinar e produzir fruto. Às vezes, pode parecer que o grão apenas dorme ou apodrece na escuridão do sulco da terra; ou que a planta, tênue, não cresce. E precipitamo-nos a espichá-las, arrancando-as. É evidente que quem está atrás tem o dever de apressar o passo, mas também é necessário que quem vai à frente tenha a caridade da espera. Processos sem o devido tempo de maturação só podem dar frutos chochos. Caminhando com todos, vai-se num ritmo mais lento, mas, paradoxalmente, chega-se antes. Num processo sinodal, chegar sozinho e num pequeno grupo significa, ao final, encontrar-se de novo no ponto de partida. Numa comunidade onde só o padre muda, não muda nada; onde só um pequeno grupo muda, muda pouca coisa; mas, quando todos mudam, tudo muda.

10.3.2 Princípios pedagógicos

Pedagogicamente, quatro princípios principais, quando levados em conta, são de muita ajuda no desenrolar de um processo sinodal, seja na projeção da ação, seja na gestão dela.

---

351. Ibid., p. 213.
352. Ibid., p. 214.

a) Privilegiar o processo aos resultados

Um princípio de ordem pedagógica para um processo sinodal a ser levado em conta é privilegiar o processo aos resultados[353]. Na vida da Igreja, um bom resultado é sempre fruto de um processo. Para fazer história da salvação, os fins são os meios no caminho. Na caminhada da fé, o importante não é ter chegado ao fim, mas ter-se colocado no caminho. O fim está no caminho, no processo, que nunca termina. Na Igreja, não se trabalha para o final dos tempos, mas para antecipar o fim no tempo.

Privilegiar o processo significa privilegiar a participação. Como já dito, quando se caminha só com alguns, que vão à frente sozinhos, vai-se mais rápido, mas se chega depois – ou, quase sempre, nunca se chega. Caminhando com todos, vai-se mais devagar, mas se chega antes, pois nada ou quase nada muda quando só alguns mudam. Só há verdadeira mudança quando todos mudam. Quando todos mudam, tudo muda. É o único meio de fazer a comunidade, não destinatária ou objeto da ação pastoral, mas sujeito de um processo sinodal. Todo processo é gradual e precisa respeitar o ritmo das pessoas ou o ritmo de Deus, porque se trata de um processo de conversão, que nos insere no tempo da graça. As pessoas têm seu ritmo, e também Deus tem seu ritmo, às vezes extremamente lento, no respeito à liberdade das pessoas; outras vezes, é rápido ao extremo, já que envolve a salvação no tempo que urge. Mas, fazendo a média, podemos dizer que o ritmo do tempo de Deus é lento e persistente.

O Papa Francisco, na *Evangelii Gaudium*, frisa a necessidade de dar prioridade ao tempo e não aos resultados – *"o tempo é superior ao espaço"* (*EG* 123). Isso significa ocupar-se mais com *iniciar processos* do que com possuir espaços, promovendo eventos ou iniciativas isoladas, desconectados do esforço de uma ação pensada. Para Francisco, é preciso privilegiar as ações que geram novos dinamismos e comprometem outras pessoas, que levarão a frutos concretos em acontecimentos históricos (*EG* 223). Mais importante é gerar processos que construam um povo do que obter resultados imediatos (*EG* 224) sem gerar mudanças.

---

353. Ibid.

b) Evitar o confronto, mas assumir o conflito

O diálogo faz emergirem particularidades e diferenças que, confrontadas umas com as outras, se não houver capacidade de escuta, podem provocar confrontos. Já os conflitos não só são inevitáveis, como também são sempre enriquecedores. Conflito não é o mesmo que confrontação[354]. Há confrontação sempre que há fechamento na própria posição e se procura impô-la aos demais. É um recurso ao argumento da força, em detrimento da força do argumento. Já o conflito é o processo de elaboração do consenso das diferenças. Não que se deva buscar o conflito; entretanto, enquanto consequência do caminhar juntos, ele precisa ser acolhido com naturalidade e apreço. Evitar o conflito é fugir do diferente e fechar-se às diferenças.

Por isso, um processo sinodal só poderá avançar em clima de diálogo maduro, isento de paixões e preconceitos, com predomínio de uma postura de serenidade e de discernimento sincero. É o conflito que dá dinamismo à unidade. Opor-se à inevitabilidade do conflito é optar pelo indiferentismo e pela uniformidade, sempre à custa da negação das originalidades. A unidade passa pelo conflito, através de uma espécie de não violência ativa, enquanto a uniformidade, ainda que passe por uma aparente concórdia, é sempre uma violência ativa, consentida ou imposta.

Nos dias de hoje, há a tendência de fugir do conflito, de não tomar posição para não se incomodar, tudo em nome da tolerância, que na realidade não deixa de ser indiferença. Um segundo princípio evocado pelo Papa Francisco na *Evangelii Gaudium* afirma que *"a unidade é superior ao conflito"*, embora entendido aqui mais como confronto. O conflito precisa ser assumido e transformado em *elo de um novo processo* (*EG* 227). Ficar no conflito, ser prisioneiro dele, impede de chegar à solidariedade, que gera vida. Mas assumi-lo é condição para avançar juntos e construir comunidade.

O Papa Francisco faz questão de frisar a diferença entre unidade e uniformidade. Para ele, trata-se de promover e viver uma *unidade multifacetada* (*EG* 228), unidade de diversidades. Isso exige capacidade de escuta, disposição para o diálogo e flexibilidade.

---

354. Ibid., p. 212.

c) Fidelidade ao real da realidade

Coerente com a exigência da leitura dos "sinais dos tempos" tematizada pela *Gaudium et Spes*, diz *Medellín* que todo compromisso pastoral brota de um discernimento da realidade. Um terceiro princípio apresentado pelo Papa Francisco é que *"a realidade é mais importante do que a ideia"* (*EG* 231). O papa fala da necessidade de evitar as variadas formas de *ocultamento da realidade* como os purismos evangélicos, os totalitarismos do relativo, os nominalismos declaracionistas, os projetos mais formais do que reais, os fundamentalismos a-históricos, os eticismos sem bondade, os intelectualismos sem sabedoria (*EG* 231). Frisa que as ideias e os conceitos estão a serviço da apreensão e da ação sobre a realidade. A ideia desligada da realidade dá origem a idealismos (*EG* 232). Não há conversão ao Evangelho sem conversão à realidade, lugar onde Deus se revela e fala.

Dada a complexidade e as contradições da realidade atual, em lugar de evitar deparar-se com ela, é necessário propiciar espaços de fidelidade e conversão à realidade. O melhor ponto de partida é sempre aquele onde a gente está. Privilegiar a realidade em relação às ideias é privilegiar as ideias oriundas das práticas pensadas, dos processos em curso. Nenhuma reunião será desconectada da consciência explícita do próprio contexto. Nenhuma decisão pastoral será feita sem discernimento da realidade circundante. Nenhum processo proposto estará sem conexão com os processos em curso.

d) Conjugar o local com o global

Num mundo globalizado, no qual os problemas têm causas múltiplas, uma ação pastoral fundada numa visão "paroquial" do mundo está fadada à inoperância. Impõe-se manter o elo vital entre o local e o global. É preciso prestar atenção à *dimensão global*, ao mesmo tempo que não se pode perder de vista a *realidade local*, que nos faz caminhar com os pés no chão. Vivemos tempos de fragmentação do tecido social e eclesial, de sentidos parciais e valores relativizados à vontade dos indivíduos, tempos de eclipse dos metarrelatos e das utopias, de vigência dos especialismos – que, ao não entenderem do todo, já não entendem nem da parte.

O Papa Francisco nomeia um quarto princípio, de muita utilidade em um processo sinodal – *"o todo é superior à parte"* (*EG* 234). Conjugar o global e o local, por um lado, impede o universalismo abstrato e, por outro, impede-nos de sermos eremitas localistas, condenados a repetir sempre as mesmas coisas, incapazes de nos deixar interpelar pelo que é diverso e de apreciar a beleza que Deus espalha fora das próprias fronteiras (*EG* 234). A emergência de uma consciência planetária é um dos "sinais dos tempos" na atualidade. A crise ecológica decorre o imperativo de um olhar global, a partir do local. As conjunturas precisam ser relacionadas com as estruturas. As partes precisam ser tomadas como porção do todo, dado que parte é parte, já a porção contém o todo, como já reiteramos.

Não basta conhecer fragmentos da realidade ou ter dela uma visão restrita ao local. Impõe-se considerar a realidade como um todo e na pluralidade de suas partes, inserida no contexto global. O todo é sempre mais do que a mera soma das partes. Em um processo sinodal, não se pode perder de vista o real da realidade, seja ela a realidade local, seja a global, assim como é preciso ter o cuidado de não deixar que o virtual volatize o real.

10.4 Da descentralização à desconcentração do poder na Igreja

No exercício da sinodalidade, a gestão ou coordenação da ação pastoral projetada precisa também ser feita comunitariamente e que seus organismos e primeiros responsáveis sejam representativos da comunidade e tenham a anuência desta. A distribuição das responsabilidades a organismos e seus primeiros responsáveis na gestão da ação é uma atribuição da comunidade, pois é ela o sujeito de uma pastoral levada a cabo sinodalmente.

É o momento de a comunidade responsabilizar organismos e pessoas no exercício do ministério da coordenação, em nome de todos e segundo o que foi projetado por todos. Em uma gestão da pastoral de modo sinodal, não cabem organismos, ministros ou coordenadores impostos, nem a centralização do gerenciamento do que foi proposto, nem, muito menos, autoritarismos que rompam com a decisão ou o direcionamento dado, fruto do discernimento e do consenso de todos.

A execução eficaz da ação pastoral, projetada por todos os participantes de um processo sinodal, depende de seu suporte organizacional. Trata-se de repensar as estruturas existentes, de desembaraçar-se das estruturas caducas ou ultrapassadas e criar novas estruturas quando for o caso. Enfim, é o momento de distribuir as funções e de investir organismos, equipes e pessoas da responsabilidade correspondente, no seio de uma comunidade toda ela corresponsável.

Normalmente tem se falado em uma necessária "descentralização" do poder na Igreja. Entretanto, isso é muito pouco para garantir a legítima autonomia das Igrejas locais, resgatada pelo Vaticano II. A efetivação da autonomia das Igrejas locais e dos bispos como verdadeiros membros de um colégio presidido na unidade pelo bispo de Roma implica a "desconcentração" do poder na Igreja[355]. Sem autonomia, não há responsabilidade e sujeitos. Em outras palavras, não há Igreja sinodal se o primado exerce seu ministério "sobre" o Colégio dos Bispos, nem se os bispos e os presbíteros exercem seu ministério "sobre" o povo de Deus, e não como membros dele. Em uma Igreja em que todos são corresponsáveis (devido ao batismo), no seio de Igrejas locais onde se faz presente a "Igreja toda" – ainda que não seja "toda" a Igreja, pois esta é uma "Igreja de Igrejas" – não pode haver monopolização do poder do papa "sobre" os bispos nem destes ou dos presbíteros "sobre" o povo de Deus, dado que são membros dele.

10.4.1 Os sujeitos do exercício do poder na Igreja

Na Igreja, particularmente no segundo milênio, o poder esteve sob o monopólio do clero. Concebe-se a Igreja como o "Corpo Místico de Cristo", composta por dois gêneros de cristãos: o binômio *clero-leigos*. O clero é o polo ativo, fonte de toda iniciativa e todo poder; os leigos são o polo passivo, a quem cabe obedecer docilmente ao clero. A renovação do Vaticano II, coerente com sua "volta às fontes" bíblicas e patrísticas, desvincula o poder na Igreja dos ministros ordenados[356]. Na renovação conciliar, a base que confere responsabi-

---

355. Ibid., p. 203.

356. CONGAR, Y. Autonomie et pouvoir central dans l'Église vus par la théologie catholique. Op. cit.

lidades na Igreja é o sacramento do batismo, e não o sacramento da Ordem. É o batismo que torna todos os batizados corresponsáveis na Igreja por tudo e por todos, sem que isso negue ministérios de coordenação ou presidência nem a função magisterial.

Infelizmente, a desconcentração do poder em relação ao clero, em grande medida, é ainda uma tarefa pendente da renovação conciliar. O Papa Francisco está empenhado nessa tarefa e tem explicitado a desvinculação do poder na Igreja em relação ao clero de forma muito clara, pelo menos em dois documentos. Na Exortação *Querida Amazônia*, ao referir-se ao presbítero, frisa que a especificidade do ministério ordenado, em particular do presbítero, "não está no poder", ou seja, na coordenação ou na presidência da comunidade eclesial, que pode ser função também de pessoas leigas e religiosas (*QAm* 87). A especificidade do ministério do presbítero ou seu "caráter exclusivo" está naquilo que só ele pode propiciar à comunidade eclesial, que é a presidência do sacramento da Eucaristia, o sacramento da reconciliação e o sacramento da unção dos enfermos. Trata-se "de uma função específica, principal e não delegável", ressalta a exortação (*QAm* 88). A identidade do presbítero, bem como de todas as vocações na Igreja, brota do batismo, que faz do povo de Deus um povo todo ele profético, régio e sacerdotal, o denominado *tria munera ecclesiae*. Com isso, o que o papa põe em relevo é que o ministério do presbítero não monopolize todos os ministérios na Igreja, e muito menos o poder na comunidade eclesial. Em uma Igreja sinodal, o poder flui entre todos os batizados, dado que ele se rege pelo *sensus fidelium*.

A desvinculação do poder na Igreja como exclusividade do clero está também explícita na Constituição de Reforma da Cúria Romana – *Praedicate Evangelium*. Dois critérios estão na base da reforma: primeiro, tudo é concebido em ordem, não à administração, mas à evangelização – as estruturas como suporte à ação da Igreja, que consiste em evangelizar; segundo, a base para o exercício de toda e qualquer responsabilidade na Cúria Romana, e por extensão na Igreja como um todo, é o batismo. Isso significa que qualquer fiel, homem ou mulher, pode dirigir inclusive um dicastério, organismos até então dirigidos por cardeais, ou seja, homens ordenados e bispos[357].

---

357. Cf. BRIGHENTI, A. La reforma de la Cúria Romana. *Concilium*, v. 384, p. 117-121, 2020; BRIGHENTI, A. El Sínodo de los Obispos en reforma? Op. cit.

Assim, em uma Igreja sinodal, além dos clérigos, também leigos e leigas[358], assim como as religiosas, precisam ser partícipes dos processos de tomada de decisão e podem assumir funções de coordenação e presidência de organismos eclesiais em todos os campos e em todos os âmbitos da Igreja.

10.4.2 As mediações estruturais para uma Igreja sinodal

Uma Igreja comunhão e participação, em vista da missão, implica estruturas que lhe deem suporte. Na Igreja, as estruturas e os organismos precisam ser promotores de comunhão e participação e estar a serviço da ação evangelizadora. É em vista do exercício da comunhão e da missão evangelizadora que as estruturas eclesiais devem ser continuamente reavaliadas – e, quando necessário, também com base nesse exercício novas estruturas devem ser criadas. Estruturas obsoletas ou caducas dificultam a comunhão e imobilizam a missão evangelizadora. Em uma Igreja sinodal, só podem ter lugar estruturas promotoras da comunhão, da participação e da missão. O documento final do Sínodo da Amazônia[359] frisa que a Igreja "precisa que suas comunidades estejam impregnadas de um espírito sinodal, sustentadas por estruturas organizativas segundo esta dinâmica, como autênticos organismos de comunhão" (n. 92).

Em uma comunidade eclesial, que precisa ser sujeito da ação evangelizadora, o exercício da sinodalidade implica um processo apoiado em estruturas de comunhão, que são de duas ordens: a) os organismos de globalização da ação, que são a assembleia e o conselho de pastoral, nos diferentes âmbitos eclesiais – comunidade, paróquia, diocese; b) os mecanismos de coordenação, que são as equipes de coordenação dos diversos serviços de pastoral e dos diferentes âmbitos eclesiais. Tais estruturas precisam ter à frente pessoas que desempenhem a função de primeiros responsáveis, sejam eles os coordenadores, sejam os ministérios de presidência a serem definidos sinodalmente[360].

---

358. Cf. PEÑA, C. Sinodalidad y laicado: corresponsabilidad y participación de los laicos en la vocación sinodal de la Iglesia. *Ius Canonicum*, v. 59, p. 731-765, 2019.

359. Cf. SECRETARIA GERAL DO SÍNODO DA IGREJA. *Documento final do Sínodo da Amazônia*. Vaticano: 2019.

360. Cf. BRIGHENTI, A. *Teologia pastoral*. Op. cit., p. 241.

São esses organismos de globalização e mecanismos de coordenação da ação da Igreja que possibilitam uma pastoral orgânica e de conjunto, expressão de uma missão exercida sinodalmente: é orgânica no sentido de cada serviço pastoral ou âmbito eclesial ser um órgão de um mesmo e único corpo, que é a Igreja local; e é de conjunto porque cada serviço pastoral ou âmbito eclesial converge para a realização de um mesmo objetivo comum. Um obstáculo na efetivação de uma Igreja mais sinodal em suas estruturas é o fato de esses organismos, canonicamente, serem facultativos, quando na realidade sem eles não há o exercício da sinodalidade.

10.4.3 Entre os diferentes âmbitos eclesiais, uma relação de subsidiariedade

Em uma Igreja sinodal, as relações entre os âmbitos eclesiais, seja no seio da Igreja local, seja entre elas e com relação à Cúria Romana e ao primado, precisa dar-se segundo o princípio da *subsidiariedade*. Trata-se de um princípio evocado pela doutrina social da Igreja desde a *Rerum Novarum*. Na *Quadragesimo Anno*, o Papa Pio XI o caracteriza de modo muito claro: os âmbitos mais "elevados" (mais amplos) não devem subtrair o que os âmbitos "menores e mais inferiores" (menos amplos) podem realizar (n. 79). Em outras palavras, o âmbito que está "acima" apoia, auxilia, colabora, subsidia o âmbito "inferior". Aplicado o princípio à Igreja, isso envolve a autonomia dos âmbitos eclesiais mais básicos em relação aos mais amplos, o que lhes permite ser verdadeiros atores e gerenciar a ação evangelizadora em seu contexto de forma autônoma e responsável. Como já se frisou, sem autonomia não há responsabilidade nem, portanto, sujeitos do exercício do poder.

No exercício da subsidiariedade, vai-se além de uma "descentralização" do poder na Igreja, no sentido de apenas se alongarem as rédeas de um comando que continua mantendo laços de dependência de um centro. O exercício da subsidiariedade leva a uma "desconcentração" do poder na Igreja, na medida em que respeita e promove a autonomia dos âmbitos mais básicos, estabelecendo com eles uma relação de apoio, auxílio e colaboração, e não de controle. Concretamente, no seio da Igreja local ou diocese, durante o exercício da sinodalidade – ao integrar o princípio da subsidiariedade –, tanto a projeção da ação evangelizadora como sua execução e sua gestão acontecem de baixo para cima. Leva à inter-relação entre as comunidades no seio da paróquia (a paróquia como rede de pequenas comunidades), seguida da inter-relação das paróquias de uma região da diocese (comarcas), para culminar na inter-relação do conjunto delas no âmbito diocesano.

E dado que a Igreja é Igreja de Igrejas locais, a sinodalidade não termina na diocese. A inter-relação das Igrejas locais é um imperativo para a vivência da sinodalidade eclesial. Historicamente, já na primeira hora da Igreja, surgiram os sínodos em Igrejas locais, em Igrejas locais vizinhas ou de uma região ou província, assim como os concílios regionais e universais. O segundo milênio da Igreja foi muito pouco sinodal. Na contemporaneidade, surgiram as conferências episcopais nacionais e continentais e o Sínodo dos Bispos em âmbito universal. Entretanto, são organismos de exercício muito mais da colegialidade episcopal do que da sinodalidade eclesial.

Consciente desse limite e buscando superá-lo, o Papa Francisco fez do Sínodo dos Bispos o Sínodo da Igreja como um todo, mudando inclusive o nome da Secretaria Geral que o anima de "Sínodo dos Bispos" para "Sínodo da Igreja". É um sínodo que envolve a Igreja inteira, de baixo para cima: começa com a fase das Igrejas locais, seguida da fase que envolve a conferência nacional dos bispos e a assembleia continental, para finalmente desembocar no sínodo em âmbito universal.

Para uma Igreja sinodal, um grande desafio é "sinodalizar" as conferências episcopais, na perspectiva da sinodalização do Sínodo dos Bispos efetuada pelo Papa Francisco[361]. O Sínodo da Amazônia, por exemplo, para dinamizar e gerir a ação evangelizadora no território amazônico de modo sinodal, criou não uma conferência episcopal, mas uma conferência eclesial – a Conferência Eclesial da Amazônia

---

361. BRIGHENTI, A. A sinodalidade como referencial do estatuto teológico das conferências episcopais. Op. cit.

(Ceama). O Celam, que historicamente já organizou cinco conferências gerais dos bispos do continente, por ocasião dos 15 anos de *Aparecida* realizou não uma sexta conferência episcopal, mas a I Assembleia Eclesial da América Latina e do Caribe. Não há outro caminho: as conferências episcopais nacionais, que historicamente têm se autoconcebido como o organismo da tomada de decisões em âmbito nacional, terão também elas que se "sinodalizar". Quando se trata de ocupar-se da solicitude das Igrejas locais do país, terão que ser menos uma assembleia de bispos e mais uma assembleia representativa do povo de Deus como um todo, seguindo o princípio da Igreja no primeiro milênio, tão reiterado ao longo deste texto – "o que concerne a todos precisa ser discernido e decidido por todos".

Conecte-se conosco:

f facebook.com/editoravozes

◎ @editoravozes

X @editora_vozes

▶ youtube.com/editoravozes

◯ +55 24 2233-9033

www.vozes.com.br

Conheça nossas lojas:
www.livrariavozes.com.br

Belo Horizonte – Brasília – Campinas – Cuiabá – Curitiba
Fortaleza – Juiz de Fora – Petrópolis – Recife – São Paulo

Vozes de Bolso

EDITORA VOZES LTDA.
Rua Frei Luís, 100 – Centro – Cep 25689-900 – Petrópolis, RJ
Tel.: (24) 2233-9000 – E-mail: vendas@vozes.com.br